인문학의 수사학적 탐구

인문사회과학총서 · 65

인문학의 수사학적 탐구

언어학, 번역학, 수사학

전성기

고려대학교출판부
KOREA UNIVERSITY PRESS

이 책은 고려대학교출판부가 조성한
인문사회과학출판기금으로 만들어졌습니다.

책머리에

진정한 탐구와 수사학이 별개의 것이라는 가정은 크로스화이트가 《이성의 수사학》(2001)에서 지적하였듯이 뿌리 깊고 강력하며, 수사학의 주된 흐름은 아직도 '지식의 전달'이라든지, '무지한 자의 설득'이라든지, '실제적 갈등의 해결'이라든지 하는 것들에 치우쳐 있습니다. 그는 논증이 무엇이 가장 합리적이라고 믿을 만한가에 관한 선택을 하는 데 쓰이는 것처럼, 탐구 역시 갈등을 이용하여 새로운 지식을 향하여 나아가는 힘을 얻는다고 말합니다. 여기에 모아 놓은 지난 오륙 년간 쓴 글들도, 책의 구성을 위해 다소간 손을 보기는 했으나, 모두 나름대로 이러한 학문적 '탐구의 수사학', '학문적 수사학'의 여정을 통해 새로운 탐구를 하고자 애써 본 것들입니다.

언어의 메타언어적 기능에, 거기서 나아가 언어학 담론의 과학성 문제에 초점이 맞추어졌던 필자의 관심은 수사학을 만나, 그중에서도 특히 메이에르의 제문론적 수사학을 만나, 언어학 담론의 수사학적 탐구에서 '탐구의 수사학'으로, 그리고 번역에 대한 수사학적 탐구로, 한국의 수사학적 전통의 문제로, 다시 학문적 글쓰기의 임상수사학적 탐구로 이어지고 있습니다. 필자의 '학문성의 수사학적 탐구'의 과정에서 알게 된, 감정이입적인 이해를 강조하는 로저스 수사학과도 관계가 깊은, 코르지프스키의 일반의미론은 비토대주의적이며 다원적인 시각을 가진 오늘날의 수사학을 깊이 이해하는 데에 적지 않은 도움을 주었습니다.

이 글들을 쓰는 과정에서, 2년여의 수사학연구회를 거쳐 2003년 가을에 발족한 한국수사학회의 월례발표회에 발표해 주신 많은 분들의 도움을 음으로 양으로 많이 받았습니다. 다양한 분야의 연구자들의 다양한 연구들이 필자의 수사학 탐구에 많은 자극과 자양을 주었고 직접적인 도움이 된 것입니다. 이 책이 출간되도록 여러모로 도와주신 고려대학교출판부의 출판부장님을 비롯한 편집진 여러분께 감사의 마음을 전합니다.

2007년 1월 안암동 연구실에서

전성기

차례

제6장 탐구의 수사학과 수사학적 탐구

제7장 한국의 수사학 전통

제8장 학문적 글쓰기—임상수사학적 탐구

인문학의
수사학적 탐구

제1장

·····

수사학의 발견과 발견의 수사학

1. 서언

기원전 5세기까지 거슬러 올라가는[1] 수사학은 매우 오래된 학문이며, 동시에 '새로운' 학문이기도 하다. 메이에르(1993)는 서양에서 수사 문제가 부침을 거듭하면서도 '이데올로기들이 붕괴될 때'마다 다시 태어나고, 재발견되어 왔다고 말한다(서문). 수사학은 이미 플라톤에게 '그럴듯하게 말만 잘 하는 기술'로 치부되어 비난받았으나, 김욱동(2002 : 24)이 지적하듯, 플라톤도 '수사학을 부정하기 위해서 수사학에 기대지' 않을 수 없었던 것은 그만큼 수사학이 중요했음을 역설적으로 보여 준 것이다.

그리스와 로마 시대에 빛을 발했던 수사학은 중세 동안 침체되었다가 르네상스 시대에 다시 활기를 되찾지만, 계몽주의 시대와 실증주의 시대에는 또 다시 그 설 자리를 잃는다. 그러다 19세기 로망주의 시대에 이르러 다시 한 번 각광을 받지만, 수사학은 로망주의에 뿌리를 두고 있는 상징주의 시대에는

1 그 기원을 옛 그리스 시칠리아 섬의 코락스와 티시아스의 일화로 잡는 경우가 많다.

또다시 홀대를 받는다.[2] 이는 수사학의 역사가 수사학의 발견과 재발견의 역사이기도 함을 말해 주는 것이다. 박성창(2000 : 123)은 '생-노-병-사-재생'의 '유기체적 모델'을 통해 '수사학의 역사적 부침을 재구성'하고 있다.

2. 수사학의 시대

우리에게도 '말 한 마디로 천 냥 빚을 갚는다' 등의 속담들이 있는 것을 보면 우리가 수사학과 담쌓고 지내 온 건 아니었던 것 같으나, 체계적인 연구가 이루어져 왔다고 말하기는 어렵다.[3] 우리말 사전들이 한결같이 '수사'를 '말이나 글을 다듬고 꾸며서 보다 아름답고 정연하게 하는 일, 또는 그런 기술'[4]이라 정의하고 있는 것은—적어도 부분적으로는—우리 수사학 연구의 현주소를 말해 주는 것이다.[5] '수사'에 대한 우리의 일반적 개념은 장식이나 미관, 나아가 겉치레, 공허한 말, 감언이설, 조작술 등 대개 부정적인 공시적共示的 의미들과 연관되어 있는 것으로 보이는데, 이는 역사적으로 볼 때에 근거 없는 것이 아니나 우리가 수사학의 발견 혹은 재발견에 소홀했음을 드러내는 것이다.

박현수(2003 : 81)는 '설득의 수사학으로서 고전수사학이 소멸하고 20세기에 들어 부활한 근대 · 탈근대의 수사학은 〔…〕 한마디로 말하여 수사성의 수사학이라 할 수 있다'고 지적한다. 토도로프에 의하면, 수사학의 역사에서

---

2 김욱동(2002 : 28)은 폴 베를렌이 수사학을 붙잡아 모가지를 비틀어 버리라고 했음을 상기시킨다.

3 동양과 한국에서의 수사학의 역사적 측면에 대해서는 김욱동(2002), pp. 29-32 참고.

4 《새우리말 큰사전》, 《그랜드 국어사전》, 《동아 새국어사전》, 《연세 한국어사전》, 《표준국어대사전》 모두 마찬가지이다.

5 해외 인터넷 서점 아마존Amazon이나 반스앤노블Barnes & Nobles에 들어가서 'rhetoric'을 치면 만여 종이 나오나, 우리나라의 인터넷 서점에 들어가서 '수사학'을 치면 몇십 종밖에 나오지 않는다.

수사학의 위기는 두 번에 걸쳐 발생하는데, 민주주의가 군주제로 대체되는 역사적 배경과 관련이 깊은 그 첫 번째 위기는 1세기에 발생했고, 더욱 본질적인 제2의 위기는 18세기 말 로망주의의 융성과 관련이 깊다고 한다(박현수, 2003 : 82-85). 박현수에 의하면, 19세기에 소멸되었다고 하는 수사학의 20세기에서의 '부활'은 기존 수사학의 연장선상에 있다기보다는 불연속성을 전제로 하는 것이고, 수사학이 아니라 '수사성'의 부활이라고 한다. 오늘날의 수사학은 '통합된 강령도 아니고, 일관된 광범위한 실천도 아니'라는 것이다.[6]

이미순(2000 : 48) 역시 '최근 수사학은 근대세계에서의 담론의 새로운 조건들을 이름하는 수사성의 이해를 바탕으로 수사학의 영역 확장을 꾀하고 있다'고 지적하며, 오늘날의 수사학은 '더 이상 도구적인 의사소통의 특수화된 기술을 다루지 않고 차라리 인간 경험과 행동의 일반적인 조건을 다루며, 둘째, 단독으로 연구될 수 없고 언어학적, 사회학적, 정신분석학적, 인식적, 의사소통적, 미디어적 혹은 문학적 수사학으로 연구될 수 있다'고 덧붙인다. 김욱동(2002 : 28-29)은 '이성과 합리성의 그늘에 가려 제대로 숨조차 쉬지 못하던 수사학'은 니체 등과 더불어 '점차 기를 펴기 시작'하고, '제2차 세계대전 이후 절대성이나 객관성이 점차 의심받기 시작하면서 더욱 주목을 받기 시작'했다

6 박현수(2003 : 86) : "그것은 실천과 지적인 관심의 학제적인 분야이며 근본적으로 이종적인 본성이라는 개념적 근원에 의존하면서 교육의 방식이나 체계의 고정된 형태를 가정하지 않는 분야이다. 〔…〕 수사학을 핵심적 방법으로 사용하는 포스트모더니즘의 대표적인 이론가인 데리다나 폴 드 만, 라캉 같은 이들이 사용하는 수사학적 개념은 이미 말의 비유나 언어의 규칙이나 표현의 보편적 원리가 아니라 언어 생산의 근본적인 조건이 된다. 언어의 범주 내에서 제한적으로 존재하던 기존의 수사학의 입장에서 볼 때 이와 같은 방향은 근원적으로 수사학의 전면적인 확장이라 할 수 있다. 이런 초범주적인 수사성으로서의 수사학은 문학적 분석을 단순한 언어 차원에서 처리하는 것이 아니라 여러 학문 간의 교섭을 통해 사회 · 정치 · 문화 · 심리적 차원에서 전방위적으로 접근한다. 이런 경향의 가장 적절한 예로 야콥슨의 수사 개념을 들 수 있다."

고 19세기 말엽과 20세기 초엽의 수사학의 사정을 요약한다.

김욱동은 '어떤 절대적 진리도 객관적 진리도 받아들이려고 하지 않는 포스트모더니스트들과 포스트구조주의자들에게 수사학은 그들의 이론을 세우는 초석과 다름없었'는데, 이들은 '지금까지도 수사학을 무기로 삼아 절대성과 일원론 그리고 객관성에 공격의 화살을 퍼부어 대고 있다'고 지적하며, 수사학은 '지금 가히 백가쟁명의 시대를 맞고 있다'고 천명한다. 20세기 전반이 '논리의 시대'였다면 20세기 후반은 가히 '수사학의 시대'라는 것이 그의 주장이다. 서양의 학자들은 '언어학적 전환'에 비견되는 '수사학적 전환'을 말하기도 하고,[7] 모란/밸리프(2000) 같은 이들은 아예 20세기를 '수사학의 세기'로 규정하기도 한다.[8]

3. 고전수사학

이러한 인문학의 수사학적 연구를 위해서는 다소간이라도 수사학사, 수사학의 변천사를 살펴볼 필요가 있다. 고전수사학에서는 수사적 '기술'[9]을 발견(혹은 착상), 배열, 표현, 암기, 발표의 다섯 부분 혹은 단계로 구분한다. 발견은 주어진 주제들에 대한 논거들을 찾아내는 것이고, 배열은 발견한 논거를 효과적인 순서로 나열하는 것이며, 표현은 배열한 것에 언어의 옷을 입히는 과정을

7 Simons(1990a)가 서문을 쓴 저서는 제목 자체가 '수사학적 전환Rhetorical Turn'이다.

8 Moran/Ballif(2000 : xi) : "20세기는 수사학 세기였던 것으로 특징지어질 수 있다. 세기 초에 수사학은 그 풍요로운 유산에도 불구하고 지적 활기가 결여되어 있었으나, 중반기를 지나면서 전통적 분야들인 영어와 스피치 커뮤니케이션에서뿐 아니라 거의 대부분의 사회과학 분야에서 핵심 개념, 핵심 용어가 되었다."

9 '기술'은 그리스어로 'technè'인데, 이 'technè'는 '자발적인 능력', '교육에 의해 획득되고 전수될 수 있는 능력', '창조적 능력의 세 가지 뜻을 갖는다고 한다. 박성창(2000), p. 36 참고.

말한다. 암기란 표현한 것을 머릿속에 저장하는 것이고, 발표는 암기한 것을 그 내용에 맞는 목소리와 몸짓으로 행동에 옮기는 것을 말한다. 암기와 발표는 묶어서 '연기술'이라 칭하기도 한다. 롤랑 바르트는 이 다섯 부분을 일종의 '수사적 기계'에 비유하는데, '그 투입구에 추론의 조야한 자료들, 여러 사실들, 말하고자 하는 주제 등을 넣고 입력하면 〔…〕 다섯 부분들을 거치면서 일종의 공정과정을 통해 그 배출구로 구조화되고 설득을 위해 완전무장한 완성된 담론이 나온다'는 것이다(박성창, 2000 : 42).

연설, 즉 말이 아니라, 글이 문제가 될 때에는 '연기술'은 무시된다. 양태종(2002 : 311)에 의하면, 아직까지도 수사 교본들이 지면을 대폭 할애하고 있는 분야는 앞의 셋이고, 그중에서도 발견과 표현이 중요한 부분으로 인정되어 왔다고 하는데, '비유'와 '문채'에만 관심을 가지는 '표현의 수사학', 이른바 '줄어든 수사학'[10]에서는 발견도 더 이상 주요 부분이 아니다. 그렇지만, 말이 되었든 글이 되었든, '수사적 기술'에 저자(연사), 독자(청중) 등의 요소가 덧붙여지면, 수사적 기술이 텍스트의 수사학적 분석으로 이어질 수 있다는 것은 짐작하기 어렵지 않을 것이다.[11] 이러한 분석은 중요한 수사적 문제인 '글쓰기'와 관련될 수밖에 없는데,[12] 우리에게 글쓰기가 수사적 과정이라는 인식은 두드러지지 않았던 것으로 보인다.

플랫(2002)은 이 '수사적 기술'에 저자(연사)/에토스, 독자(청중)/파토스 등의 요소를 덧붙이면 텍스트의 기본적인 수사학적 분석틀이 될 수 있음을 잘 보여 준다. 이러한 전통적 수사학을 현대의 텍스트나 담론 중심의 사회 · 문

---

10 대개 비유, 역설, 아이러니, 은유, 환유, 상징, 풍자 등만을 대상으로 삼는 수사학을 가리킨다. 자세한 설명은 박성창(2000) 참고.

11 플랫(2002) 참고.

12 플라워(1998), 크로스화이트(2001) 참고.

화적, 인식론적 환경 속에서 재조명함으로써 인문과학의 제 연구방법론들을 통합적으로 설명하고자 하는 것이 새로운 인문과학의 연구 패러다임이라 할 수 있는 '탐구의 수사학'이다. 이를 보다 명확히 하기 위해서는 넬슨 등(2003a)의 《인문과학의 수사학》이 면밀하게 검토되어야 할 것이다. 여기서는 텍스트의 분석과 관련된 '발견'의 측면 한 가지만 보기로 한다.

'발견(법)'은 대개 '이미 공론화되어 있는 논거들의 저장고에서 논거들을 추출하고 또 논증을 이끌어내서 활성화시키는 기술'을 의미하고, '논증'은 '변론가가 담론에 반드시 도입해야 한다고 판단하는 논거들의 잘 배열된 전체'를 가리킨다(박성창, 2000 : 44, 56). 플랑탱(2003 : 310-311)은 웅변가는 자신의 담화를 만들기 위해, 예를 들어, 누가 관련되는가, 언제, 어디에서 사건들이 일어났는가, 주역의 의도는 무엇이었는가 등 몇몇 질문을 던지면서 조직적으로 논거들을 찾는다고 말한다. 그러니까 논거들은 각 행동에 견주어 사람들이 스스로 제기할 수 있는 가장 일반적인 질문들에 대한 대답들처럼 나타나게 된다. 즉, '왜, 어디에서, 언제, 어떻게, 그리고 무엇에 의해' 같은 의문사들은 각각 사람, 사물, 장소, 도구, 원인, 방법, 시간의 터전을 연상시키는데, 이는 논거들의 발견이 담론 조직의 가장 중요한 부분임을 뜻하는 것이다.[13]

이 '발견'과 관련하여 특히 우리의 관심을 끄는 것은 "어떤 의미에서 근본적인 발견은 기존의 확립된 의견에 동의하지 않는 '낯선 청중'을 상상하는 것을 요구한다"는 크로스화이트(2001 : 332)의 지적이다. 요사이 흔히 말하는 '패러다임의 전환'이라는 것도 이러한 '낯선 청중'을 상상하는 것 아니겠는가? 전통문법적 언어관에 대한 역사언어학, 역사언어학에 대한 구조주의 언어학, 그리고 이 구조주의 언어학에 대한 촘스키의 생성언어학 모두 '낯선 청중을

---

13 이에 대한 자세한 것은 담론 속에서의 논증 문제를 다룬 아모시(2003) 참고.

구상하고 보편 청중으로 설정한 결과'라고 말할 수 있다. 우리의 학문적 연구들, 특히 외국학 연구들은 이 '낯선 청중'들의 발견에 힘쓸 필요가 있다.

고전수사학에서 빼놓을 수 없는 한 가지는 연설형의 문제이다. 전통적으로 수사학 담론은 세 형으로 구분된다. 첫째는 재판형으로, '법정에서 상대방을 고발하거나 자신을 변호하는 데 목적'이 있다. 이 '장르의 기준은 정당함이고, 지배적인 논법은 생략삼단논법'이다. 둘째는 심의형으로, '정치적 집회에 모인 사람들에게 충고를 주는 데 목적이 있으며, 도시국가에 유용한가 아닌가에 기준을 둔다. 이 담화를 지배하는 논증법은 예증법'이다. 셋째는 과시형으로, '대중들 앞에서 찬사를 하는 데 목적이 있으며, 아름다움이 그 기준이다. 이 장르의 지배적인 논증법은 과장'이다(르불, 1999 : 28-29).

4. 인문학과 탐구의 수사학

고전적 의미의 '수사'는 원래 '말 잘하는 기술'인데, 오랜 세월을 거치며 메이에르(1993 : 17-18)가 '수사'의 정의 혹은 기능들이라고도 말하는 다음과 같은 다양한 목적들과 관련되게 되었다.

1) 납득과 설득, 동의의 창출.
2) 즐겁게 하기, 유혹 혹은 조종. 자신의 생각들을 사실인 것처럼, 혹은 사실이거나, 그렇다고 믿도록 상대가 받아들이게 하기 위한—때로는 온갖 수단을 동원한—정당화.
3) 그럼직한 것, 견해, 개연적인 것을 적절한 이유들과 논거들을 들어 추론들을 암시하거나 대신 이끌어내며 받아들이게 하기.
4) 명시적 의미를 통한 묵시적 의미의 암시.
5) 비유적 의미의 설정. 이는 직설적 의미로부터 추론하거나 추리함.
6) 비유적 · 문체적 언어, 문학어의 사용.

7) 연사나 저자의 의도 파악. 이들의 말행위에 대한 이유를—이들이 말한 것 등을 통해—찾음.

로버츠/굿(1993 : 3-4)은 수사학이 19세기에 인문학의 형성, 발전, 정당화에 중심 역할을 하였음을 지적한다.[14] 이들은 오늘날의 수사학 연구와 수사학적 분석의 사용의 주요 경향을 편의상 대략 다음의 다섯 가지로 나누고 있는데, 이는 인문학의 수사학적 연구가 현대 수사학의 주요 경향 중 하나임을 분명하게 선언한 것이다.

1) 고전수사학과 르네상스 수사학의 역사적 언어학적 연구
2) 수사학의 모든 양상, 현대를 포함한 역사적 검토
3) 미국의 수사학/커뮤니케이션 학과에서처럼, 설득의 실용적 능력 함양
4) 문학 이론과 비평 이론에 대한 새로운 관심
5) 인문학의 수사학

이에 앞서 넬슨 등(2003a)은 《인문과학의 수사학》에서 문학, 언어학, 역사학, 인류학 등의 인문학 분야는 물론, 정치학이나 경제학 같은 사회과학, 나아가 수학이나 생물학 같은 과학의 담론들도 수사학적 연구, 보다 정확히 말하면 '탐구의 수사학'의 대상임을 주장한 바 있다.[15] '탐구의 수사학'은 이와 같은 방법론의 문제를 다양한 문맥 속에서의 구체적인 탐구 활동, 특히 구체적인 탐구 활동 안에서의 언어 문제와 결부시킨다. 박우수(2003 : i-ii)는 탐구의 수사학을 '탐구, 즉 논증과 연구의 방법론에 깃들어 있거나 이들이 함축하고 있는 수사적인 특성을 밝히는 것을 지향'하는 것으로 요약한다. 그는 '학문

14 Rüegg(1993), Salazar(1993) 참고.

15 박만섭(2001) 참고.

연구의 방법에 깃들어 있는 수사적 특성을 밝히려는 탐구의 수사학은 따라서 모든 학문을 아우르는 어떤 획일적인 방법론을 부정'한다고 말한다. 바로 그러한 점에서 탐구의 수사학은 '획일적인 거대담론의 횡포를 부정하고 변방의 사물과 현상이 갖는 고유한 특성을 오히려 강조하는 미시담론들의 논리와 일정한 공통성을 유지하며, 그런 이유로 포스트모더니즘의 일반적인 인식론을 공유'한다는 것이다.

사이먼스(1990b : 9)는 '모든 학문적 담론은 잠재적으로 수사적'이라 말한다. '넓게 말하면, 잠재적으로 모든 학술 담론은, 논점들이 명명되고 틀 지어져야 하고, 사실들이 해석되어야 하며 결론들은 정당화되어야 한다는 점에서 수사적'이라는 것이다. 뿐만 아니라, '논거들을 목적 · 청중 · 상황에 맞추면서 저자(혹은 화자)는 '페르소나'를 채택하고 문체를 선택해야 하며, K. 버크가 언어에서의 '중의성의 원천들'이라 부른 것들을 적절히 사용해야 한다는 점에서도 모든 학문 담론은 또한 수사적'이라고 그는 말한다.

20세기를 '수사학의 세기'로 규정한 모란/밸리프(2000)는 '현용-전통 수사학', '표현 수사학', '인지 수사학', '사회-인식 수사학', '후기 구조주의 수사학, '포스트모던 수사학', '전자 수사학', '전산 의거 수사학' 등의 다양한 수사학을 언급하고 있는데, 이 밖에도 수사학을 지칭하는 말들은 꽤 있다. 페렐만(1977)의 '신수사학', 메이에르(1993)의 '제문론적 수사학',[16] 크로스화이트(2002)의 '이성의 수사학', 그로스(1996)나 해리스(1997a)[17] 또는 코르비테르(1994)가 말하는 '과학의 수사학', 헤르나디(ed.)(1989)의 '해석의 수사학' 등이 그것들로, 이 모두 버나드-도널스/글레이저(1998)가 말하는 '비정초적 세상'을 지향

16 Golden/Jamison(1990), Vannier(2001) 참고.

17 Harris(1997a : xviii)는 '과학의 수사학'이 1970년대 중반에 시작하여 80년대에 급속히 확산되었다고 말한다.

하는 수사학들이라고 말할 수 있다.[18]

정초주의foundationalisme가 '객관성'과 '절대주의'에 입각한 것이라면, 이에 반하는 반反정초주의는 '상대주의'와 '다원주의'에 입각한 것이다. 김욱동(2002 : 25)은 '진리란 모더니스트들에게 큰 바윗덩어리처럼 움직일 수 없는 절대적이며 불변의 것이라면, 포스트모더니스트들에게는 개인적이고 일시적이며 우발적인 것으로 기껏해야 공동체 구성원이 도달한 합의일 따름'이며, '정초주의자들에게 진리란 이미 주어진 것을 '발견하는' 것이라면, 반정초주의자들에게는 어디까지나 새롭게 만들어내는 것에 지나지 않는다'고 천명한다.[19]

해리스(1997a : xiii-xv)는 수사학이 과학 연구의 핵심에 자리하게 된 것은 토마스 쿤의 《과학 혁명의 구조》 덕분(특히 제2판 이래)이라 말한다. 그가 아리스토텔레스가 과학과 수사학이 구분되게 하기 위해 구축했던 중요한 두 개념적 장벽, 확실성과 전문 식견의 장벽을 허물었다는 것이다. 쿤은 '고정된 과학'이란 것은 존재하지 않으며, 과학의 발달 과정은 그것이 설득의 과정임을 잘 보여 준다고 그는 설명한다. 일반 담론과 전문 담론의 차이가 많은 수사학자

---

18 Simons(1990b : 20) : "토대주의〔정초주의〕적 전제들에 대한 최근의 맹공으로 인해, 특히 인문학 담론에 적용된 탐구의 수사학이 태동하게 되었음을 필자는 논한 바 있다."

19 김욱동(2002 : 36) : "철학자들은 객관성과 절대주의를 몰아내고 그 자리에 상대주의와 다원주의를 세워놓는다. 진리란 바위처럼 굳건한 절대 불변의 것이 아니라 어디까지나 사회의 구성물에 지나지 않는다는 생각이 그 어느 때보다도 설득력을 얻고 있다. 좀더 구체적으로 말해서 진리란 공동체 구성원이 토론을 거쳐 도출해 낸 합의에 지나지 않는다. 이렇게 얻어진 합의는 구성원을 설득시킬 수 있어야 한다. 뒤집어 말하자면 구성원을 설득시키지 못하는 합의는 결코 진리라 할 수 없다. 그런데 합의와 설득에서 무엇보다 중요한 것이 수사학이다. 해체주의를 정립한 자크 데리다를 비롯하여 그에게서 큰 영향을 받은 폴 드 만을 비롯한 이론가들이 그동안 잠들어 있던 것과 다름없던 수사학을 다시 깨웠다."

들에게는 질적 차이로 보였지만, 실은 양적 차이, 정도의 차이 등에 지나지 않는다는 것이다.

그런데, 인문학 담론들의 수사학적 분석과 이해를 위해서는 플랫(2002)처럼 텍스트 분석의 관점에서 수사학에 접근하는 연구도 도움이 되겠지만, 넬슨 등(2003b)이 말하는 '탐구의 수사학'을 우선적으로 심도 있게 살피는 것도 도움이 될 것이다. 이는 전략적 선택의 문제이다. 넬슨 등(2003a)이 《인문과학의 수사학》에서 설명해 보이고 있는 '탐구의 수사학'은 인문과학의 제 학문 간의 통합적 사고를 가능하게 해 줄 수 있는 하나의 새로운 방법론적 모델이다. 이들은 이 '탐구의 수사학'이 제공하는 논증 체계, 그리고 논증의 절차와 방식에 따라 모든 현대적 담론들을 분석하고 이해할 수 있을 것으로 본다.

'탐구의 수사학'은 이와 같은 방법론의 문제를 다양한 문맥이나 상황 속에서의 구체적인 탐구 활동, 특히 엄밀한 의미에서 증명을 말하기 어려운 구체적인 탐구 활동 안에서의 언어 문제와 결부시킨다.[20] 탐구의 수사학은 담론의 의사소통 차원 연구의 통일성과 다양성이라는 학문 연구의 두 요구 조건을 처음부터 인식하고 있으며, 탐구의 수사학자들은 자율적이고 추상적인 영역을 추구하는 것이 아니라 실천으로부터 작업을 해야 한다고 넬슨 등은 말하지만, 실질적으로는 학문 연구에서 수학이나 물리학의 모델을 법학, 정치학, 문학의 모델로 대체시킨 것이라고 말할 수 있다. 그래서 탐구의 수사학은 텍스트로부터 시작된다고 말할 수 있는 것이다.

유의해야 할 것은, 사이먼스(1990b : 5)가 지적하듯이, 탐구의 수사학이 하나가 아니라 여럿일 수 있다는 점이다. '수사학'이란 용어가 풍요하면서도 모호

---

20 Simons(1990b : 6) : "새로운 탐구의 수사학의 많은 재구적 작업들이, 엄밀한 의미에서의 증거가 있을 수 없는 상황들과 문제들에 대해, 어떻게 논증하고 언어를 사용해야 하는가 하는 탐구로서의 수사학 개념들을 중심으로 해서 구축되었다."

하기에, 수사학을 어떻게 이해하느냐에 따라 그 답이 다양해질 수 있는 것이다. 그렇기에, '객관주의'에 대한 탐구의 수사학의 비판이 날카롭고 광범위한 만큼, 그 재구성의 가능성 여부에 대한 의구심도 그만큼 크다는, 사이먼스(1990b : 20)가 지적하는 역설을 깊이 살필 필요가 있다. 사이먼스(1990b)는 쿤의 포스트실증주의, 사회적 구성주의, 과학 텍스트 분석에 대한 인류학 방법론적 접근, 상징적 인류학, 비판적 법률 연구 운동, 비판적 다원주의, 해체주의, 상당수의 페미니스트, 신마르크시스트, 신프로이트적 비판 등도 모두 묵시적 '탐구의 수사학' 테두리 내에 넣고 있으나, 일단 '명시적인' 것들로 그 대상을 한정할 필요가 있다.

사이먼스(1990b)가 모든 학문적 담론이 잠재적으로 수사적이라 하는 것은 수사학의 학제적 성격, 즉 '학제성'을 말하는 것이고, 수사학적 탐구들의 불가피한 다양성을 시사하는 것이다. 정초주의적 방법(론)이 '일원(론)적'이라면, 반정초주의적 방법(론)은 '다원(론)적', '다원(주의)적'일 수밖에 없다. 기존의 방법론이 '오직 …만only…'이라는 일원론적 논리이거나, 'either/or'의 '냐냐주의'의 '양자택일'을 강요하는 이분법적 논리라면, 수사학적 방법론은 'both/and의 논리', '이것도 가능하고 저것도 가능하다'는 '도도주의'의 초이분법적 사고 논리이다. '빛은 파장이거나 입자이다'에서 빛은, 관찰자가 목적하는 바에 따라 파장도 되고 입자도 되는 것이다. 방법론 위주가 아니라 문제를 중심으로, 실천과 이론의 조화를 꾀하는 인문학적 연구가 목적일 때에는 수사학이 크게 도움이 될 수 있다.

5. 제문론적 수사학

메이에르(1993)는 앞서 언급된 수사의 여러 기능들의 이면에는 아주 분명한

'하나의' 구조가 감추어져 있는데, 이는 '언어(로고스)나 커뮤니케이션 수단을 통한 자신과 남(아리스토텔레스에 의하면 에토스와 파토스) 사이의 관계'라고 말한다. 중요한 것은 이 관계를 제대로 감지하는 것이지, 앞서 언급된 수사학의 '정의들'이 암시하는 것으로 보이듯이, 로고스, 에토스, 파토스의 어느 한 요소에 전적으로 무게를 두어, 그것으로부터 다른 두 요소들을 이끌어내는 것이 아니라는 것이다. 그는 논쟁의 대상은 늘 하나의 문제에 의해 개별화된다는 이유를 들어 수사를 '주어진 문제에 대한 주체들 간의 거리의 교섭'으로 정의한다. 그는 특히 '수사는 문제에 의해 진정으로 시작된다'며 '문제'의 중요성을 강조하고 있다.[21]

아리스토텔레스는 보다 구체적으로 이로운 것, 옳은 것, 아름다운 것(혹은 명예로운 것)에 대해 말하며, 이 주요 문제제기 각각을 특정 연설형과 연관지었는데, 옳은 것은 재판형, 이로운 것은 심의형, 아름다운 것은 과시형과 관련된다. 메이에르는 아리스토텔레스가 이러한 유형 구분을 한 것은 각 형에서의 에토스 · 로고스 · 파토스의 중심적 역할을 강조하기 위해서였다고 말한다. 그는 그러니까 수사학 영역의 일체성이 '문제들의 해결'에 의해 특징지어지는 것으로, 그리고 모순되는 논증, 논리적 추론, 문학적 표현은 모두 '제문론적 problématologique 분절 양식'으로 보는 것이다.

문제의 발견 혹은 발상으로서의 '발견'은 '답들', 제문적 답들로부터 문제를

---

21 Meyer(1993 : 26) : "명제는 사고의 단위가 아니고, 사고의 척도는 더더욱 아니다. 오히려 모순성과 일의성을 모두 나타낼 수 있기 위한 이성과 담론의 기저는 문제 혹은 물음이라고 해야 할 것이다. 하나의 물음이 논의되면, 픽션에 의해 줄거리가 만들어지고, 사람들은 한 문제에 대해 대립하거나—그러면 그 문제는 쟁점이 된다—하나의 물음에 대해 의견 일치를 보게 될 것이다. 한마디로, 수사학은 아무것에 대한 답도 아닌 하나의 주장, 하나의 답-전제에 대해 말하는 것이 아니라, 이성과 담론 그리고 열정에 있어서 인간 조건에 영향을 끼치는 문제제기성에 대해 말하는 것이다."

제문론적으로 추론해내는 과정이라고 할 수 있는데, 이는 다른 수사학들에서는 물론 제문론적 수사학에서도 충분히 강조되어 있지 않은 것으로 보인다. 다양한 수사학적 탐구를 시도하기에 앞서, 혹은 바르트가 말하는 '수사학 기계'를 작동시키기에 앞서, '답들'을 문제제기적으로 보는, 제문론적으로 접근하는 태도가 필요할 것이다. 달리 말하면, 주어진 문제 유형과 유사한 문제들만 다루려 할 것이 아니라, 문제 자체를 새롭게 발견하려는 태도가 우선적으로 필요하다는 것이다. 설득력 있는 논거들의 발견은 그 다음 문제이다. 이는 새로운 학문적 탐구를 위해서는 우리의 문제의식이 우선 새로워져야 함을 말하는 것이다.

박현수(2003 : 46-48)가 이상李箱이 원하는 것은 이 상투적인 글쓰기에서 벗어나 '한번 읽어 지나가'서는 도저히 그 지각이 즉각적으로 이루어지지 않도록 '고의적으로 방해받는 형식'을 고안해내는 것이라고, 그리고 '원리를 내재한 기술로서의 기술주의가 바로 이상 수사학의 핵심'이라고 말할 때도 문제의식, 문제제기가 먼저이다. 문학에서의 사조, 언어학에서의 이론의 출현 등도 새로운 문제의 발견을 통해 이루어진다. 물론 패러다임 전환적 연구만이 학문적 연구는 아니다. 외국어 문법을 전통 문법이나 언어학 관점이 아니라, 번역(학)의 관점에서 접근하는 것도 하나의 문제제기적인 연구이고, 박희병(2003)이 최한기 사상에 대한 종전의 연구가 주로 '근대 확인적 관점'을 취해 왔는데, 그러한 관점으로는 최한기의 사상을 제대로 이해할 수 없다고 보고, '근대 성찰적 관점'을 최한기의 재발견을 위한 하나의 대안으로 제시하고 있는 것도 그러한 한 예가 된다.

언어학적으로는 많은 문제를 안고 있는 프랑스어의 전통 문법도 그 근본 문제는 다양한 문어 문장, 특히 문학 문장들의 문법적 이해와 설명이었고, 그 어떤 언어 이론도 전통 문법의 모든 문제들을 설명해내지 못하고 있는 이상,

이 전통 문법의 존재 이유를 전적으로 부인하기는 어렵다. 구조주의 언어학을 넘어선, '언어학 혁명'으로 간주되어 온 생성언어학의 출발점도 실은 '본래적 언어 능력'이라는 하나의 문제이다. 이렇게 문제제기, 문제 발견의 관점에서 접근하면, 구조주의 역시 '언어들의 차이'라는 하나의 문제에서 출발한 것이고, 이는 생성언어학의 문제와는 다른 문제이며, 따라서 생성언어학이 언어학 '혁명'이라는 것도, 구조주의를 '넘어섰다'는 것도 다시 생각해 보아야 할 문제라는 것을 이해하게 된다.

크로스화이트(2001 : 123-126)는 '논증 행위는 특정한 주장들 사이의 명백한 갈등'이라고 지적하며, '갈등이 없이는 어떤 논증도 없고, 어떤 질문도 없으며, 이야기할 어떤 새로운 것도 없다'고 단언한다. 그런데, 갈등은 논증 행위에 선행하는 것이니, 논증을 하려면, 즉 학문적 주장을 하려면, 그에 앞서 먼저 갈등을 '발견'해야 한다는 것이 그의 주장이다.[22] 그는 '불일치dissonance는 (만약 당신이 관심만 갖는다면) 발견을 낳게 된다는 윌리엄 칼로스 윌리엄스의 말처럼, 논증을 갈등으로 생각하는 것은 발견에 관심을 갖는 하나의 방법'이라고 일러준다. 특히 '논증 행위는 폭력에 대한 탁월한 대안'이라는 것인데, 이 대안이 '언어적 폭력'—그것이 학문적인 것이든 그렇지 않든—에 대해서도 진정한 대안이 될 수 있도록 다양한 방안들이 다각도로 모색되어야 할 것이다.

6. 에필로그

학문적 관점에서 볼 때, 오늘날 우리가 수사학을 발견 혹은 재발견한다는 것은 우리의 학문적 탐구의 영역에 수사학을 받아들인다는 것이고, 이는 곧 학문적

22 크로스화이트(2001), pp. 121-161 참고.

탐구에 불확실성과 다양성을 받아들인다는 것이다. 메이에르는 수사를 '힘에 반하는 담론'의 선택으로, 불확실한 상황 · 그럴 법한 상황 · 개연적 상황에서 결정의 합리적 절차의 문제로 보는데, 메이에르의 이러한 수사학적 관점은 '명제론적 이성', 일반적으로는 모든 필연성 · 명증성의 철학과의 단절을 의미한다. 이러한 단절은 앞에서 말한 다양한 수사학들이 한결같이 견지하고 있는 태도이기도 하다.

토마스 쿤은 자연과학의 담론들에서도 '전문 청중'의 설득이 핵심 문제임을 잘 보인 바 있다. 새로운 '국학', 새로운 '한국학'을 정립하고, 나아가 이를 널리 알리는 것이 우리의 당면 과제라고 할 때, 수사학의 발견 혹은 재발견도 중요하지만, 수사학적인, 제문론적인 '발견'들이 그러한 발견에 선행되어야 그 의미가 커질 수 있다. 메이에르의 '질문의 수사학'은 이러한 '발견의 수사학'에 하나의 토대를 제공하고 있다. 여기에 위에 언급된 '이성의 수사학' 등 다양한 수사학들의 도움이 더해진다면, 우리의 인문학 담론들은 더욱 정밀하고 풍요로워질 것이다.

제2장

언어학 담론의 수사학

1. 서언

사이먼스(1990b : 5)는 수사학이 중립적으로 '설득의 연구와 실천'으로 정의될 수 있다고 하는데, 모란/밸리프(2000 : xi)는 20세기가 '수사학의 세기'로 특징지어진다고 말하고, 사이먼스(1990a), 개온카(1990) 등은 '수사학적 전환'을 거론한다. 밀러(1990 : 162)에 의하면, '신수사학'은 불확실성이 아테네인들의 일상사 이외의 것들로 확산된 것을 반영하는 것이고, 이러한 확산이 '수사학적 전환'이라 불린 것이라 한다. 그러나 많은 사람들에게 '수사'나 '수사학'은 아직도 '장식', '조작', '술수'란 낡은 의미, 경멸적인 의미로만 다가온다.

한국에서의 언어학이 그 새로운 정체성을 모색하지만 아직 그 길을 찾지 못하고 있는 이때, 언어학 담론을 새로이 태어난 수사학의 눈으로 다시 바라볼 필요가 있다.[1] 이 글의 수사학적 탐색에 새로운 방법론의 모색이라는 측면도

1 Meyer(1993 : 7)도 '수사학은 언제나 이데올로기들이 붕괴될 때 다시 태어난다'고 말한 바 있고, Gaonkar(1990 : 363)도 '수사학적 전환들이 위기 시대들에 일어난다'고 지적

없는 것은 아니지만, 그보다는 현재 한국의 언어학, 좁게는 불어학에 대한 메타언어학적 고찰이라는 측면이 더 두드러진다고 할 수 있다. 이 글은 그러한 고찰의 작은 한 걸음에 불과하다.

2. 언어학의 '과학성'

현대 언어학은 그 분야와 이론이 매우 다양할뿐더러, 다른 분야들과의 학제적 관련성이 다중적이어서 한 연구자가 이를 전체적으로, 그것도 세밀하게 파악하는 것은 지난한 일이다. 언어학에 대한 정의 역시 상당히 많고 다양하나, 간단하게는 '언어에 대한 과학적 연구'로 정의할 수 있는데, 이러한 정의를 거부할 사람은 별로 없을 것이다. 그만큼 언어학, 특히 현대 언어학은 그 '과학성'에 의해 특징지어진다고 말할 수 있다.

그러나 언어학이 '과학성'의 이름으로, '과학적 방법론'의 이름으로 '차이'들을 인정하지 않으려는 경향을 보여 온 것은 부인할 수 없는 사실이다. 언어학을 한다는 것, 즉 언어학을 어떤 하나의 방식으로 연구한다는 것이 전혀 선택의 문제가 아니라, 마치 참과 거짓의 문제인 것으로 생각해 온 경향이 없지 않다. 예를 들어, 구조주의 언어학이나 기능주의 언어학이 아니라 생성언어학을 한다는 것은 문제에 따른 '선택'의 문제가 아니라 그 '과학성'으로 인한 '당연지사' 쯤으로 생각해 왔다는 것이다.

과학에서는 흔히 논리 · 수학적인 모델이 사용된다. 사실, 과학적 연구이고자 한 생성문법이 물리학에서 사용되는 논리 · 수학적 모델(또는 방법론)을 언어학에 적용한 것도 우연이 아니다. 그러한 지향이 잘못되었다는 것은 물론 아니나, 문제는 그러한 방법론의 적용이 언어학의 모든 분야에서 가능한 것이

한 바 있다.

아니라는 데 있다. '과학적' 근거는 흔히 '절대적이며 명확하고 논쟁의 여지가 없는, 실험실에서 증명된 증거'를 말하는데, 이러한 증거를 언어학에서, 그것도 모든 분야에서 찾을 수 있을까? 19세기부터 언어학자들은 '과학성'에 대한 염려 때문에 순수한 '기술적 분석'을 제시해 왔는데, 이 역시 규범적 입장을 완전히 벗어나는 것은 아니라는 슈발리에(1994)의 지적은 깊이 음미해 볼 필요가 있다.[2]

랑프뢰르(1990 : 490)는 우리가 논쟁을 하고 대립할 때는 늘 어떤 문제와 관련된다고 말한다. 문제를 제기한다는 점에서는 일관성이 있지만, 그 답들은 다양하고, 또 그럴 수밖에 없다고 그는 말한다. 논리실증주의나[3] 명제 논리의 관점에서는 둘 또는 복수의 언어 이론이 동시에 참일 수는 없다. 그러나 과연 언어 이론의 문제가 참과 거짓의 문제인가? 혹은 그렇기만 한가? 흔히 학문은 진리 탐구를 목적으로 한다고 말하는데, 어느 학문도 엄밀한 의미에서 진리 그 자체의 반영이라 말하기는 어렵고, 언어학의 경우에는 더욱 그러하다.[4] 우

2 Chevalier(1994 : 212) : "과학성에 대한 염려로 인해, 언어학자들은 19세기부터 순수하게 기술적인 분석들을 제시한다고 주장했으나, 그것은 하나의 착각이며, 체계적인 하나의 조합에 대한 모든 제안은 그 사실로 인해, 행위자들과 그들의 담론들의 상황으로 인해 규범적 가치를 갖는다는 것을 논증하기는 어렵지 않다."

3 문경환(2001 : 46, 주12) : "논리실증주의의 객관적 관찰 가능성 원리와는 반대로 관찰 자체가 이론에 의해 도출되며(Hanson), '자기의 세계관'에 맞는 이론을 추구하는 것이 진정한 과학이고(Toulmin), 세계관이 바뀜에 따라 이론의 패러다임도 급격히 바뀌며(Kuhn), 따라서 과학의 발전이란 것도 실은 '신화에서 신화에로의 행렬'이라는 것(Feyerabend), 그리고 과학적 이론의 기준의 '검증 가능성'이 아니라 (포퍼식의) '반증 가능성'이고 후자에 '호보띠'의 개념을 도입함으로써 과학의 발전과정을 설명할 수 있다는 점(Lakatoš) 등등이 강조되었다."

4 Lempereur(1990 : 492) : "학자들이 모색하는 것은 먼저, 다수의 소문제들을 포함하는 하나의 문제의 해결이다. 진리는 해결의 하나의 결과이거나, 해결의 확인에 대한 하나의 도움이다."

리는 언어가 어떤 것인지, 어떻게 쓰이는지 등을 이해하고자 애쓸 뿐이고, 이러한 이해는 절대적인 것이 아니라 상대적이고 다양할 수밖에 없다.

랑프뢰르는 법과 달리 철학은 갈등의 소멸을 모른다고 말하는데, 언어학의 문제들 역시 끝난 것이 아니고, 앞으로도 그러할 것이다. 구조주의 언어학도, 생성언어학도 모두 하나의 문제에서 출발한 것이었다. 하나의 언어 이론이라는 답이 언어 문제에 대한 결정적, 확정적인 답이 되기는 어렵다. 과학적 '진리'라는 개념을 인정하더라도, 그 '진리'는 논쟁과 토론의 대상이 되고, 그 '진리'들은 시간이 감에 따라 바뀔 수 있다. 자연과학적 '진리'라는 것도 실은 과학 공동체가 특정 시기에 설득된 사실에 지나지 않고, 따라서 과학도 수사학의 영역을 벗어난다고 보기 어렵다.[5]

맥락 의존성이 비교적 낮은 자연과학적 연구에 비해 인문학은 상대적으로 맥락 의존성이 크다. 인문학의 하나인 언어학의 연구는 대개 자연어를 통해 표출되기 마련인데, 그러한 자연어 담론은 수학, 논리학 등의 형식언어와는 달리, 누가, 무엇을, 왜, 어떻게, 그리고 나아가 어디에서, 누구를 대상으로 하느냐 등에 따라 상당히 달라질 수 있고, 언어권이나 문화권에 따라서도 그 연구 성향에 상당한 차이가 있을 수 있다. 이는 언어학 담론이 '수사적'일 수밖에 없음을 말하는 것이다. 언어학 담론이 그 주제, 필자, 독자가 전문적이고 한정적이라는 점, 그리고 논증이 일상 담론에 비해 두드러진다는 점 등의 특색은 분명히 있으나, 일상의 의사소통과 근본적으로 다른 것은 아니다. 두 종류의 담론에서 질적인 차이로 비쳐지는 것도 거의 대부분 '양적인' 것의 차이에 지나

5 Watson(2001 : 401) : "수사학은 의문의 여지가 있는 것들, 논의의 대상이 되는 것들과 관련된다. 토론들은 과학 분야들에서도 있는데, 과학의 진실들은 시간이 감에 따라 바뀔 수 있다. 과학의 진실들이 단지 과학 공동체가 어느 특정 시기에 확신하고 있는 것들로 이해된다면, 과학은 수사학의 소관이고, 세상도 모두 만들어낼 수 있다."

지 않는다. 두 담론의 차이가 본질적인 것은 아니다.

문경환(2001 : 47)은 '원리적 엄격성과 분석상의 엄밀성 등이 언어 이론의 흔들릴 수 없는 본질이라 믿고 있는 한 언어학은 더 이상 나아갈 곳이 없을 것'이라고 지적한다. 언어학은 결코 자연과학이 아니니, 더 이상 '엄밀학'의 감옥 속에 가두어져서는 안 된다는 것이다. 이는 방법론에 집착한 나머지 언어라는 대상 자체의 성격이 왜곡되는 것을 경계한 것이다. 과학성에도 다양한 '층위'가 있을 수 있다는 아벨(2000)의 지적은 언어학 연구의 경우에도 적용될 수 있는 것으로, 음미해 볼 가치가 있다.[6] 주제에 따라서는 엄밀하게 '과학적으로' 연구되기—적어도 현재로서는—어려운 경우들이 충분히 있을 수 있는 것이다.

3. 언어학 연구의 '왜'와 '무엇'

전통적으로 수사학은, 앞서 보았듯이, 크게 '발견' 혹은 '착상', '배열', '표현', '기억' 혹은 '암기', '연기' 혹은 '행동'의 다섯 부분, 혹은 다섯 가지 '기술'로 이루어지지만, 구어 담론이 아니라 문어 담론이 문제되는 경우에는 마지막 두 기술은 대개 생략된다. 왓슨(2000)은 영어는 'invention'과 'discovery'를 구분하는데, 그리스어와 라틴어는 각각 'heurein'과 'inventio'라는 표현으로 두 의미를 모두 나타낸다고 한다. 이는 'inventio'에서 '발견'이라는 의미에 비해 '착상'이라는 의미가 상대적으로 매우 소홀하게 다루어지게 된 결과와 무관하지 않은 것으로 보인다. 어쨌건 어떤 논거를 발견하기 전에 우선적으로 필요한 것은

6 Abel(2000 : 11) : "일반적으로 해석학은 모든 것을 설명할 수 있는 하나의 좋은 답, 하나의 이론이 있다는 것을 인정하기 주저한다. 이 과학성 혹은 합리성의 층위의 복수성에 대한 변호는 인간사에서의 수사학의 위치에 대한 변호이고, 이는 페렐만의 변호와도 일치한다."

문제 자체의 발견이다.[7] 이 점은 고전수사학에서도, 현대의 수사학에서도 소홀히 다루어져 왔는데, 언어학 담론의 수사학적 연구에서 우선적으로 살펴야 할 것은—다른 분야에서도 대개는 그렇겠지만—문제의 '발견'인 것으로 보인다.

불어학의 경우를 말하자면, 불어학을 '왜' 하는가부터가 문제이다. 여러 가능한 답 중에는 '선진 언어학을 배우기 위해서'도 있을 수 있는데, 이러한 배움도—왜 하필 불어학인가 하는 물음은 차지하더라도—주체적으로 이루어지지 않으면, '우리의 영어학계는 다양한 분야를 균형있게 연구 발전시키고 있는 것이 아니라 미국 언어학 이론을 맹종하며 영어보다는 한국어를 주 탐구 대상으로 한다는 점에서 영어학 본연의 입장을 제대로 견지하지 못하고 있다고 할 수 있다'(한학성, 2000 : 326)는 한국의 영어학에 대한 신랄한 지적을 한국의 불어학도 면하기 어렵다.

한학성(2000 : 329-336)은 미국에서의 언어학과 한국에서의 영어학은 반드시 구분되어야 한다고 주장한다. '미국에서의 언어학은 세상의 모든 언어를 대상으로 하지만 한국에서의 영어학은 당연히 영어를 주 대상으로 하여야 한다'는 것이다. 그는 '우리나라 영어학의 가장 큰 문제점은 그동안 우리 영어학계를 주물러 온 학자들이 진정한 학문을 추구했다기보다는 단지 구미의 어느 특정 학자의 이론을 맹목적으로 따르면서 그들의 이론을 단순히 소개하는 보도 기능만을 수행해 왔다는 것'이라고 목소리를 높인다. 이러한 비판이 다소 격하다는 느낌이 물론 없지는 않지만, 외국 언어학을 전공하는 많은 학자들의 문제의식이 다소 안이한 편이었다는 포괄적인 지적은 면하기 어려울 것이다.

언어학 담론에는 '왜'의 문제도 있지만, 무엇의 문제도 있다. 이 '무엇'의 문제는 '남의 것'을 연구하는 외국어 연구자들의 경우 더욱 문제시된다. 우선, 외국

---

7 Simons(1990b : 15) : "그러나 수사학은 일차적으로 그리고 무엇보다도 하나의 설득술이고, 단지 이차적으로만 발견과 건전한 판단의 도구라는 식별의 문제와 맞닥뜨린다."

언어학 연구자는 해당 외국어만을 연구할 수도 있고, 한국어 연구를 겸할 수도 있다. 불어학 전공자의 한국어에 대한 논문을 전공 논문으로 볼 수 있느냐 하는 것에는 논란의 여지가 있지만, 한국어를 연구한다는 것 자체가 잘못은 결코 아니다. 오히려 전공 영역을 넓힌 것으로 인정받을 수도 있고, 사실 그렇게 해야 할 필요도 점점 더 커지고 있다.[8]

이제는 '국학'의 의미도 좁게만 해석하는 관례적 입장을 벗어나, 예를 들어, 불한번역이나 한불번역 같은 대조 연구들도 넓은 의미의 '국학적' 연구에 포함되는 것으로 받아들일 필요가 있지 않을까? '남의 것'도 잘 받아들여 소화하게 되면 '우리 것'이 되지 않는가? '남의 것'을 공부하는 것은 '내 것'을 발견하는 과정이 되기도 하는데, 중국에서의 불경 번역의 역사는 이를 웅변적으로 말해준다. 국어학에서도 그간의 학문적 태도에 대한 반성의 목소리들이 높다. 이현희(1992 : 387)는 종합적인 비판적 지적과 아울러 기대감도 표시하였으며,[9] 홍윤표(1992)도 이현희(1992)에 대한 논평에서 유사한 견해를 보이고 있는데,[10] 이 모두 국어학에 대한 수사학적 연구 분위기 조성의 필요성을 지적한

---

8 영어권에서 개발된 이론을 한국어에 적용한 글이 아니라, 프랑스어권에서 개발된 이론을 한국어에 적용한 글이라면, '순수한' 불어학 담론은 아니라 할지라도 불어학과 무관한 담론이라고 말하기는 어렵지 않을까? 이러한 판단도 우리의 필요에 따라, 시대적 요청에 따라 바뀔 수밖에 없을 것이다. 특히 뒤에서 말할 '청중'의 문제를 고려한다면 더욱 그러할 것이다.

9 이현희(1992 : 387-388) : "외래이론을 보세가공만 해도 만족해 할 단계는 지난 것으로 보인다. 외래이론을 도입함으로써 국어학의 논의가 풍부해졌다는 긍정적 측면과, 국어학의 자생적 이론이 배태될 싹이 없어졌다든가 생경한 이론을 무비판적으로 적용만 한다는 부정적 측면이 지금까지 많이 언급되어 왔다. 인식의 심화를 위해 외래이론에도 밝아야 하는 반면, 국어의 특수성도 함께 고려하는 우리 나름의 이론은 정립될 수 없는지 반성해 볼 필요가 있을 것이다. 〔…〕 무엇보다도 이러한 연구, 저러한 연구, 이러한 분야, 저러한 분야가 다 활발하게 전개되는 다양성이 넘치는 분위기가 앞으로 조성되어 나갈 수 있을 것으로 굳게 믿는다."

것으로 이해할 수 있을 것이다.

지금까지 '과학적'이라는 방법론, 혹은 그와 관련된 문제들 때문에, 언어의 어떤 부분이나 측면이라는 '무엇'의 문제는 소홀히 한 느낌이 없지 않다. 예를 들어, 한 언어의 역사적 측면이 수리논리적인 연구를 할 수 없다고 해서 언어학의 학문적 연구의 대상이 되지 않는다고 말할 수 있을까? 언어의 문제를 보다 정밀하고 엄밀하게 연구한다는 것이 방법론의 덫에 걸려 언어에 관해 우리가 탐구해야 할 중요하고 유용한 측면들을 놓치거나 소홀히 하는 결과가 된다면, 그것은 본말의 전도라 하지 않을 수 없다.

문제가 언어학 연구의 방법론 자체에 관한 것이 아니라면, 방법보다는 문제, 주제가 우선시되어야 할 것이다.[11] '방법'이란 것도, 크로스화이트(2001 : 324) 식으로 말하면, '우리의 결과가 보편 청중에게 결국 설득력 있는 것이 될 것임을 무엇이 보장해 줄 수 있는지에 관한 최상의 이해에 대한 표현'에 지나지 않는다. 그에 의하면, 궁극적으로 과학적 방법의 실제적 기능은 '있을 수 있는 가장 포괄적인 청중의 잠재적인 동의를 얻는 것'이다. 과학적 연구 자체를 하나의

---

10 홍윤표(1992 : 392-393) : "'국어학은 한국학'이라는 명제에는 여러 가지 의미가 내포되어 있다. 그중 가장 중요한 의미는 그 연구 방법론과 자료가 한국적이어야 한다는 것일 것이다. 국어로 포장된 영어식 자료 및 예문의 난무가, 문어의 보수성을 빌미로 하여 성행하는 일이 없어져야 함을 의미하며, 외국어를 모델로 한 이론을 국어에 수용하는 과정에서 벌어지는 '보세가공'만의 시대가 지나야 함을 의미하는 것이다. 또한 국어학 연구가 언어학 이론과 자료 속에서만 이루어지는 것이 아니라 한국학의 다른 분야, 예컨대 한국사학이나 한국문학의 자료와 연구방법과도 깊은 관계를 가지고 연구가 진행되어야 할 것임을 의미한다."

11 Lempereur(1990 : 492) : "요컨대, '어떤 유형의 문제에 대해서는 어떤 해결책'이 필요하다는 식이다. 그러니 각자 해결해야 할 문제에 어떤 양식이 가장 적합하지 결정해야 한다. 과학, 철학, 종교 등의 공동체들도 마찬가지로 그들의 문제들에 어떤 방법들이 사용되었으면 하는지 밝혀야 할 것인데, 그에 대한 반론은 언제나 가능하다."

질문 과정으로, 문답 과정으로 설명하는 메이에르(1993, 1996)의 '제문론적 수사학'은 문제들의 발견의 측면을 이해하는 데 크게 도움이 될 것이다.

한국에서 외국어학 연구자로서의 문제는 무엇인가? 그리고, 불어학 연구자로서의 문제는 무엇인가? 이러한 물음을 각자 물어오지 않았던 것은 아니겠지만, 작금의 여러 상황을 돌아보면 그 물음이 절실하지 않았거나, 아직 깊이 살피지 못하고 있다는 느낌을 갖게 된다. 불어학을 '프랑스식'으로 하는 것도 필요하고 의미가 있지만, 현재 한국의 불어학 연구자들은 그와는 다른 문제의식을 필요로 할 수도 있다. 사실, 불어학은 누가, 왜, 어떻게, 어디에서, 무엇을 위해 하느냐 등에 따라 그 주제나 방법이 사뭇 달라질 수 있고, 그러한 결과로 나타나는 언어학 담론은 '진리 탐구'의 결과이기에 앞서 우선적으로 자신의 견해에 대한 '설득 담론'의 모습을 띨 수밖에 없을 것이다.

4. 수사학적 논증

과학이 뛰어난 업적인 것은 누구나 인정하는 바이지만, 과학에서 논증이 핵심적이고, 따라서 수사학적이란 것은 쉽게 간과된다.[12] 쿤이 보였듯이, '고정된 과학'이란 존재하지 않는다. 과학에서의 입장, 이론, 데이터는 불확실한 것들이다(Harris, 1997a : xiv). 티네스(1994)에 의하면, 여러 다양한 분야들의 고유한 담론들은 '형식주의'와 '수사적 형태'라는 양극의 중간 어디쯤에 위치하는데, 정밀과학은 전자에 가깝거나 일치하고, 비정밀과학은 그 중심이 '기술description'이 되고, 극단적인 경우에는 문학적 수사와 일치되기도 한다고 한다. 티네

12 Harris(1997a : xi) : "과학은 현저한, 현저하게 성공적인 시도이다. 그러나 과학자들은 논증하고, 그들의 논증은 그들의 성공의 절대적 핵심이다. 과학은 수사학적이라는 것이다."

스는 또한 인문학의 인식론적 분석이 형식적 경향과 기술적 경향 사이의 주기적 변동을 보여 준다고 말한다(pp. 122-123). 물론 두 형식의 다양한 결합 형태도 있을 수 있다. 이는 방법론에 따른 것일 수도 있고, 주제에 따른 것일 수도 있다.

슈발리에(1994)는 거의 모든 언어학자들이 자신도 모르는 사이에 수사학을 하고 있다고 말한다.[13] 언어학자들도 자신이 자신도 모르는 '수사학자'라는 것을 알고, 어째서 그러한지 탐구한다면 언어학을 보다 잘 이해할 수 있고, 또 이해시킬 수 있을 것이다. 이는 언어학자들이 절대적이고 명약관화해서 논쟁의 여지가 없는 논거들을 대기만 하면 되는 그러한 연구들을 한다기보다, 대부분의 경우, 답이 불확실하고, 다양한 해결의 가능성이 있는 문제들을 다룬다는 것을 뜻한다. '공인'된 이론들을 단순히 적용만 하는 글들은 '권위에 의한 논증'에 기대는 경우들로 전자에 가깝고, 철저한 분석과 고찰을 통해 결정적은 아니나, 많은 사람들의 공감할 수 있게 표현된 글들은 후자 쪽에 가깝다. 언어 이론들이란 것도 따지고 보면 언어의 다양한 문제들에 대한 다양한 답들이 아니겠는가?

크로스화이트(2001 : 253)는 우리가 의심의 여지가 없는 단언에 대해서는 논증을 하지 않는다고 지적한다. 우리가 살펴본 바에 따라 무엇인가 의심스럽다고 말하는 것은 특정한 관점을 취하는 것이고, 특정한 판단을 내리는 것이며, 무엇인가를 논증한다는 것은 이미 그것의 질문 가능성에 관하여 판단을 내렸다는 것을 의미한다는 것이다. 이러한 크로스화이트의 입장은 수사학에서 '명제주의'와 대립되는 '제문론'적 접근의 필요성을 강조하는 메이에르(1993)

13 그는 이때의 수사학이 개온카Gaonkar가 말하는 '묵시적 수사학'이라는 단서를 다는 것을 잊지 않는다.

의 제문론적 입장과 맥을 같이 한다. 그러나 '논증적인 시각에서 볼 때, 주장의 형태를 취할 수 없는 것은 정당화될 수도 없고 비판의 대상이 되지도 않는다'는 크로스화이트(2001 : 241)의 주장은 메이에르의 입장과는 다소 차이를 보이는 것이다.

르불(1999 : 95)은 '논거'를 '다른 명제를 받아들이도록 하는 명제'로 정의하는데, 이 정의에서 문제가 되는 것은 '받아들이도록'이라는 표현으로, 대다수의 경우, 이 의미는 두 가지로 압축될 수 있다고 한다. 그 하나는 엄격하고 객관적인 '증명'으로, 이것의 모델은 정밀과학이 제공하고 있으며, 다른 하나는 영향과 유혹, 조정 등에 관련된 일체의 것인데, 아리스토텔레스 이래로 수사학은 이러한 경직된 양자택일을 거부하고 과학적인 증명과 영향 사이에 제3의 길, 논증이라는 것이 있다는 사실을 받아들인 것이라고 그는 말한다.

그는 논증과 증명이 구분되는 이유로 논증이 '말터topos, topoï, 즉 일반에게 통용되고 진실임직한 견해로부터 출발하여 굳이 일의적이고 엄격하게 정의된 용어를 사용하지 않아도 되며, 그 추리는 준논리적이기 때문'이라는 것을 든다(p. 166).[14] '말터는 단지 진실임직한 것에 그치므로 늘 반대편 말터의 반박을 받을 수 있다'(p. 131)고 하는데, 이러한 관점에서 본다면, 언어학파는 하나의 언어학적 '말터'를 공유하는 사람들의 집단이라 말할 수 있다. 이러한 말터들은, 언어학사를 통해 보듯이, 바뀌어 왔고 또 앞으로도 바뀔 것이다.

역설적으로 보일지 모르나, 불확실성[15]과 불일치는 논증에서 핵심 역할을 한다. 불확실성과 불일치는 바로 논증의 출발점이다. 바니에(2001 : 7)는 의견의 불일치는 불가피한 것일 뿐 아니라, '합리성의 구성적 여건'이라 말하고,

---

14 Perelman(1977)은 준논리적 추론의 경우들을 열거해 보이고 있다.

15 Vannier(2001), p. 40 참고.

페렐만(1990)은 비평과 정당화가 논증의 두 형식이라 지적한다.[16] 하나의 이론적 입장을 견지한다는 것은 명시적 혹은 묵시적 비판에 직면하여 정당화를 꾀한다는 것을 뜻하는 것이다. 비판 자체를 거부한다면, 개선 자체도 기하기 어려울 수밖에 없다.

레카나티(1984)에 의하면, 분석철학은 '과학적 정신'과 결부되는 명확성과 절제, 논거의 명시, 주장과 논거의 정밀성과 세밀성 등에 의해 특징지어지는데, 이를 통해 철학자들 사이의 토론과 상호비판이 가능해지고, 그렇게 함으로써 분석철학의 또 다른 중요한 특성의 하나인 '주관상호성'에 도달할 수 있게 된다는 것이다. 이러한 과정은 수사를 '주어진 문제에 대한 주체들 간의 거리의 교섭'으로, 논증을 이 사이, 그 문제에 대한 해결 테크닉으로 보는 메이에르(1993)의 '제문론적 수사학'의 관점에서는 매우 수사적인 과정으로 해석될 수 있다.

카릴류(1996 : 75)는 철학하는 것은 논증하는 것이고, 논증은 명제주의의 인식론적 정당화의 틀을 벗어나는 것으로 수사학 모델을 따르는데, 이 모델은 개연성과 진실임직함의 영역에 속한다고 지적한다. 협의의 수사학 모델은 논리 · 수학적 모델과 대립되지만, 논리 · 수학적 모델도 설득 방식의 하나이므로, 광의에서는 이 모델도 수사학의 테두리에 속한다고 볼 수 있다. 그러나 협의의 수사학 모델이 여하히 소피스트적 억지를 벗어날 수 있는가 하는 것은 여전히 문제로 남는다. 바로 그렇기 때문에 현대의 여러 수사학 연구 경향들을 살필 필요가 있는 것이다.

수사학의 분야가 다양한 만큼, 수사학적 탐구도 다양해질 수 있다. 르불

---

16 Perelman(1990 : 1099-1100) : "비평과 정당화는 지지나 반대의 이유들을 필요로 하는 논증의 두 형태인데, 이 이유들이 궁극적으로 타당하거나 타당하지 못한 행위 혹은 결정을 할 수 있도록 하는 것들이다."

(1999)은 수사학에서 논증 이론이 강조되기도 했고 문체론이 강조되기도 했으나, 그중 어느 하나를 택하기보다는 양자가 서로 연결되어야 한다고 주장한다.[17] 이는 언어학 담론의 수사학에도 동일하게 적용될 수 있을 것이다. 언어학에서도 어떤 주장이 참이다 거짓이다 하는 문제는 분명 제기될 수 있고 또 제기되어야 하지만, 설득력의 정도, 논증의 심도가 문제가 되는 경우들이 훨씬 많을 것이다. 논증 과정이 어떻게 나타나 있는가 하는 배열이나 문체적 측면의 연구 또한 중요하다. 시대와 상황에 따라 새로운 문제가 얼마든지 제기될 수 있는 것이니, 이러한 문제들에 대해 어떻게 접근해야 한다는 규범적 태도보다는, 어떤 접근이 유리한가 혹은 바람직한가 하는 보다 유연한 수사학적 태도를 가져야 할 것으로 생각된다.

5. 보편 청중

다른 이론들의 다른 주장들에 대해 우리가 쉽사리 생각을 열지 못하는 것은 학문적 주장들을 어떤 문제들에 대한 나름대로의 답들로 생각하기보다는 그 주장들에 명제논리적으로 접근하기 때문인 것으로 생각된다. 논리학적 입증과 증명이 이가적二價的이라면, 수사학적 논증은 다가적이라 할 수 있다.[18] 크로

---

17 르불(1999 : 49) : "우리는 제3의 해결책을 택하고자 한다. 수사학의 본질을 문체도 논증도 아니고, 양자가 교차하는 명확한 지대에서 찾고자 한다. 다시 말하면 우리의 관점에서는 논증을 문체에 결합시키는 담화는 어느 것이나 수사학에 속한다. 즉 남을 가르치고 감동시키고 즐겁게 하는 세 기능이 함께 존재하면서 각각의 기능이 다른 기능들에 의해 존재하는 담화, 논증에 의해 뒷받침되면서 즐거움과 감동을 통해 설득하는 담화는 어느 것이나 수사학에 속한다."

18 크로스화이트(2001 : 214) : "이성의 수사학의 관점에서 볼 때, 논리학과 수사학 사이에는 두 가지 근본적인 차이가 있다. 첫째, 논리학은 주로 입증 및 증명에 관심을 둔다. '입증'과 '논증 행위'를 사실상 구분하는 것은 입증과 논리적인 증명이 이가적이라는

스화이트(2001 : 254)도 논리학의 관점에서의 타당성 개념은 논리적인 형식으로 설명될 수 있지만,[19] '이성의 수사학'에서의 타당성은 이와는 아주 다른 것으로 본다. '논증적 설득력의 일반적인 척도는 그 논증이 동의를 얻고자 목표로 삼는 청중'이고, '단순히 효과적인 논증은 단지 특정한 청중에게만 효과적'인 데 반해, '타당한 논증은 보편 청중, 혹은 모범 청중에게 효과적'이라고 그는 설명한다(p. 214).[20]

크로스화이트(2001 : 274)는 '보편성'에 대해 '수사학적 접근에서 보편성은 언제나 정도의 문제이며, 또한 언제나 비확정적 보편 청중에 의하여 판단된다'고 지적한다. 보편성은 다양한 노선을 따라 전개되는데, 보다 보편적인 관점을 이끌어내는 다양하고도 때로는 양립할 수 없는 방법들이 있다는 것이다. '보편성은 특정한 시기에 특정한 목적을 달성하기 위한 특정한 사람들의 성취'라는 그의 지적은 언어학 연구들과 그 조류들에 대해서도 유효한 지적일 것이다. 언어학사는 언어학 담론의 '모범 청중' 혹은 '보편 청중'이 그 문제들에 따라 변해 온 역사라고 말할 수 있다.

불어학 담론도 어떤 청중을 대상으로 하는가, 어떤 보편 청중을 지향하는가에 따라 그 문제나 풀이 방식이 달라질 것이다. 그 '청중'이 프랑스의 학위논문 심사자들인가, 그리고 그 심사자들이 한국어를 아는 사람들인가, 그리고 '청중'이 어떤 특정 이론의 지지자들인가, 한국의 불어학 연구자들인가, 아니면

데 있다. 〔…〕 반면에 수사학은 〔…〕 이가성의 규칙을 무효화한다. 논증은 더 낫거나 더 나쁜 것이고, 더 강한 것이거나 더 약한 것이고, 또한 더 타당한 것이거나 덜 타당한 것이다. 이것은 모두 정도의 문제이지 진실의 문제가 아니다."

19 명제들 사이의 어떤 형식적 관계들이 전제를 결론으로 이끌고 감으로써 타당성이 성립된다는 것이다.

20 크로스화이트(2001 : 220)는 '수사학적 관점에서 보면 오류 추론의 가장 일반적인 특징은 특정한 청중이 그 자신을 보편 청중으로 착각한다는 점이다'라고 지적한다.

한국의 국어학 연구자들인가 등등에 따라 그 서술 방식이나 논증 방식이 상당히 달라질 수밖에 없다. 뿐만 아니라 언어학 담론의 저자가 자신을 어떤 사람으로 설정하는가도 담론의 전개 방식에 상당한 영향을 미칠 것이다.[21]

예를 들어, 한학성(2000)이 염두에 두고 있는 '영어학자들'과 이현희(1992)나 홍윤표(1992)가 기대하는 '한국어학자'는 사뭇 다른 학자들이다. '보도 기능'만을 수행하는 학자들이나, 조동일(1993)이 폄하하여 말하는 '수입 오퍼상들'은 기존의 권위에 의존하여 학문 연구에서도 이른바 '권위에 의한 논증'에 크게 의존하는 학자들이라 말할 수 있다. 이는 논증에서 에토스적인 요소가 중요하지 않다는 것을 뜻하는 것이 아니다. 논증에는 로고스적 측면뿐 아니라, 에토스적 측면도 있고 파토스적 측면도 있다. 이른바 '과학적' 담론에서는 실증주의의 영향으로 이 에토스와 파토스의 역할이 거의 무시되어 왔으나, 그 적절한 역할에 대해서는 재고의 여지가 크다.[22] 이는 언어학 담론들의 구체적 분석을 통해 밝혀져야 할 부분이다.

6. 에필로그

이상에서 개략적으로나마 언어학 담론은 그 근본에 있어 수사적일 수밖에 없고, 따라서 그러한 수사적 성격을 분명히 알고 잘 활용할 필요가 있음을 보였다. 그러나 현대 수사학의 너무도 다양한 측면들로 인해 그러한 활용의 갈피를 잡는 것도 용이한 일은 아니다. 넬슨 등(2003a)이 말하는 다양한 인문학 분야들에 대한 '탐구의 수사학'을 참고 삼아[23] 구체적 언어학 담론들을 꼼꼼히 따지

21 학파의 창시자들이 그 추종자들보다 더 열린 생각을 가지고 있었던 경우가 많다는 것은 이 점에 대해 시사하는 바가 적지 않다.

22 Prelli(1977) 참고.

면서 잘 살피는 것은 하나의 좋은 출발점이 될 수 있을 것이다. 이러한 작업에서는 언어학 텍스트들을 수사학적 관점에서 비교 검토한 슈발리에(1994)[24] 등도 고려에 포함되어야 할 것이다.

23 넬슨 등(2003a)의 《인문과학의 수사학》에는 인문학 분야의 '탐구의 수사학'에 관한 20여 편의 글들이 실려 있는데, 서문 격인 〈탐구의 수사학〉을 비롯하여 〈객관성은 어디에 있는가—인류학의 수사학〉, 〈심리학을 그 자체로 돌리기—심리학의 수사와 수사의 심리학〉, 〈수사학적 이성—인식론, 담론, 실천의 관계에 대하여〉, 〈역사의 수사학〉, 〈인문과학에 있어서 언어의 결점에 대하여〉, 〈문학 해석과 인문학의 수사학〉, 〈신학 논증 수사학〉, 〈수사학과 법—문화적이고 공동체적인 삶의 기술들〉, 〈사회과학의 수사학—학자의 정치적 책임〉, 〈일곱 가지 탐구의 수사학—하나의 도전〉 등이다.

24 Cohen(1998) 참고.

제3장

번역학과 수사학

1. 서언

현대는 번역의 시대라 할 만큼 번역에 관한 담론들이 쏟아져 나오고 있으나, 번역이 과연 무엇인가, 번역학은 어떤 것인가 하는 질문 등에 대해서는 일치된 견해를 찾아보기 어렵다. 이러한 때, 지금까지의 '방법론'들에서 주장해 온 '일원론적 방법론', 즉 이거냐 저거냐 하는 양자택일, 이항대립, 이른바 '냐냐주의'의 논리를 벗어나, 초이분법적 사고 논리, 이것도 저것도 가능하다는 이른바 '도도주의'를 모색하는 현대의 수사학들은 번역과 번역학의 탐구에 큰 도움이 될 수 있다. 예를 들어, 넬슨 등(2003a)이 제시한 '탐구의 수사학'은 이러한 모색에 하나의 길잡이가 된다. 그러나 '탐구' 자체는 고정된 것이 아니기에 '신수사학', '해석의 수사학', '이성의 수사학', '과학의 수사학' 등 다양한 모습으로 나타날 수 있는데, 이 장에서는 M. 메이에르의 '제문론적 수사학'을 중심으로 번역과 번역학의 수사학적 탐구의 몇몇 양상을 살필 것이다.

2. 수사와 탐구의 수사학

고전적 의미의 '수사'는 원래 '말을 잘 하는 기술'인데, 오랜 세월을 거치면서 '납득과 설득, 동의 창출', '(그럼직한 것, 견해, 개연적인 것을 적절한 이유와 논거들을 들어) 추론들의 암시' 등을 비롯한 다양한 목적들과 관련되게 되었다고 메이에르(1993 : 17-18)는 지적한 바 있다. 사이먼스(1990b : 9)는 '넓게 말해, 잠재적으로 모든 학문적 담론이 수사적'이라고 말한다. 흔히 '진리 탐구'를 목적으로 한다는 학문적 연구에서도 적어도 그 과정의 상당 부분이, 넬슨 등이 지적하듯, 수사적으로 이루어져 있다.[1] 다음은 넬슨 등(2003a : 3-4)이 지적하는 탐구의 수사학이 기초하고 있다는 두 가지 사실이다.

> 첫째, 탐구의 수사학은 그것이 흔히 이해되고 있는 것보다, 또는 다양한 학문 영역의 분할이 암시하고 있는 것보다 훨씬 더 통일성이 있다는 사실을 받아들인다. 모든 학자들이나 연구가들은 그들의 학문 분야와는 무관하게 은유, 권위에의 호소, 또는 그 자체가 수사학의 산물인 청중에의 호소 등 공통의 수사적 장치에 의거하여 학문 연구를 수행하게 된다는 것이다. 다른 한편으로 탐구의 수사학은, 그와는 반대로, 논증이 그것이 일반적으로 받아들여지고 있는 것보다 훨씬 더 다양하다는 사실을 강조하고 있다. 모든 학문은 자신에게 고유한 수사적 장치와 수사적 유형—다시 말해 각 학문 영역에 고유한 일반 원리들, 보이지 않는 손에 의해 규제되는 논증의 유형들, 그 자체가 수사학을 구성하는 자료인 문헌의 개연성이나 기록의 유형—에 따라 정의될 수 있다는 것이다.

---

1 넬슨 외(2003a : 1) : "학문연구는 논증을, 논증은 수사학을 활용한다. 이때 '수사학'이란 단지 장식이나 조작, 또는 술수를 의미하지는 않는다. 여기서의 수사학이란 설득력 있는 담론이라는 고전적 의미에서의 수사학이다. 수학적 증명에서부터 문학적 비평에 이르기까지 학자들은 수사적으로 글을 쓴다."

이러한 기초적 사실들은 번역학의 경우에도 해당된다. 학문적 설득 담론에서는 '진리 탐구'보다 그럼직한 것, 개연적인 것, 나아가 유용한 것 등에 초점이 맞추어진 경우도 빈번히 나타나는데, 번역의 실제가 매우 중요한 역할을 하는 번역학 담론들에서는 그러한 측면이 비교적 두드러진다고 말할 수 있다.

로버츠/굿(1993 : 3-4)은 수사학이 19세기에 인문학의 형성, 발전, 정당화에 중심 역할을 했다고 말한다. 이들은 오늘날의 수사학 연구와 수사학적 분석의 주요 경향을 편의상 대략 '고전수사학과 르네상스 수사학의 역사적 언어학적 연구', '수사학의 모든 양상, 현대를 포함한 역사적 검토', '미국의 수사학/커뮤니케이션 학과에서처럼, 설득의 실용적 능력 함양', '문학 이론과 비평 이론에 대한 새로운 관심', '인문학의 수사학'의 다섯 갈래로 구분하는데, 탐구의 수사학은 이러한 인문학의 수사학의 한 경향이다. 탐구의 수사학은 연구 대상에 대한 다양한 수사학적 접근을 장려할 뿐 아니라 인접 학문들과의 학제적 교류도 적극 권장한다.[2]

탐구의 수사학에서는 무엇보다 문제가 중심이 되는데, 이는 '질문의 철학'으로도 불리는 M. 메이에르의 '제문론'의 핵심 사항이기도 하다. 메이에르(1993)는 그가 언급한 수사의 여러 '기능'들의 이면에 감추어진, '언어(로고스)나 커뮤니케이션 수단을 통한 자신과 남(에토스와 파토스) 사이의 관계'라는 '구조' 파악의 중요성을 강조한다. 또한 그는 이들 로고스, 에토스, 파토스 중 어느 한 요소에 전적으로 무게를 두어, 그것으로부터 다른 두 요소들을 이끌어내서는 안 된다고 주의를 환기시킨다. 그런데, 논쟁의 대상은 늘 하나의 문제에 의해 개별화되므로, 그는 수사를 '주어진 문제에 대한 사람들 간의 거리(혹은 사이)에 대한 교섭'으로 정의하는 것이다.[3]

2 넬슨 외(2003b) 참고.

설득이나 논증, 효과적 말하기나 글쓰기 등을 수사의 내용이라고 한다면, 메이에르가 말하는 '거리(혹은 사이)에 대한 교섭'은 수사의 일종의 '잠재적 형식'에 해당한다고 말할 수 있다. 이 거리에 대한 교섭의 내용은 주어진 문제가 어떤 것이냐에 따라, 주어진 여건들에 따라, 그리고 그 주체가 누구냐 등에 따라 달라질 것이다. 문제의 '거리'는 좁혀질 수도, 최소화될 수도, 늘어날 수도, 극대화될 수도 있다. 이 '교섭'은 사람들 사이뿐 아니라, '동일 인물' 내에서 이루어질 수도 있고, 사람과 다른 것, 예를 들어, 사람과 텍스트(혹은 그 부분) 사이, 문화와 문화 사이에 이루어질 수도 있다.

그렇다면, 이 '거리'는 수사학 연구의 가장 중요한 '상수'의 하나로 제시될 수 있을 것이다. 라보(2002)가 번역을 직설적 의미나 비유적 의미의 '협상négociation'으로 보는 것이나, 질(2002)이 번역을 부단한 '의사 결정decision-making'의 과정으로 보는 것이나, 모두 번역을 수사(학)적으로 파악하는 것인데, 이러한 '협상'(혹은 교섭)이나 '의사 결정' 개념 역시 제문론적인 '거리 교섭'과 맥을 같이 하는 것으로 이해될 수 있다.

3. 번역이란 무엇인가?

번역에 대한 원초적인 질문들 중에서 가장 기본적인 것은 아마 번역이란 무엇인가 하는 질문일 것이다. 번역은 행위를 말하기도 하고, 그 결과를 말하기도 하는데, 그 어느 것에서나 불확실성이 지배한다.[4] 라드미랄(1995 : 417)은 번역에 대한 다양한 대부분의 정의들이 '번역은 그것이 대체하고자 하는 원 텍스트에 의미적으로, 문체적으로, 시적으로, 리듬으로, 문화적으로, 화용적으로 〔…〕 등

3 Meyer(1993), pp. 21-24 참고.

4 Nouss(1995 : 339)는 '불확실성'이 번역의 핵심에 자리하고 있다고 말한다.

가인 목표 텍스트를 산출하는 실천'이라는 식으로 되어 있는데, 등가의 양상을 나타내는 부사들은 얼마든지 늘어날 수 있다고 지적한다. 그런데, 부사의 리스트가 늘어난다고 해도 번역의 개념이 보다 잘 한정되는 것이 아니라 오히려 그 모호함을 감출 뿐이라고 그는 꼬집는다. 결국 '등가'란 개념은 '번역' 개념과 동의어란 말밖에 안 된다는 것이다.[5]

'번역'은 다양한 목적들과 관련되어 있어 때로는 '번역'이라는 낱말이 하나의 개념과 관련된 것인지, 혹은 동형어들과 관련된 것인지 자문하게 된다 (Ladmiral, 1995 : 409). 라드미랄(1995)은 번역을 '의미 현상학'적으로 그 의미적 변이와 파생들을 분석하여, 번역이란 말의 사용이 적절치 못한 경우들인 번역의 의미 '영도', '최소 번역'이라고도 하는, 학교에서 이루어지는 번역을 가리키는 번역의 '하한도', 진정한 텍스트의 번역이라 말하는 번역의 '상한도' 세가지를 구분한다. 이 마지막 것은 '번역적 번역'이라고도 불리는데, 이는 다시 '문학 번역', '기술 번역', '철학적 번역'으로 나뉘기도 한다.[6] 번역의 종류에는 이들 외에도 다양한 것들이 있을 수 있다.

누스(1995 : 338)는 번역을 '손에 잡히지 않는 현상'이라고 말한다. 손에 잡히지 않는 것이 그 '정수'라는 것이다. 심지어 그는 번역을 UFO, 즉 '미확인 비행물체'라고 부르기도 한다(p. 335). 연구자들이 번역을 내포적으로 정의할 수 없다 보니 그 외연적 정의를 시도하기도 하나, 이 역시 번역이 무엇인가를 이해시키는 데에는 충분치 않다는 것이다.[7] 어쨌든, 번역을 어떻게 이해하느냐에 따라—그것이 의식적인 것이든 무의식적인 것이든—번역의 과정이나

5 Ladmiral(1995 : 418)은 모든 번역에 대한 반론은 '번역은 원본이 아니다'라는 한 마디로 귀착된다는 G.무냉의 말을 인용하고 있다.

6 Ladmiral(1995)은 별도로 '기계 번역', '자동 번역'의 문제를 다루고 있다.

7 Ladmiral(1995), p. 418 참고.

그 결과가 사뭇 달라질 것은 분명하다. 이렇게 서로 다른 번역에 대한 다양한 이해의 거리를 좁히는 것은 '거리에 대한 교섭'인 수사(학)적 작업인데, 이러한 번역의 수사(학)적 연구는 번역의 해석(학)적 관점과 자연스레 만나게 된다.[8]

번역의 '어떻게'와 관련해서 늘 만나게 되는 문제는 '충실성'이다. 여전히 번역학 연구의 주류를 이루고 있는 것은 아직도 '봉건성féodalité'을 연상시키는 '충실성fidélité' 개념을 주장하는 연구자들이나, 보다 중립적인 '신뢰도fiabilité'나 '존중respect' 개념 쪽으로 방향을 선회한 또는 그리하고자 하는 연구자들도 요즈음에는 상당수 되는 것으로 생각된다. 이는 번역에 대한 '미시적인' 해석학적 연구가 보다 진전된 결과로 볼 수도 있는데, '미시사' 연구의 '두껍게 읽기', '다르게 읽기' 등과도 맥을 같이 하는 것이다.[9]

4. 번역과 텍스트 분석

텍스트 분석은 어떤 구체적인 텍스트를 대상으로 할 수도 있지만 추상적 의미의 잠재적인 텍스트를 그 대상으로 할 수도 있는데, 이 구분의 이해에 누스(1995 : 336)가 '번역의 해석학'을 이해하는 두 방법으로 든 '수맥 탐사가sourcier'와 '우물파는 사람puisatier'의 비유가 도움이 될 것이다. 누스에 의하면, 후자는 기대하는 물이 나오도록 파는 사람이나, 전자는 물이 솟을 수 있는 장소를 지적하는 사람이다. 그의 번역의 해석학적 접근이 뜻하는 것은 이 전자의 방향이다. 고정된 의미를 발견하고자 하는 것이 아니라 번역자의 역사성과 개별성이 고려된 시니피앙스signifiance〔의미 작용〕를 탐구하고자 하는 것이다.[10] 이러한 '수

8 Nouss(1995) 참고.

9 조한욱(2000) 참고.

10 Nouss(1995), p. 338 참고.

맥 탐사가'적 접근은 텍스트 언어학적 관점과도 연관될 수 있다.[11]

번역의 텍스트 분석은 커뮤니케이션 측면에서 접근할 수도 있는데,[12] 라보(2002 : 105-106)는 '커뮤니케이션과 교환(그리고 여기에 전제된 상호성)에 중점'을 두어, '커뮤니케이션 상황의 중개자로서뿐만 아니라 중재자이며 동시에 교섭자'로서의 번역자의 역할을 부각시킨다. 라보는 '교섭' 개념을 '어떻게 번역자가 원본 텍스트 및 이와 관련된 두 언어들 사이의 단순한 관계와는 비교할 수 없는 복잡한 교환 과정의 중심에 위치하는가를 보여 주게 될 핵심 개념'으로 간주하고, '언어 교환은 바로 이러한 상징적 역학 관계라는 문맥 속에서 이루어지므로, 교섭이라는 낱말도 바로 사회적, 심리적 그리고 상충되는 문화적 실체들 사이에 작용하는 긴장 관계 속에서 언어를 다루고 번역을 하는 행위자들 사이에서 의미를 갖는다'고 그 내용을 설명한다.

라보는 '교섭 대상으로서의 의미'라는 표현에서의 '교섭'은 '비유적 의미'로 간주하는데, '거리(혹은 사이)에 대한 교섭'이 단지 비유적 교섭이 아니듯, 의미에 대한 '교섭' 역시 비유적 의미의 교섭만은 아니라고 해야 할 것이다. 그녀는 모든 번역 작업을 '번역자가 몇몇 가지의 변수들을 가지고 의미에 대한 교섭을 한 결과라고 생각할 수 있다'고 해석하는데(p. 113), 다음 대목은 번역이 어째서 수사적인지 잘 보여 준다.

> 이렇게 번역된 의미는 복잡다단하고 역동적(여러 가지 재표현들, 심지어 여러 가지 다른 가능한 해석들)이므로 번역자는 여러 가지 요인들을 검토하여 서로 모순이 되는 요인들을 다듬어주어야 하며, 끝으로 번역, 즉 번역된 텍스트는 항상 어떤 타협의 결과라는 것을 이해시키는 것이 중요하다. 타협의 개념은 교섭의

---

11 Salama-Carr(1990) 참고.

12 이는 효과적인 말하기나 글쓰기라는 수사의 중요한 한 기능과도 직결되는 측면이다.

개념과 상응관계가 있는 개념이며, 이는 또한 번역의 상대성을 이해시키는 데 유용한 개념인데, 그 이유는 번역이란 그것이 어떤 것이건 간에 유일하지도 않고 절대적이지도 않고 결코 완벽하지도 않기 때문이다(p. 114).

이 인용문은 '에지트 출신'[13]인 라보의 입장이 번역의 'UFO론'을 말하는 누스 등의 입장과 '닮은꼴'임을 느끼게 하는데,[14] 그녀가 말하는 '교섭'과 '타협' 개념은 질(2002 : 17)이 번역자의 '기술skills'의 핵심 부분이라는 '의사 결정'의 과정들을 기술한 것이라 보아도 별로 무리가 없을 것이다. 그가 번역의 상당 부분을 이해와 재현 전략들에서의 선택과 적절한 의사결정들에 의해 분석될 수 있다고 보고 있는 점을 상기한다면 더욱 그러하다(p. 32). 이렇게 원 텍스트의 이해 과정이나 번역 텍스트의 재현 과정이나 모두 '교섭'과 '타협' 혹은 '의사 결정' 과정을 통해 이루어진다는 보는 것은 번역의 핵심 과정들을 수사적으로 이해하는 것이다. E. 에코도 번역에서 다양한 어의 가운데에서의 선택은 '교섭과 타협의 원칙'에 기초하고 있다고 지적한 바 있다.[15]

박우수(2004)는 수사학을 '대화론'의 관점에서 접근하고 있는데, 교섭과 타협을 이러한 대화론의 관점에서 이해할 수도 있다. 이 번역상의 '대화'는 어의에 대한 자신과의 '대화'일 수도, 원의에 대한 저자와의 '대화'일 수도 있다. 브르통(1996)이 설득convaincre을 ―수사학을 한쪽 끝으로 하는― 조종, 프로파

13 '에지트ESIT'는 '의미이론théorie du sens'을 표방하는 파리의 '번역통역대학원'을 말한다.

14 Nouss(1995), p. 338 참고.

15 김성도(2003 : 35) : "저는 강연에서 번역을 할 때 다양한 어의 가운데 어떤 의미를 선택할 것인가는 협상의 원칙에 기초하고 있다는 점을 지적했습니다. 제 자신은 문화의 영역에서도 저의 문화와 판이하게 다른 문화들을 받아들이고 인정합니다. 물론 엄청난 문화적 차이는 때로 상당한 물리적 혹은 심적 장애를 동반하기도 합니다. 이러한 상황에서 중요한 것은 협상과 타협의 미덕을 저버리지 않는 것입니다."

간다에서 유혹, 논증, 증명에—여기는 다른 한 끝인 과학의 영역이다—이르기까지 다양한 방식으로 이해하고 있듯이, '대화'도 조종에 가까운 일방적 '대화'에서 깊은 상호 이해에 이르는 '진정한' 대화에 이르기까지 다양한 방식으로 이루어지는 것으로 이해할 수 있다.

이제 번역 과정의 문제를 커뮤니케이션 도식을 통해 좀더 자세히 살펴보자. 우선 지적되어야 할 것은 번역에서는, 다음에서 보는 독자1과 역자가 겹치는, 부분적으로 겹치는 커뮤니케이션 도식이 된다는 것인데,[16] 이는 단순한 선형적 과정이 아니다.

저자/텍스트1/독자1 → 역자/텍스트2/독자2

역자는 흔히 저자에 비해 소홀한 대접을 받는다.[17] 역자에게는 독자로서의 역할과 '저자'로서의 역할이 중첩되어 있는데, 이러한 이중 역할 혹은 역할의 중첩은 많은 문제들을 야기한다. 흔히 역자에게는 '투명성'이 요구되는 나머지 고골 같은 이는 역자가 '투명 유리가 되어야 하고, 궁극적으로는 유리가 있다는 것조차도 몰라야 한다'는 주장까지 하나,[18] 비달(1995 : 376)은 낱말들은 사물들의 투명한 이름이 아니며, 역자는 그 화행적 역할로 인해 그 자신의 흔적을 남기지 않을 수 없다고 반박한다. 이러한 '불투명성'은 번역의 정치적 측면과도 관련이 되는 요소이고,[19] 벤야민과 베르망이 말하는 '이방성étrangeté', 그리고 많은 번역 연구자들이 관심을 갖는 문화적 측면도 이 '불투명성'과 관련이 크다.[20]

16 Vidal(1995) 참고.

17 Berman(1984), p. 19 참고.

18 Vidal(1995), p. 375에서 재인용.

19 Robinson(1997), Venuti(1995, 1998) 참고.

한편, 독자2가 저자와 독자1의 언어를 모르는 경우가 많고, 독자2가 저자나 텍스트1에 대해 내린다고 생각하는 판단이 실은 역자, 텍스트2에 대한 것이어서 양자가 일치하지 않는 경우들도 흔히 목격하게 된다. 그래서 비달(1995) 같은 학자는 번역자의 '불가피한 이타성'을 주장하며, '번역 비평'을 통해 그 역할을 평가하기를 권하는 것이다. 폴카르(1990 : 42)는 텍스트2에 대해서도 '이타성'을 주장하는데, 물론 그러한 이타성을 인정한다고 해서 번역 자체가 자의적으로 되는 것은 아니다. 역자는 어떤 절대적인 것이 아니라 자신의 원 텍스트에 대한 이해를 재현하는 것이므로, 그 이해가 원 텍스트를 최대한 존중하는 것이 되도록 노력한다면(Folkart, 1991 : 437), 그러한 우려는 상당 부분 해소될 수 있다. 비달과 폴카르는 이러한 번역의 '품질' 보장을 위해 베르망식의 '문자역'을 권하는데(Folkart, 1989 : 148), 이러한 '문자역'은 부단한 텍스트 분석을 전제하므로, 하나의 텍스트 분석 방법이라고도 말할 수 있을 것이다.

여기서 짚고 넘어가야 할 것은 '의미'의 문제이다. 텍스트2의 이타성을 주장하는 것은 텍스트1의 의미1과 대비되는 텍스트2의 의미2의 이타성을 주장하는 것인데, 번역학자들은 흔히 '의미 전이transport de sens'라는 말을 별다른 의식 없이, 아무런 문제도 되지 않는 듯이 사용한다. 베글리앙트(1996 : 46-47)는 이러한 '일방적'인 개념 대신에—원천과 목표라는 통상적 개념으로는 부족하다는 의미에서—쌍방적인 혹은 상호의존적인 '관계'라는 개념을 대신 제안한다. 의미를 단번에 이해되는 것이 아니라, 다중적이고 역동적인 구축의 대상으로 보는, 그리고 내용만이 아니라 표현도 번역되어야 한다고 주장하는 베글리앙트는 '등가' 개념을 '신학적 태도'에서 비롯된 것으로 간주한다(pp. 43-44). 번역에서의 의미 자체를 불확실한 것으로 보는 누스(1995 : 340)나, 원천 중심

20 Berman(1984, 1999), Cordonnier(1995), Schäffner(1999) 참고.

대 목표 중심이라는 대립적 관점 대신에 양측을 '상호 이익을 얻기 위해 의사소통에 가담한 사회적 행위자'로 파악하는 핌(1995 : 594)의 입장도 번역을 의미에 대한 '교섭'과 '타협'으로 이해하는 수사학적 관점과 거리가 멀지 않아 보인다.

5. 번역학과 비판적 읽기

번역이라는 UFO에 대한 담론들은 수없이 많고 다양할 수밖에 없다. 이 수많은 담론들은 번역의 이해에 도움을 주기도 하지만, 혼란을 가중시키기도 한다. 누스(1995)는 번역에 대한 다양한 이론적 시도, 사변적 사고, 번역 경험의 예시, 논쟁적 전개 등은 번역 이론에서 유일한 '일관성cohérence'이란 '동반-방황co-errance'밖에 없다는 것을 반증하는 것이라고 꼬집기도 하지만, 번역의 어떤 측면에 관심을 갖느냐, 즉 어떤 것을 문제 삼느냐에 따라 매우 다양한 담론들의 가능성이 생길 수밖에 없다. 그 담론들 중에는 서로 상보적인 것들도 있고, 서로 상반되어 보이는 것들도 있을 수 있는데,[21] 문제는 이들에서 유사점들을 어떻게 수렴해내는가 하는 것이다.

메이에르의 제문론은 학문을 '질문 과정questionnement'으로 설명하는데, 번역에 대한 연구라고 할 수 있는 '번역론' 혹은 '번역학' 연구들은 번역에 대해 제기된 문제들에 대한 나름대로의 답들이라고 할 수 있다. 번역 행위는 번역이란 무엇인가 하는 질문에 대한 의식적 무의식적 답의 존재를 전제하므로, 우리가 어떤 번역 텍스트의 분석을 통해 하나의 번역론을 읽어낸다는 것은 그 묵시적 혹은 명시적 문제가 무엇이었고, 그 답은 어떤 것이었나 탐색하는 것이 된다.[22] 질(1995)이 말하는 '비판적 읽기'는 상당 부분이 이러한 번역학적 '문답

---

21 Gambier(1986), p.168 참고.

22 이러한 대상 자체에 대한 질문은 번역학뿐 아니라 기타 모든 분야의 경우에도 원칙적

과정'의 반복으로 이루어져 있으므로, 이 비판적 읽기를 좀더 가까이 살필 필요가 있다.

우선적으로 살펴봐야 할 것은 번역의 연구자들이 무엇을 문제로 삼는가 하는 것인데, 이는 바로 주제의 문제이다. 예를 들어, 《메타*Meta*》라는 번역학 잡지를 목록만 잠깐 훑어보아도 번역학 담론의 문제들이 얼마나 다양한지 쉽게 알 수 있다. '모든 번역 이론은 의미를 위한 문자 파괴를 이론화한 것'이라 주장하며, 번역은 '문자의 번역'이라는 '공리'를 내세우는 베르망(1999)[23]이나, 번역을 '동일성 속에서 이타성을 인지하는 행위'로 인식하는 메쇼닉[24]의 경우도 출발점은 하나의 문제이다.

이러한 베르망도 많은 분야의 글들이 '의미의 전이'만을 필요로 한다는 것은 인정하는데, 말하자면, 많은 경우, 문자를 소홀히 해도 큰 문제가 없지만, '작품'의 경우만은 다르다는 것이다. 이는 회의 통역에서 시작된 자신들의 번역 이론을 '의미 이론'이라 이름한 셀레스코비치 등의 '파리학파'의 주요 연구 대상이 실용적 텍스트들이었던 것과 좋은 대조를 이룬다. 이러한 문제들의 주제를 살피는 것은 이제 상당수의 연구자들의 관심을 모으고 있는 '번역 비평'으로 이어질 수 있다.

라드미랄(1979)은 일반적으로 적용될 수 있는 번역학적 방법이 있다기보다 역자가 경우 경우마다 적응해야 한다는 생각을 가지고 있는데, 이는 해당 경우에 적절하고 변별적인 질문을 할 수 있고, 그에 따른 답을 구해야 한다는 것을 뜻하는 것으로 해석할 수 있다. 그는 번역 이론이나 번역학에서 기대할 수 있는

으로 적용된다.

23 이 'lettre'의 번역을 'mot-à-mot', 즉 대어역과 동일시해서는 안 된다. 베르망이 말하는 '문자역'은 '느슨한 문자역'이다.

24 Nouss(1995), p. 338에서 재인용 ; Meschonnic(1999) 참고.

'유일한 것'은 번역의 난제들을 밝히고 분류하며, 이들을 개념화하여 결정의 논리가 작용할 수 있도록 도와주는 것이라는 '임상적 관점'을 피력하고 있는데, 이는 앞으로 위에 말한 '비판적 읽기', '번역 비평'과 관련지어 심도 있게 연구할 필요가 있다.

번역에 대해 이러한 다양한 관점이 존재한다는 것 자체가 번역이 문제 해결 과정이고, 이 과정은 교섭과 타협을 전제한다는 점에서 수사적일 수밖에 없음을 잘 말해 주는 것이다. 메이에르(1994)는 수사를 동일한 문제에 대해 대립된 판단을 할 수 있는 담론이라고 말하는데, 이는 상충되는 여러 견해들이 맞서는 번역학 담론도—사실은 거의 모든 담론들이 그러하지만—근본적으로 수사(학)적 담론의 영역임을 시사하는 것이다. 다양한 번역학 담론들이 과연 동일한 문제를 다루는 것인지, 매우 다양하고 복잡다단한 번역학 텍스트들 사이에서 어떤 가닥을 잡기 위해서도 질(1995)이 말하는 번역학에서의 '비판적 읽기'를 음미하고 활용할 필요가 있다.

질(1995 : 5)은 학문에서 가장 특징적인 것 중 하나가 바로 그 비판적 측면이라고 말한다. 학문적 작업에서 약점들과 강점들을 포착하려다 보면 새로운 문제들이나 방법들을 찾아내게 되는 만큼, '비판적 읽기'를 '공격적'인 것으로가 아니라 '분석적이고 건설적인' 것으로 받아들여야 한다고 충고한다. 이러한 '비판적 읽기'가 중요한 것은 우리 자신들의 텍스트에 우선적으로 적용될 수 있기 때문이다(p. 6).

질의 여러 지적 중에서 잘 새겨들어야 할 것 중 하나는 '저자가 목적하는 바가 정확히 무엇인가 살펴야 한다'는 지적이다. 독자들이 하나의 접근법을 저자의 관점이 아니라 자신의 관점에서 비판하는 경우가 흔하기 때문이다(p. 7). 예를 들어, 베르망(1999)은 사람들이 자신이 말하는 '문자역traduction littérale'을 제대로 이해하지 못하는 것을 못내 아쉬워했고, 이를 설명이 충분치 못했던 탓으로 돌리는 사람들도 있지만, 타자의 생각을 온전히 이해하기가 매우 어려움을 보여 주는 한 예로 볼 수도 있을 것이다.

6. 에필로그

번역은 하나가 아니라 여럿이다. 그리고 이러한 번역을 비판적으로 살피는 번역학 역시 하나가 아니라 여럿일 수밖에 없다(Berman, 1999 : 22). 텍스트 분석도 로고스뿐 아니라, 에토스, 파토스를 고려하면 다양한 분석들이 나올 수 있다.[25] 또한 텍스트 내에서의 설득 전략이나 논증 구조를 분석하게 되면 또 다른 분석들을 얻게 될 것이다.[26] 그러나 번역학이 학문적 타당성을 갖기 위해서는 연구자들이 그 '수렴성'의 지속적 증대에 관심을 가져야 하는데, 이러한 과정에서 질(1995)이 말하는 '비판적 읽기'나 '번역의 해석학'을 염두에 둔다면 보다 설득력 있는 결과를 얻을 수 있을 것이다.

모든 번역학 담론들은 우선적으로 논자 자신과의 사이(혹은 거리)에 대한 '교섭'의 결과이고, 논자와 '전문 독자'들 간의 사이(혹은 거리)에 대한 '교섭'을 목적으로 하는 만큼, 수사적, 수사학적일 수밖에 없다. 이 교섭은 때로는 '동일화'를 목표로 하기도 하지만, 때로는 '배제'를 목표로 하기도 한다. 어느 경우가 되었든, 번역학 담론들이 보다 많은 연구자들을 설득할 수 있는 방향으로 전개되어야 할 것은 분명한데, 이러한 설득 과정 자체 역시 수사적, 수사학적이어야 한다.

이러한 노력의 극대화를 위해, 번역학 담론들의 상반성이 상통성으로 수렴되기 위해, 번역학의 수사학적 연구가 본격적으로 이루어져야 할 필요가 있는

---

25 Gouanvic(2001), Dussart(1994) 참고.

26 아모시(2003) 참고.

데, 탐구의 수사학적 연구는 그 하나가 될 수 있다. 앞서 분석철학의 중요한 특성의 하나인 '주관상호성'을 언급한 바 있는데, 탐구의 수사학이 의도하고 있는 것도 매우 수사적인 작업이라 할 수 있는 이러한 '주관상호성'의 구축이라고 말할 수 있다. 이러한 '주관상호성'의 구축은 번역학에서뿐 아니라 다른 많은 인문학 분야들에서도 부단히 시도되어야 할 것이다.

제4장

번역의 제문론

1. 서언

오늘날 번역에 대한 담론들은 수없이 많다. 그런데 이 수많은 담론들은 번역의 이해에 도움이 되기도 하지만, 혼란을 야기하기도 한다. 번역과 관련된 분야가 언어학뿐 아니라 대단히 다양하다는 것은 이러한 상황을 더욱 어렵게 만들고 있다. 이러한 때, 언어에 대한 근본적인 관점이라는 M. 메이에르의 제문론과 그가 제문론적으로 재해석한 수사학에 힘입어 번역이란 과연 무엇인지, 새롭게 살펴볼 필요가 있다.

먼저, 메이에르의 언어의 제문론과 제문론적 수사학을 약술한 다음, 이어 번역을 어떻게 제문론적으로 그리고 수사학적으로 이해할 수 있는지 몇몇 예들을 통해 살펴볼 것이다. 그리고 마지막으로, 제문론과 제문론적 수사학이 번역에 대한 담론들인 번역학 연구들에도 적용될 수 있음을 간단한 예들을 통해 보일 것이다. 번역에 대한 이러한 제문론적 수사학적 고찰은 앞으로의 이 방향의 연구에 대한 예비적이며 문제제기적인 성격을 갖는다.

소쉬르는 어느 강의에서 자신이 하는 일은 언어학자들에게 그들이 하는 일이 어떠한 것인지 보여 주는 것이라 했다. 번역과 번역학도 여러 관점에서 고찰될 수 있으나, 가장 근본적인 것은 번역자들와 번역학자들에게 그들이 하는 일이 어떠한 것인지를 보여 주는 것이라고 할 수 있다. 메이에르가 말하는 제문론은 번역의 이러한 방향의 이해에 포괄적인 제시를 하고 있다고 생각된다.

2. 언어의 제문론

M. 메이에르는 아리스토텔레스 전통의 수사학을 논증론으로서의 '신수사학'으로 부활시킨 C. 페렐만[1]의 맥을 이은 벨기에 철학자이다.[2] 그의 제문론의 핵심은 카릴류와 파레트가 잘 지적한 바 있다. 카릴류(1996 : 71)는 제문론이 언어langage의 새로운 '이론', 수사학의 새로운 '개념', 철학의 새로운 '해석'이라는 세 중심 지주에 핵심적으로 의거하고 있다고 요약한다. 파레트(1990 : 352)는 메이에르의 테제를 '모든 발화, 모든 행위, 모든 행태는 하나의 답이고, 따라서 하나의 문제와 연관지을 수 있다는 것' 그리고 '인간의 행위는—이론적인 것이든 실제적인 것이든—매우 특수한 의미 구성적 상황 맥락에서의 질문 과정으로 보아야 한다는 것' 두 가지로 압축한다.

메이에르(1986a : 7) 자신은 제문론을 가장 근본적인 것에 대한 연구라는 점에서 '질문의 철학'으로도 칭한다.[3] 그는 제문론이 '지적 활동은—언어도 이 활동의 하나이다—우리에게 제기되는 문제들을 다루는 것'이라는, 자명하

1 Perelman(1977), Perelman/Olbrechts-Tyteca(1988), 마넬리(2006) 참고.

2 Meyer(1990a : 155)는 페렐만에 대해 전횡적인 논리주의로부터 수사학의 영역을 일부 떼어낸 것이라는 다소 비판적인 시각도 가지고 있다.

3 Meyer(1979b : 167)는 질문의 철학이 모든 질문 행위의 과정에 재귀성이 내재한다는 것을 보이려 한 것이라고 말한다.

나 그 결과는 이루 헤아릴 수 없는 생각에 근거한 것이라 말한다(Meyer, 1995 : 146). 그는 비트겐슈타인의 언어 게임에서 촘스키의 생성문법, 그리고 뒤크로의 논증 이론에 이르기까지 수많은 언어에 대한 이론들이 있지만, 이들은 모두 부분적인 관점일 뿐 언어 현실에 대한 '일체성'을 보여 주지 못하고 있다고 비판한다. 자신의 언어의 제문론적 관점은 이러한 현대 언어 연구의 근본적 문제를 해결하여 그 일체성을 구현하고 있다는 것이 그의 주장이다.

이러한 주장에 나름대로의 타당성이 있는 것이 사실이나, 그러한 일체성의 구현이 방금 언급된 언어 연구들이나 다른 언어 연구들과 배타적 관계에 있는 것은 아니다. 다시 말해, 메이에르가 말하는 '일체성'을 '유일성'과 동일시해서도 안 되고, '다양성'과 배타적 관계에 있는 것으로 보아서도 안 된다는 것이다. 다음은 메이에르(1981 : 81-82)가 언어에 대한 '일반적 고찰'이라고 한 것들을 요약한 것이다.

· 언어의 분석에서 흔히 통용되는 능력/수행, 통사론/의미론 등의 이분법은 언어 현상을 지나치게 단순화하는 것이다.
· 지시는—따라서 진리 조건도—의미의 전부가 아니다.
· 고립된 문장이란 것은 자연어에 존재하지 않는다.
· 담론은 항상 누군가에 의해 산출되는 것이고, 그 상대방이 있게 마련이다.
· 언어에는 나름대로의—질문의—논리가 있다.

이러한 일반적 고찰의 바탕 위에 세워진 언어의 제문론은 언어에 대한 하나의 '근본적이며 총괄적인 관점'이다. 이것의 근간은 인간의 언어는 인간의 행위라는 일반적 테두리를 떠나서 생각할 수 없다는 것이다. 즉 행위가 아닌 언어는 없다는 것이다(p. 82). 이 행위 중에서도 핵심이 되는 것은 묻고 답하는 행위이다. 그러니까 메이에르(1982 : 123)에 있어서 언어의 근본적 단위는 문답

쌍이다. 그는 언어의 사용이 항상 이 문답과 관련지어진다는 '일반 법칙'을 제시한다.[4]

이러한 메이에르(1992a : 38)가 문제와 답을 표현하고 드러내는 것을 언어의 근본적 두 기능으로 보는 것은 자연스러운 귀결이다. 이 문제와 답의 차이가 바로 '제문적 차이différence problématologique'이다(Meyer, 1979b : 151 ; 1994 : 3). 이 차이는 언어가 인간 문제에 답하는 것이라는 점에서 언어의 근저에 자리한다고 하는데, 이 차이는 언어 자체와 언어에 의해 야기된 다양한 사용법에 나타나긴 하나, 형태의 문제와 동일시해서는 안 된다고 한다. 문제와 의문문, 답과 단언문은 같은 것이 아니고, 문제/해결책도 의문문/평서문과 같은 것이 아니라는 것이다(Meyer, 1992a : 42).

메이에르(1981 : 84)에 의하면, 모든 말은 답이다. 말하는 것은 답하는 것이고, 우리가 말하는 것의 의미는 묵시적 혹은 명시적 문답 관계에 의해 주어진다고 한다.[5] '하나의 답의 의미는 특정 문제와의 관계'라는 것이다(Meyer, 1994 : 107). 그런데 이 관계가 맥락 의존적이므로 의미의 발견은 전제의 형태로 결정화된 맥락 정보에 입각한 추론이 될 수밖에 없다. 문제로부터 답으로의 전이 혹은 답으로부터 문제로의 전이도 하나의 추론 관계인데, 메이에르는 이러한

---

4 다음은 Meyer(1979b : 146-147)에서 이 법칙의 '결과들'로 제시된 것들이다.

- 언어의 모든 사용은 어떤 문제에 대한 답이다.
- 모든 해결의 목표가 한 답의 제시일지라도, 일단 그 답이 제시되면 그러한 답이 나오게 한 문제는 더 이상 제기되지 않는다. 그러니까 언어의 목표는 문제가 아니라 해결책을 말하는 것이다. 따라서 해결책과 답의 대립은 명시적인 것과 묵시적인 것의 대립과 마찬가지이다.
- 언어로 답한다는 것, 어떤 문제를 다루기 위해 명시적인 것에 도움을 청하는 것은 형태를 입히는 것이다.

5 Meyer(1994 : 109) : "말하는 것은 답하는 것이다. 그리고 우리가 하는 말의 의미는 기저의 혹은 명시적인 문답관계에 의해 주어진다."

추론을 '제문론적 추론'이라고 부른다.[6]

답에는 두 종류가 있는데, 하나는 '응답적 답'이고, 다른 하나는 '제문적 답'이다. 전자는 해결책만을 내보이는 답이고, 후자는 문제가 되는 것을 나타내는 답이다(Meyer, 1993 : 79). 외견상 어떠한 질문도 나타내지 않기에 응답적 답이 답처럼 보이지 않을 수 있는가 하면, 제문적 답도 외견상 문제를 제기하고 있는 것으로 보이지 않을 수도 있다. 그리고 하나의 답이 이 두 답의 성격을 모두 가질 수도, 즉 어떤 문제를 표현할 수도 해결할 수도 있으나, 동일한 문제는 아니다. 화자에게 응답적 답이 청자에게는 제문적 답이 될 수 있다.[7]

메이에르(1982 : 129-130)는 언어에 지시 관계가 있는 것은 근본적으로 언어가 인간이 현실에 대해 갖는 질문으로부터 비롯되기 때문이라고 본다. 그는 언어의 지시성을 하나의 데이터로 보는 것을 '명제주의적 발상'[8]이라고 비판하며, 언어의 지시는 의문사들과 관련지어져야 한다고 강조한다.[9] 모든 표현들의 지시 관계는 '의문사들'에 의해 접근할 수 있기 때문에 존재한다는 것이다. 즉, 지시 관계는 질문성에서 비롯된다는 것이다.[10]

---

6 Meyer(1981 : 95)는 이러한 제문적 추론을 비형식적 논증이나 문학 작품의 읽기에서도 볼 수 있다고 지적한다.

7 Meyer(1992 : 75) : "응답적이라 할지라도, 우리가 묻는 답들은 이론적으로 제문론적으로 확장될 수 있다. 사실, 답들은 응답적이며 제문적이기 때문에 그 단언적 내용을 간직하는 의문 종속절에 의해 번역될 수 있는 것이다."

8 Meyer(1986a)는 명제주의를 '모든 추론과 모든 사고를 명제라는 기초 단위로부터만 구축하려는 의지에 의해 특징지어지는 철학적 사고'라고 말한다.

9 Meyer(1999 : 312) : "의문사들은 여기서 '지시사들référentiels'이고, 이것이 명제들의 의미의 이해에서 지시의 중심적 역할을 설명해준다. 그런데, 명제주의 테두리 안에 자리하기 때문에 지시성을 그것을 나타내는 의문사들과 관련짓지 못하는 것이다. 이 지시성을 의미적 데이터처럼 출발점으로 삼는 것이다."

10 그렇지만 모든 답이 지시적인 것은 아니라고 한다. 답 개념은 보다 광범위하며, 비지시적 의미 현상도 포함한다고 한다. Meyer(1993), p. 89 참고.

메이에르(1992a : 50)는 의문사가 표면에서 삭제되었거나 나타나지 않는 것은 지시된 것에 대해 화자가 더 이상의 질문을 가지고 있지 않다는 것을 뜻한다고 말하는데, 보다 정확히 말하면, 그렇게 보이도록 놓아두는 것이다. 사실, 화자가 얼마간의 문제라도 있는 경우에는 게발톱점이라든가 '즉', '…라고 말할 수 있다', '광의의 의미에서는' 등의 메타언어적 표지들을 사용하여 그 문제를 내보일 수 있다. 이러한 표지들이 주어져 있지 않다면, 모든 표현이 적절하게 사용되었다는 것, 즉 아무 문제가 없다는 것이 전제되는 것이다. 다시 말해, 적어도 표면상으로는 주어진 답이 '응답적 답'이 되는 것이다. 그러나 이 답은 하시라도 청자에게는 '제문적 답'이 될 수 있다. 그러면 메이에르(1988)가 보인 다음과 같은 간단한 예를 통하여 언어의 제문론적 측면을 보다 구체적으로 살펴보기로 하자.

1) 나폴레옹은 아우스터리츠 전투에서 승리했다.
Napoléon a gagné la bataille d'Austerlitz.

이 문장에서 '나폴레옹', '아우스터리츠', '전투' 등은 잠재적으로 문제가 될 수 있다. 어떤 화자가 이러한 문장을 사용했다면 청자가 나폴레옹이 누구인지 아우스터리츠가 무엇인지, 전투에서 이긴다는 것이 무엇인지 알고 있다는 것을 가정하는 것이다. 이러한 가정이 청자의 실제 지식과 어긋나는 경우, 청자는 실제로 이러한 가정이 포함하는 질문을 스스로에게 혹은 화자에게 하게 될 것이다. 이는 다음과 같은 형태로 나타날 수 있다.

2) a. 나폴레옹이 누구인가?
b. 아우스터리츠란 무엇인가?
c. 전투에서의 승리란 어떤 것인가?

그리고 원 화자가 2a) 같은 질문을 받을 경우, 3a), 3b)와 같은 발화를 통해 답할 수 있다.

3) a. 나폴레옹은 조제핀과 결혼한 사람이다.

Napoléon est celui qui a épousé Joséphine.

b. 나폴레옹은 브뤼메르〔안개의 달〕 18일의 쿠데타를 일으킨 사람이다.

Napoléon est celui qui a fait le coup d'Etat du 18 Brumaire.

메이에르는 3a), 3b)에서 기능상으로 관계대명사인 'qui'를 '의문사'라고 부르는데, 이는 다소 문제가 된다.[11] 그는 이 '의문사들'의 기능을 문제가 된 표현을 이해하지 못하는 사람의 질문을 나타내는 것이고, 화자의 입장에서는 이 질문을 답 층위에서 해결된 것으로 다시 취하기 위한 것이라고 말한다. 여기서 중요한 것은 '지시성'의 문제이다. 3a), 3b)의 화자는 대화자에게 문제였던 것을 해결된 것으로 풀어서 밝히면서 자신의 답을 보이는 것이고, 그 결과 의문문이 단언적 관계절로 나타나게 된 것이라고 한다. 그래서 그는 '지시성'을 실제로는 '의문문으로부터 추론된 결과'로 풀이하는 것이다(Meyer, 1988 : 97).

그런데 답 3b)는 다시 문제가 될 수 있고, 그 답 또한 다시 문제가 될 수 있다. 이러한 과정은 화자와 청자 사이에 더 이상 문제가 없을 때까지, 즉 지식의 공유, 문화의 공유 상태에 이를 때까지 계속될 수 있고, 그 결과는 대략 다음과 같은 형태로 나타낼 수 있다.

4) 나폴레옹은 브뤼메르 18일의 쿠데타를 일으킨 사람이고, 이는 총재정부의 종말이고, 이는 …등이다.

Napoléon est celui *qui* a fait le coup d'Etat du 18 Brumaire, *qui* est la fin du directoire, *lequel* est…, etc.

---

11 아마 2a) 등과의 잠재적 관계를 생각해서일 것이나, 부적절한 명칭이다.

메이에르(1988 : 98)는 '의문사'가 없는 1)과 같은 명제도 결국은 '아무것도 더 이상 문제가 되지 않는 담론, 적어도 화자가 사용된 표현들이 담론의 상대에게 문제가 되지 않는다고 생각한 것'에 지나지 않는다고 지적한다. 답 1)은 무엇에 대한 답인지를 밝히고 있지 않는 답인 것이다. 이 답은 화자에게는 응답적 답이다. 이 답은 대화자에게 문제가 되는 즉시 제문적 답으로 바뀐다. 그러면 2)에서와 같은 질문이 제기되는 것이다. 메이에르(1993)는 하나의 답을 이해하는 것은 그것이 무엇에 답하는지를 이해하는 것이라고 말한다. 남이 우리에게 말하는 것 중에서 '문제'가 되는 것을 모르면 의미를 포착하지 못하는 것이다. 이해의 과정은 질문의 과정인 것이다.[12]

3. 제문론과 수사학

오늘날에는 수사학 하면 흔히 장식이나 수단을 떠올릴 만큼 수사학은 사람들 마음속에 겉치레적인 것과 연결되어 있으나 이는 본래의 의미가 아니다. 수사학의 문제는 적어도 고전 그리스 시대까지 거슬러 올라가는데, 이때에는 수사가 무엇보다 설득 담론이요 말 잘하는 기술이었다. 메이에르(1999 : 291)는 아리스토텔레스가 심의형 · 재판형 · 과시형이라는 유형 구분을 한 것은 각 형에 있어서의 에토스 · 로고스 · 파토스의 중심적 역할을 강조하기 위해서였다고 지적하는데, 이는 수사법의 원류에서부터 일체성에 문제가 있었다는 것을 시사하는 것이다.

메이에르는 기존 수사학들의 편향성도 지적한다. 플라톤은 수사학을 파토

12 Meyer(1992a : 73) : "문장들에는 '통사적' 규칙들에 따라 의문적 확장으로부터 문자적 의미가 주어지는데, 삭제 과정은 우리의 '의미적' 지식에 의해 지배된다. 문자적 의미는 문장 자체의 구조로부터만 비롯되는 문답 관계로서 정의될 수 있다."

스 이론과 동일시했는가 하면, 로마의 수사학에서는 에토스의 역할이 강조되었고, 현대에 와서도 바르트는 문학 이론을 수사학이라고 칭했는가 하면, 뒤크로에게서는 로고스가 논증의 핵심 대상이 되어 있다고 말한다(Meyer, 1996 : 14, 16). 특히, 뒤크로에게서 논증의 초점이 담론이 아니라 랑그에 맞추어져 있는 것은 화용론 학자들에게는 이미 잘 알려진 사실이다. 메이에르(1999 : 293)는 이렇게 분리되고 나뉘어진 수사학을 다음의 두 조건을 충족시켜 그 일체성의 회복을 시도한다.

· 수사는 에토스/파토스/로고스의 관계이다.
· 수사는 문제들, 제문성, 수수께끼를 다룬다. 따라서 에토스, 파토스, 로고스도 제문론적으로 재해석되어야 할 필요가 있다.

메이에르(1990a : 163)는 그러니까 수사학 영역의 일체성이 '문제들의 해결'에 의해 특징지어지는 것으로 보는 것이다. 모순되는 논증, 논리적 추론, 문학적 표현은 모두 제문론적 분절 양식이라는 것이다. 메이에르는 수사가 주어진 문제에 대한 주체들 사이의 교섭이라면 논증은 이 사이, 그 문제에 대한 해결의 테크닉이라 할 수 있다고 말한다. 수사에 대해 특히 중요한 것은 메이에르가 수사를 '힘에 반하는 담론'의 선택으로, 불확실한 상황 · 그럴 법한 상황 · 개연적 상황에서, 결정의 합리적 절차의 문제로 보고 있다는 것이다(Meyer, 1993 : 13). 메이에르(1994 : 156)는 논리는 답들과 답들의 연계들만에 대한 작업이지만, 수사는 문제들과 답들의 관계에 초점을 맞춘다며 양자의 차이점을 지적한다.

메이에르는 명제 논리와 존재론 쪽으로 경도된 아리스토텔레스보다는 수사를 '능변의 기술'로 정의한 퀸틸리아누스를 그 출발점으로 삼는다. 그는 '말을 잘 한다'는 것은 다양한 목적과 관련이 있으나(Meyer, 1993 : 17-18), 수사가 실은 '사람들의 차이와 동일성이 드러나는 가운데에서의 사람과 언어의 만남'이라고 말한다. 이렇게 '사이'를 핵심 개념으로 하는 수사의 정의는 논의의 대상인 '문제'를 언급하지 않으면 불충분한 것이 된다는 것이 메이에르의 생각이다.

그래서 메이에르(1996 : 26)는 수사를 보다 일반적으로 '하나의 문제에 대한 사람들 간의 거리 교섭'으로 정의한다. 메이에르는 '문제 제기성' 개념을 도입함으로써 수사와 수사학에 새로운 지평을 연 것이고,[13] 아리스토텔레스 이래의 심의형/재판형/과시형의 삼분법의 구분 대신에 제기된 문제의 문제 제기성의 크고 작음에 따른 구분을 제시하게 된 것이다.[14] 그런데 메이에르가 말하는 '하나의 문제에 대한 사람 간의 거리 교섭'은 언어를 통해 이루어지는 것이니, 수사는 '사람들의 차이와 동일성이 드러나는 가운데에서의 사람들과 언어의 만남'이 되는 것이다.

메이에르(1993 : 7)는 "수사학은 언제나 이데올로기들이 붕괴될 때 다시 태어난다"고 말한다. 메이에르의 수사학적 접근은 그 논증적 성격이 결정적인 것으로서 '명제론적 이성', 그리고 일반적으로는 모든 필연성 · 명증성의 철학과 단절 상태에 있다(Breton/Gauthier, 2000 : 105). 이성의 명제론 모델은 바로 수사학이 푸대접받게 된 원초적 원인이라는 것이 메이에르의 지적이다(Meyer, 1986b : 8). 메이에르(1994 : 2-3)는 합리성도 문제들의 설정으로부터 시작되는 것이며, 답의 적절성에 국한되는 것이 아니라는 입장을 견지한다.[15] 제문론

13 Perelman(1977)은 수사학을 "동의를 얻기 위해 제시된 주장들에 대한 지지의 유도나 확대를 가능하게 하는 담론 기술들에 대한 연구"로 정의했다.

14 이 부분의 기술은 Breton/Gauthier(2000 : 105-107)를 많이 참고하였음.

15 Meyer(1990a : 160) : "이성의 단위는 명제, 판단이 아니라 문제이다. 판단은 그 답이고, 이 차이의 분절로부터 우리의 합리성이 구축되는 것이다."

적 수사학은 필연성 · 단일성을 우선시하는 명제주의적 모델과 달리 '다양성'을 지향하는 모델인 것이다.[16]

예전이나 지금이나, 논증 이론에서는 지지라든가 지지를 얻기 위한 기술에 집중되어 있고, 논증의 정의 영역은 설득 기술에 한정되어 있는데, 이는 그 기저가 되는 '제기된 문제'를 소홀히 한 소치라고 한다. 문제가 없다면 논쟁도 없고, 차이와 사이도 없다는 것이 메이에르의 기본적 생각이다(Meyer, 1996 : 18). 메이에르(1989 : 139)는 모든 수사의 논리는 로고스의 관점에서는 동일성과 차이의 논리로서, 다소간 서로 포함하기도 하고 배제하기도 하는 개념들이지만, 사람들 사이의 관계의 관점에서는 수사적 논리는 거리와 인접성의 논리가 된다고 지적한다.

4. 번역의 제문론과 수사학

지금까지 살펴본 제문론과 제문론적 수사학은 번역에도 적용될 수 있다. 번역이 언어만의 문제는 아니나, 번역에서 가장 중요한 것이 언어의 문제이다. 뿐만 아니라 준언어적 문제나 인지적 지식 등의 언어 외적 문제의 경우에도 제문론과 수사학의 관점이 적용될 수 있다. R. 야콥슨은 '차이 속에서의 등가성'을 '언어의 핵심적 문제이며 언어학의 중심적 대상'이라고 말한다.[17] 이러한 등가

16 Meyer(1996 : 16-17)는 논증은 수사의 일부분이나, 분명한 나름의 특성이 있다고 한다. 수사는 사람들이 나뉘게 하는 문제를 해결하면서 그 사이를 좁히려는 것이 목표인데, 논증에서는 주의가 사이가 아니라 문제에 집중되어 있으며, 수사가 그 표현 양식들에 의해 진정한 문제들을 감춘다면, 논증은 이들을 드러낸다고 한다. 메이에르는 수사와 논증이 혼재할 수 있다는 점도 지적한다.

17 Jakobson(1963 : 80) : "차이에서의 등가는 언어의 핵심적 문제이고, 언어학의 주된 대상이다."

성은 번역의 핵심 문제이고, 번역학의 중심 연구 대상이기도 하다. 사실, 어떤 의미에서는, 거의 모든 번역학자들의 핵심 문제는 원어와 역어 사이의 시니피앙의 차이에도 불구하고 어떻게 이들 사이에 의미[18]의 '등가관계'가 성립되게 할 수 있는가 하는 것으로 대략 요약될 수 있다.

야콥슨(1963)이 번역을 '메타언어적 작용'으로 보는 것은, 예를 들어 문장의 번역은 '등가 명제', 즉 X≡Y의 형태로 나타나기 때문인데, 거의 모든 프랑스어 문법서들에서 볼 수 있는 'je vais à l'école'에 대한 '나는 학교에 간다'는 번역은 5)와 같은 등가 명제 형태로 나타난다.

5) Je vais à l'école≡나는 학교에 간다.

이러한 등가문은 필시 '부분의 합은 전체/전체는 부분의 합'이라는 생각에 기반을 둔 것으로 보이나, 부분적 답들의 합이 전체에 대한 답이 된다는 보장은 전혀 없다. 이는 대부분의 의미론학자 · 번역학자들이 인정하고 있는 바이기도 하다.[19] 그리고 무엇보다, 5)의 등가 관계는 결과로서의 단언에 지나지 않는다. 그것도 프랑스어와 한국어의 상호적 대응 관계를 가정한 문자적 번역의 결과로서의 단언이다.

5)와 같은 메타언어적 단언은 번역을 일종의 환언 작용으로 간주하는 관점들을 상기시킨다.[20] C. 푹스(1982)는 자연어에서의 환언 현상을 설명해 줄 수

---

18 시니피에의 등가 관계가 아니다. 시니피에는 각 언어에 고유한 것일 수밖에 없다.

19 언어학에서도 자연과학의 영향으로 분석적인 관점이 지배적인데, 물론 부분적 분석은 언어의 이해를 위한 중요한 작업이나, 부분적 결과들을 모아 놓는다고 해서 전체의 이해에 당연히 도달하는 것은 아니다.

20 환언문을 일종의 번역으로 보는 견해에 대해서는 Margot(1979), Delisle(1980), Parret(1988) 참고.

있는 환언문의 개념은 논리적 · 형식적 · 통사적 개념이 아니라 화행적 개념임을 설득력 있게 설명해 보인 바 있다. 푹스는 환언문을 환언 작용의 대상인 피환언문의 의미와 환언문의 의미의 메타언어적 동일화의 판단의 결과로 보는데, 이 메타언어적 판단은 궁극적으로 지시 관계의 동일성에 근거한 화행 의존적 동일화라고 한다.[21] 이러한 환언 작용은 6a)와 같이 도식화될 수 있고, 여기서 편의상 상황(sit)을 생략하면 6b)와 같이 도식화된다.

6) a. (X(Sit′)의 의미)≡(sit)(Y(Sit″)의 의미)
   b. (X의 의미)≡(Y의 의미)

이것은 5)와 같은 문자적 등가 명제로서의 번역보다는 분명히 진일보한 것이다. 그러나 이러한 환언화로서의 번역도, 앞서의 경우와 마찬가지로, 환언화의 결과를 단언문의 형식으로 정리한 것에 지나지 않는다. 환언화로서의 번역은 과정에 초점이 맞추어진 것으로 볼 수 있으나, 6)이 번역의 과정 자체를 보여 주는 것은 아니다. 그런데, 5)의 'je vais à l'école'이 '무엇에 대한 답인지 혹은 답일 수 있는지' 생각해 보면 6)의 등가 관계는 의심스러워진다. 예를 들어 이것이 "어디 가? Où vas-tu?"에 대한 답이라면, 그 의미는 "학교 가", "학교 갑니다" 등이 될 것이고, "요즘 뭐해? Qu'est-ce que tu fais actuellement?"에 대한 답이라면, 그 의미는 "학교 다녀", "학교 다닙니다" 등이 될 것이다.

경우에 따라서는 그것의 화행 자체, 즉 왜 그런 소리를 하는가 하는 것이 문제가 될 수도 있을 것이다. 일상의 언어생활에서는 이러한 함의가 오히려 더 중요한 작용을 할 수 있다는 것을 우리는 모두 잘 알고 있다. 이렇게 문법서에

---

21 메타언어적 판단이 메타언어적으로만 이루어진 것은 아니다. 번역에는 언어적이라고 말하기 어려운 요소들이 개입되기 때문이다.

나오는 맥락 외적으로 보이는 하나의 문장도 무엇에 대한 답인가, 무엇에 대한 답이 될 수 있는가를 생각하며 필요한 맥락이나 상황을 부여하는 것이 제문론적 방식이다.

'해석 이론' 학자들은 번역의 대상은 낱말이 아니라 발화이며 텍스트라는 말을 자주 한다.[22] 통역의 경우에는—적어도 대부분의 경우에는—이러한 말이 별로 문제가 되지 않을지 모른다. 사실 통역이라는 특수한 여건으로 볼 때, 낱말들에 정신을 쏟다간 의미의 흐름을 놓칠 위험이 크다. 그러나 텍스트의 번역에서는 낱말 의미가 문제가 되고, 따라서 그 번역이 문제가 되는 경우가 적지 않다. 문제가 되는 어휘에 부닥칠 때마다 '이 낱말이 무슨 뜻이지?' 같은 명시적인 메타언어적 사고를 하는 것은 아닐지라도, 번역에서 하나의 낱말이 문제가 된다는 것은 저자의 응답적 답이 역자에게는 제문적 답으로, 즉 문제로 바뀌었다는 것을 뜻하는 것이다.

J. 들릴(1980 : 81-82)은 '재언어화'의 과정에 대한 기술에서 재현 과정이 보다 수고로운 경우, 수용할 만한 등가 관계의 발견에 이르는 메커니즘이 작동되기 위해서는 의도적으로 '유추적' 접근을 해야 하고, 사고의 우여곡절을 보다 의식적으로 좇아야 한다고 조언하고 있는데, 이러한 조언도 제문론적으로 풀이될 수 있을 것이다. 이를테면 저자가 왜 다른 유사한 표현들 대신에 굳이 문제의 낱말을 썼는가 자문하는 것과 크게 다르지 않다는 것이다.[23] 그리고 이러한 제문론적 방식은 텍스트 의미를 맥락[24] 속에서 생각하는 것과 별개의

22 Delisle(1980), Seleskovitch/Lederer(1984), Hurtado Albir(1990), 르드레르(2001) 참고.

23 번역에 있어서의 시니피앙의 문제에 대해서는 참고문헌에 열거된 베르망의 저술과 Chevalier/Delport(1995) 참고.

24 Meyer(1979a : 252) : "맥락은 전반적으로 상황 전제들과 담론의 상호 작용이다. 그러한 점에서 맥락은 문제들과 답들 사이의 연관이다. 어떤 언어행위의 의미는 그 언어행위가 무엇에 답하는가에 의해, 따라서 맥락에 의해 결정된다." 맥락의 중요성에

것이 아니다.

낱말과 문장들에 대한 이와 같은 지적은, 원칙적으로, 텍스트의 번역에도 동일하게 적용된다. 원 텍스트를 T1, 번역 텍스트를 T2라고 하면, 번역의 결과는 T1≡T2 혹은 T1≃T2와 같이 간단히 표시되지만, 그 과정은 대부분의 경우 얼마간 복잡한 과정을 거치기 마련이고, 일반적으로, 문학 텍스트 번역의 경우에는 상대적으로 보다 복잡한 과정을 거치게 될 것이다. 이러한 과정은, 많은 경우, 의식적 혹은 무의식적 문답의 과정이다.[25] 이는 다음과 같은 L. 바스티가 인도에서 개최된 한 세미나의 평에서 보인, 한 텍스트의 번역이 밟은 과정에 대한 기술을 보면 잘 드러난다.

> 먼저, 이 텍스트의 번역이 밟은 과정은 '젖어들기'이다. 즉, 텍스트를 '어떻게' 번역할까 의식적으로 생각지 않고, 소화하여 '자기 것'으로 만들기 위해 반복적으로 읽는 과정이다. 이 과정에서 텍스트는—그 색조와 더불어—기억의 어딘가에 저장되며, 역자는, 다른 글이나 말들을 참고하여, 이런저런 부분을 유용하게 옮길 수 있는 표현 방식이나 수단들을 찾아낸다.
>
> 다음은 번역에서 제기될지 모르는 갖가지 문제들을 생각하면서 텍스트를 읽는 것이다. 이들을 죽 적어보는 것이 이 문제들을 명확히 하는 데에 도움이 될 것이다. 그리고 얼마간 시간을 기다리면 다소간 무의식적 재현 과정에 의해 답들을 얻게 될 것이다.
>
> 그 다음은 텍스트의 모든 면들을 균질적인 하나로 머릿속에서 융합하여 이해의 정확성과 깊이를 더하기 위해 빠르게 다시 읽는 것으로, 본격적 번역에 선행한다.

대해서는 Meyer(1992a) 참고.

25 등가 관계의 의식적 모색 과정을 메타언어적 행위라고 한다면, 이와 대비되는 '무의식적' 과정은, Culioli(1968)의 표현을 빌려 "부대언어적 행위activité épilinguistique"라고 말할 수 있다. 전성기(1996) 참고.

> 이러한 번역은 진정 새로운 창조이다. 텍스트를 향한 시선은 희미한 길잡이에 지나지 않는다. 번역은 단번에 이루어진다. 일종의 '영감'의 물결이 이는 것이다. 그리고 번역을 얼마간 그대로 놓아두었다 다시 한 번 읽는다. 이는 원 텍스트의 형태를 최대한 잊어버리고, 번역을 그 자체로 하나의 원 텍스트로서 대하기 위해서이다.
>
> 어색한 곳이나 애매한 곳들을 잘 손질한 후, 원본과 다시 대조해 보면 혹 빠진 것이 있는지 알 수 있게 된다.
>
> 마지막으로, 역어가 모국어이고 원어를 전혀 모르는 사람에게 한 번 읽게 하면 번역의 '명료성'과 '자연스러움"의 확인이 가능할 것이다.[26]

이러한 과정에서 역자 자신을 저자의 입장에 놓고 문제를 생각하는 것은 큰 도움이 된다.[27] 번역의 대상인 담론 자체가 이해가 안 되는 경우는 산출된 담론의 응답적 측면이—이 담론이 상황 속에서 이해되었을 때는 나타나지 않는—제문적 측면과 겹치는 경우이다(Meyer, 1979a : 260-261). 바로 맥락이 텍스트의 통사·의미 구조, 주제의 지식, 기타 인지적 지식에 의해 충분히 한정되지 않아서 텍스트가 상황을 나타낼 수 없고, 따라서 텍스트의 이해가 문제의 재구再構라는 해석적 작업을 거치지 않을 수 없는 경우이다.

메이에르(1979a : 261)는 이에 대해 한 저자의 상황에서 문제가 되는 것을 알지 못할 때에는 질문자는 '콘-텍스트con-texte'로 만족하여 말하고자 하는 바를 말한 것으로부터 해석할 수밖에 없다고 지적하는데, 이러한 해석은 결코 고정된 것이 아니다. 새로운 문제가 제기될 수 있고, 따라서 새로운 답이 나올 수 있는 것이며, 이러한 과정은 부단히 되풀이될 수 있으며, 문학 텍스트들의 경우

26 르드레르(2001), pp. 34-35에서 재인용.

27 Meyer(1981 : 90) : "언급에 의해, 암묵적으로 명시적으로, 타자의 입장에 서보는 것은 그의 문제들에 적응되도록 해준다."

는 더욱 그러하다.

여기서 지적해야 할 것은 제문론적 접근을 한다고 해서 번역이라는 답이 저절로 얻어지는 것은 결코 아니라는 점이다. 제대로 된 답을 얻기 위해서는 올바른 질문을 제기해야 하고, 올바른 질문을 제기하기 위해서는 맥락의 충분한 이해뿐 아니라, 하려고 하는 번역에 적합한 관점도 가지고 있어야 한다. 중요한 것은 번역의 과정이 부단한 문답의 과정이고, 낱말이나 담론의 의미의 새로운 해석 역시 문답의 과정 혹은 그 과정의 되풀이라는 것을 이해하는 것이다. 이러한 과정들의 부단한 되풀이를 통해 최종 번역이라는 역자로서의 응답적 답이 얻어지는 것이다.

우리는 이해할 수 있는 대로 보고, 본 대로 이해한다. 번역에서도 원 텍스트에서 무엇을 볼 수 있는가, 어떻게 이해하는가에 따라 번역 자체도—부분적으로 혹은 전체적으로—달라질 것이다. 원 텍스트의 이해 과정도, 적어도 의식적인 과정은, 문제 제기와 그에 대한 해결의 과정으로 볼 수 있다. 이 이해의 과정에는 물론 언어 외적인 요소들도 포함된다. D. 셀레스코비치를 비롯한 여러 해석 이론 학자들이 누차 지적했듯이,[28] 주제에 대한 지식 등의 '인지적 지식'은 번역의 핵심적 요소이다. 번역은 언어의 번역이 아니라 담론 혹은 텍스트의 번역이라는 말도 그래서 나오게 되는 것이다.

메이에르(1999 : 9)는 수사를 '대안들이 표현되는 로고스'라고 말한다. 번역도 거의 대부분의 경우 대안들이 가능하니 그 근본에 있어 수사적이라고 할 수 있다. 번역의 '해석 이론'은 번역의 과정을 이해/재표현/검증의 세 단계로 구분하는데,[29] 자신의 번역에 대한 검증 과정도 일종의 논증 과정으로 볼 수

---

28 Delisle(1980), Seleskovitch/Lederer(1984), Hurtado Albir(1990), 르드레르(2001) 참고.

29 Delisle(1980) 참고.

있다. 메이에르(1990b : 205)는 누군가를 설득하는 것은 결국 차이를 동일성으로 전환시키는 것이고, 그러한 점에서 논증은 분명히 수사의 일부분이라고 지적하는데, 번역 과정에서의 일차적인 설득의 대상은 역자 자신이다. 물론 번역의 결과는 독자를 설득시켜야 하지만, 그것은 그 다음 문제이다.

5. 번역학의 제문론

언어에 대한 이론만큼은 아니더라도, 번역에 대한 이론적 성찰도 대단히 많다. 그러나 번역학이 과연 학문으로 성립되는가 하는 근본적인 회의로부터 조만간 기계번역이 거의 모든 번역의 문제를 해결해 줄 것으로 믿는 지나친 낙관론에 이르기까지 번역에 대한 다양한 태도들이 존재하는 상황에서, 로고스에 대한 근본적인 문제 제기를 통해 언어를 제문론적으로 새롭게 해석하는 메이에르의 관점은 번역학에 대해서도 새로운 안목을 열어 준다.

우선, 번역 이론들은 언어와 번역에 대해 제기되는 문제들에 대한 번역학자들 나름대로의 답이라고 말할 수 있을 것이다. 이 문제들은 명시적일 수도, 묵시적일 수도 있다. 어떤 답이 최선의 것이냐 아니냐 하는 것은 우선적으로 문제가 무엇인가에 달려 있다. 그런데도 불구하고, 연구자들은 문제와 상관없이 특정 이론이 가장 훌륭한 이론이 될 수 있는 것처럼 생각하는 경향이 있다. 일단 문제가 무엇인지 알아야 어떤 답이 가장 적절한 답인지 혹은 훌륭한 답인지 따져볼 수 있을 것 아닌가?

번역학적 논의는 앞선 번역들에 대한 것일 수도,[30] 다른 이론들에 관한 것일 수도 있다. 좋은 번역/나쁜 번역, 잘된 번역/잘못된 번역, 충실한 번역/불충실한 번역이란 판단도 관점이나 이론에 따라 얼마든지 달라질 수 있다. 예를 들어

30 Berman(1984 : 12)은 번역에 대한 고찰이 내적 필연성임을 지적하고 있다.

메쇼닉의 관점에서는 충실한 번역이 셀레스코비치의 관점에서는 잘못된 것일 수 있고, 그 반대 역시 성립된다. 그리고 베르망의 관점에서는 '이국성'의 철저한 부정은 나쁜 번역의 결정적 기준이 되나,[31] 모든 번역학자들이 이에 공감하지는 않을 것이다. 역시 근본이 되는 문제가 우선적으로 중요한 것이다. 원천어 중심이냐 목표어 중심이냐 혹은 상호 작용적 관점이냐 하는 것도 문제가 되는 것과 결코 무관할 수 없다.[32]

'모든 번역 이론은 의미를 위한 문자 파괴를 이론화한 것'이라는 주장을 펴며, 번역은 '문자의 번역'이라는 공리[33]를 내세우는 베르망(1999)의 경우도 출발점은 하나의 문제이다. 이러한 베르망도 많은 분야의 글들이 '의미의 전이'만을 필요로 한다는 것은 인정한다. 말하자면, 많은 경우, 문자를 소홀히 해도 큰 문제가 없지만, '작품'의 경우만은 다르다는 것인데, 이는 자신들의 번역 이론을 '의미 이론'이라 이름한 셀레스코비치 등의 '파리학파'의 주요 연구 대상이 실용적 텍스트들이었던 것과 좋은 대조를 이룬다.

앞서 보았듯이 일반적으로 적용될 수 있는 번역학적 방법이 있다기보다는 역자가 경우 경우마다 적용해야 한다는 생각을 하는 라드미랄(1979)은 이론과 실천의 괴리로 인해 번역 이론이나 번역학에서 기대할 수 있는 유일한 것은 번역의 난제들을 밝히고 분류하며, 이들을 개념화하여 결정의 논리가 작용할

31 Berman(1984 : 17) : "필자는, 일반적으로 전이 가능성이라는 구실 아래, 외국 저술의 이국성을 철저하게 부정하는 번역을 나쁜 번역이라 부른다."

32 Oseki-Dépré(1999 : 86) : "이같이, G. 무냉의 입장은, 키케로와는 다소 다른 이유들로 인해 키케로와 동일한 주장을 권장하는데, W. 벤야민의 입장은 텍스트의 타자, 외국의 — 따라서 번역어의 것들과는 다른 — 언어와 문화의 저자에 대한 존중을 강조한다."

33 Berman(1999 : 25) : "필자는 번역은 '문자'로서의 텍스트의 문자-번역'이라는 공리에서 출발한다. 이것이 번역의 궁극적이며 결정적인 정수임이 점차 드러날 것이다."

수 있도록 도와주는 것이라는 '실천 지향적 관점' 혹은 '일상적 관점'을 피력한다. 번역 이론의 역할은 '개념적 도구들' 덕분에 번역에 의식적이 되도록 하여 '번역의 선택들'을 용이하게 해 주면서 번역자를 '밝혀주는 것', 번역자에게 '결정의 도움들'을 제공하는 것이라고 보는 것이다.[34]

여기서 한 가지 지적해야 할 것은 번역에서의 문법의 문제이다. 번역 이론이나 번역학에서 문법을 문제 삼는 경우는 좀처럼 찾아보기 어렵다. 해석 이론의 경우만 해도 전문 번역은 해당 외국어를 일단 마스터한 것으로 전제하고, 다른 대부분의 번역 이론도 문법 문제는 거의 거론하지 않는다. 그러나, 이론이야 어떻든, 우리의 번역의 실제를 살펴보면 우선적으로 가장 중요한 문제는 번역의 의미 문법, 즉 번역 문법이라는 생각을 하지 않을 수 없다. 사실 만연되어 있다고 평가되는 우리의 '오역 문화'도 우리가 번역 문법을 소홀히 하고 있는 데에 기인한다고 볼 수 있다.[35]

메이에르(1994 : 52)는 수사를 동일한 문제에 대해 대립된 판단을 할 수 있는 담론이라고 말한다. 이는 상충되는 여러 견해들이 맞서는 번역학 담론도—사실은 거의 모든 담론들이 그러하지만—근본적으로 수사(학)적 담론의 영역임을 시사하는 것이다.[36] 논리적 필연성 · 유일성을 추구하는 논리학과 달리, 수사학은 '답의 다수성'[37]을 인정한다. 번역학적 논의도 여러 이론들을 '동일성'

34 Ladmiral(1979), pp. 211-212 참고.

35 전성기(1998, 2002) 참고.

36 넬슨 등(2003a : 1)도 "학문 연구는 논증을, 논증은 수사학을 활용한다. 이때 '수사학'이란 단지 장식이나 조작, 또는 술수를 의미하지 않는다. 여기서의 수사학이란 설득력 있는 담론이라는 고전적 의미에서의 수사학이다. 수학적 증명에서부터 문학비평에 이르기까지 학자들은 수사적으로 글을 쓴다"고 말하며 이와 유사한 견해를 피력하고 있다.

37 Lempreur(1990 : 10) : "수사학은 이 다수성에 대한 의식이며, 인간에 대해 받아들여

의 측면에서 논할 수도 있고, '차이'의 측면에서 논할 수도 있으나, 그 어느 경우이거나 번역학적 논의 자체는 번역학의 어떤 주제에 대한 논자와 그 독자가 되는 번역학 연구자들 간의 그 사이(혹은 거리)에 대한 '교섭'이므로 수사적일 수밖에 없다.[38] 그런데 번역학적 논의의 목적이 논자와 독자 간의 사이를 좁히는 것이 아니라—의식적이든 무의식적이든—사이의 극대화인 것처럼 보이는 경우가 적지 않기에 문제가 되는 것이다.

6. 에필로그

개별 텍스트에 대한 구체적 번역은 제기되는 문제들과 그 답들이 어떤 것인가에 따라 달라질 수밖에 없다. 이 문제들과 답은 시대에 따라, 역자에 따라, 그리고 역자의 생각의 단계에 따라 얼마든지 달라질 수 있다. 동일한 텍스트에 대한 동일한 역자의 번역도 생각의 변화에 따라 크게 달라질 수 있는 것이다. 번역의 제문(론)적 수사(학)적 고찰은, 개별 번역에 대한 개별적 답을 얻기 위한 구체적 방법은 아니라 할지라도 혹은 매 경우 그렇지는 못하더라도, 번역을 왜 하나의 답으로 보아야 하는지, 그리고 그 답은 어떻게 해서 나오게 되는지를 보여줌으로써 다양한 답들의 공존 가능성과 나름대로의 존재 의의를 평가할 수 있게 될 것이다.

번역에 대한 담론이라고 할 수 있는 번역학 역시 제문(론)적으로 수사(학)적으로 고찰할 수 있다. 번역에 대한 수많은 담론들은 논자들이 의식적 혹은 무의식적으로 제기한—혹은 제기된—문제들에 대한 나름대로의 답으로서의 담

야 할 감내이다. 새로운 로고스의 개념이 점진적으로 구축되고 있는 것이다."

38 Lempreur(1990 : 9) : "지지를 얻으려는 인간 고유의 노력에 의한 사람들 사이의 동의의 유연함이 논리학적 접근을 특징짓는 논리필연적인 추론의 경직성을 대신하고 있다."

론인 것이다. 셀레스코비치 등의 해석 이론이나 임상적 관점을 표방하는 라드미랄이나 '문자 번역'을 주장하는 베르망이나, 모두 자신의 문제에 대한 나름대로의 답으로서의 담론을 제시한 것이다. 그리고 이 답들은 제기되는 문제에 따라 다소 다르기는 하겠으나, 공존의 여지는 충분히 있다.

요즈음에는 번역 담론의 '과학화'를 꾀하는 학자들도 상당수 있는데, '과학화'라는 것 자체가 하나의 문제이고, 그러한 문제의 번역학적 연구로 구축된 결과 역시 하나의 답이다. 사실, 모든 번역학적 담론들은 우선적으로는 논자 자신과의 거리(혹은 사이)에 대한 '교섭'의 결과이고, 논자와 독자들 간의 '교섭'을 목적으로 하는 만큼, 수사적일 수밖에 없다. 번역 이론들에 대한 번역학적 연구는 물론, 다양한 답들인 다양한 번역들에 대한 비교 · 평가도 필연성을 지향하는 명제주의적 · 논리주의적 관점에서보다는 '다양성'을 인정하는 제문론적 · 수사학적 관점에서 이루어져야 할 것이다.

제5장

번역과 일반의미론

1. 서언

알프레드 코르지프스키에 의해 1930년대에 창시된 '일반의미론'은 논리실증주의와 20세기 과학철학을 비롯한 다양한 학문들이 이룩한 성과들에 기초한[1] 인식론적이며 비非아리스토텔레스적인 사고 방법론으로,[2] 일반적인 인간 문제들에 과학적 사고의 방법론을 적용하는 것을 목적으로 한다. 일반의미론은 기본적으로 올바른 사고의 이론이자 의미 이론으로, 언어의 올바른 사용, 건전한 사용을 핵심 문제로 삼고 있으나, 평가 이론으로서의 측면도 중요하다.[3]

---

1 하야카와(1974), Cerminara(1973)를 비롯한 일반의미론 학자들은 그 예들로 언어학, 인류학, 물리학, 수학, 수학적 논리학, 생리학, 신경학, 심리학, 정신병학 등을 들고 있다.

2 '비아리스토텔레스적'이 '반아리스토텔레스적'을 뜻하는 것은 아니다. 일반의미론이 비아리스토텔레스적 체계인 것은 아리스토텔레스의 이가 논리와 양자택일의 논리를 넘어서기 때문이다. 라포포트(1995), p. 162 이하 ; Johnston(2000), p. 2 참고.

3 Kodish/Kodish(2001 : 23) : "일반의미론을 사용하면서, 우리는 우리가 평가하는 방식의 이해, 각 개인의 내면 생활, 우리 각자가 경험하는 방식과 우리의 경험들을 이해

리(1992)에 의하면, 코르지프스키의 중요하면서도 지속적인 기여는 우리의 평가들 혹은 평가적 반응들의 적절성을 검토할 수 있는 방법을 고안해냈다는 데에 있다고 한다.[4]

이러한 일반의미론을 번역 문제에 적용해 보고자 하는 것이 이 장의 목적이다. 고찰 방법은 주로 일반의미론의 주요 원리들과 고찰 방법들을 살피며 번역 일반의 문제들에 대해 생각해 보는 방식을 취할 것이고, 번역에 있어서의 언어적인 평가적 반응들도 부분적으로 언급될 것이다. 고찰 내용의 대부분이 새로운 내용은 아니라 할지라도, 적어도 지금까지 적용되지 않았던 관점을 통해 번역을 다시 생각해 보는 계기는 될 수 있을 것이고, 이러한 고찰이 예전의 것들과 일치하는 부분이 있다면, 이는 번역의 일반의미론적 고찰의 가치를 다시 확인하는 것이 될 것이다.

2. 일반의미론의 전제

우선 일반의미론 학자들의 언어에 대한 생각을 살펴볼 필요가 있다. 언어가 우리의 행동과 사고의 방식에 영향을 미친다는 인류언어학자 B. L. 워프와 E. 사피어의 주장을 받아들이는 언어학자들은 그리 많지 않은 것으로 보이는데, 이와 달리 코르지프스키를 비롯한 일반의미론학자들은 언어 구조가 세상을 경험하는 방식에 영향을 미치며, 나아가 구조적으로 우리의 경험들을 창출하기까지 한다고 본다(Kodish/Kodish, 2001 : 128). 이들은 서양의 사고 방식과 경험 방식도 아리스토텔레스의 논리 언어에서 비롯된 '사고의 법칙'에 영향을

하는 방식, 우리가 언어를 사용하는 방식과 언어가 우리를 '사용'하는 방식 등과 연관된다."

4 Lee(1992 : 81) : "코르지프스키의 길이 남을 지대한 공헌은 그가 우리의 평가들의 '타당성'을 검증하는 방법들을 발전시켰다는 사실인 것으로 보인다."

받았다고 생각한다. 아리스토텔레스의 이 '사고의 법칙'은 다음의 세 전제를 포함하는데, 이들은 각각 동일률,[5] 모순률, 배중율이라고도 불린다.[6]

1) A는 A이다
2) 모든 것은 A든가 비非A이다
3) A인 동시에 비A인 것은 있을 수 없다

일반의미론은 이러한 아리스토텔레스의 전제들이 인구어印歐語라는 언어권, 인구어라는 문화권의 사고 방식만을 반영하는 것일 뿐,[7] 이보다 훨씬 포괄적이고 일반적인 근대·현대 과학의 사고 방식은 반영하지 못하고 있는 것으로 평가한다. 다양한 과학적 연구들의 연구 성과를 받아들여 확대 적용하고자 하는 일반의미론은 위의 전제들과 대비되는 다음과 같은 것들을 전제한다.

a. 지도는 현지가 아니다
b. 지도는 현지의 모든 것을 다 표현하지 않는다
c. 지도는 재귀적이다

코르지프스키의 '3대 원칙'이라 불리기도 하는 이 '비아리스토텔레스적 전제들'은 '지도'[8]와 '현지'와의 관계에 대한 세 전제로서, 각각 비동일성 원리,

5 이을환(1989 : 59)은 동일률은 "A is A"뿐만 아니라, "A is B"라는 일치의 원리도 포함시킬 수 있어 긍정 판단에 기초가 된다고 볼 수 있으며, 이 동일시 판단은 언어와 그것이 나타내는 현지(사실 · 사물 등)를 혼동하는 결과를 초래한다고 지적한다.

6 라포포트(1995), pp. 130-131 참고.

7 문제의 '법칙'들 자체가 고전 그리스어를 비롯한 인구어들과 무관하지 않을지 모른다는 것이다.

8 Kodish/Kodish(2001 : 77)는 '지도'가 '지각', 그림, 영화, 비디오, 낱말 등 다양한 유추

비총칭성 원리, 재귀성 원리로도 불리는데, 코디시/코디시(2001 : 86-87)는 이 원리들을 각각 '낱말들은 낱말들이 표상하는 사물이 아니다', '낱말들은 낱말들이 표상하는 모든 것을 포괄할 수 없다', '우리는 언어로 언어에 대해 말할 수 있다'는 의미로 해석한다.[9] 이들은 일반의미론의 근본적 전제들이다.

지도는 현지가 아니라는 것은 일반의미론 연구의 핵심이라고 할 수 있는 '기호'와 사실과의 관계에 대한 것이다. '꿀'이란 말은 꿀이 아니다. 꿀에 대해 아무리 이러니저러니 해 보아야 소용없다. 꿀은 먹어 보기 전에는 실제로는 알 수가 없는 것이다. '꿀'이란 말은 꿀에 대한 '표지판'에 지나지 않는다.[10] 번역에서의 중요한 문제의 하나는 우리가 꿀을 먹어 보고 알듯이, 원문의 의미를 알 수 있는가 하는 것이라고 말할 수 있는데, 이는 우리의 직접적인 경험에 바탕을 둔 경우에는 충분히 가능할 것이나, 의미가 추상적인 개념이나 추론들에 의거하고 있는 경우들에는 여러 가지로 어려움이 많을 것이다. '해석은 했는데 무슨 소린지 모르겠다'는 말은 꿀을 말로만 안다는 뜻일 것이다. 먹어 보고 알아도 다른 사람에게 설명하기가 어려울 텐데, 말로만 알아서야 다른 사람에게 그것을 어찌 알게 할 수 있겠는가?

지도는 현지가 아니라는 말은 언어란 '지도'가 경험이란 '현지'에 관해 '전부'를 말하는 것은 아니라는 말도 된다. 이는 말과 그 말을 대신하는 사물과의 사이에 '필연적 연관'이 없다는 뜻도 되고, 언어는 경험을 대신하거나 복제할 수 없으며, 단지 가리키거나 분류하거나 기술할 수 있을 뿐이라는 뜻도 된다.[11]

형태를 나타낸다고 지적한다.

9 Sauchet(1996), p. 76 참고.

10 톨레(2001 : 73) : "언어에 구애되지 마십시오. 말은 목적을 위한 수단에 불과합니다. 말은 추상입니다. 그것은 표지판처럼 그 너머를 가리킵니다."

11 Johnston(2000 : 2) : "언어는 경험을 대신하거나 복사할 수 없다. 언어는 단지 경험을 가리키고, 레테르를 붙이거나 기술할 수 있을 뿐이다."

꿀을 먹어 보고 알았어도 그 꿀에 대해 모든 것을 안다고 말할 수는 없을 것이다. 더군다나 모든 꿀에 대해 모든 것을 안다는 말은 할 수 없을 것이다.[12] 번역의 경우, 그 대상 텍스트나 관련 텍스트들에 대해서도 거의 마찬가지 이야기를 할 수 있을 것이다. 원저자와 역자의 앎이 완전 일치하는 경우, 서로 다른 독자들의 앎이 완전 일치하는 경우를 발견할 수 있겠는가?

일반의미론에서는 '현지'와 '지도'를 엄격하게 구별하여 항상 현지에 가장 가까운 지도를 그리려고 노력해야 한다는 것이 강조되는데, 성실한 저자라면 당연히 이러한 입장을 취할 것이다. 마음에 들 때까지 텍스트를 계속 고쳐 쓰는 것도 자신의 '지도'가 자신의 생각과 경험이라는 '현지'와 보다 가까워지게 하려는 노력의 일환으로 볼 수 있을 것이다. 그러나, 아무리 노력을 하더라도—저자의 재능에 따라 그 결과에 다소간의 차이는 있겠으나—텍스트라는 '지도'가 그것이 나타내고자 하는 '현지'와 동일해질 수는 없다. 그리고 번역의 경우도 '현지'와 동일해질 수는 없다. 더더구나 원저자의 '지도'와 동일해질 수는 없는 노릇이다. 번역은 번역이다. 번역은 원본이 아니다.

그렇다면, 원본은 원본이 뜻하고자 한 것의 유일무이한 표현 방식인가? 문학 작품에 대해서는, 특히, 이른바 명작이나 고전들에 대해서는 많은 사람들이, 의식적이건 무의식적이건, 그러한 태도를 견지하는 것으로 보인다.[13] 하지만, 일반 텍스트들의 경우에는 사정이 다소 다르다. 이러한 경우들에서는, 원본을 그것이 뜻하고자 했던 것의 한 가능한 표현으로 간주하기도 한다. 원본을 원의

---

12 라포포트(1995)는 '지도'와 '현지'와의 관계에 대해 다음의 4가지를 지적한다.

1. 지도의 정확성은 그것을 작성할 때의 측정 여하에 달려 있다.
2. 가장 잘된 지도라도 조만간 그 효력이 상실된다.
3. 지도의 종류 여하에 따라 각기 상이한 내용을 담을 수 있다.
4. 현지의 영역이 확대되면 될수록 지도에 실린 기재 내용은 적어진다.

13 물론 형태 자체가 해석을 통해 새로운 의미를 낳을 수 있으나, 이는 또 다른 문제이다.

미라는 '현지1'에 대한 '지도1'로 간주한다는 것이다. 번역 텍스트는 그러니까 '지도1'이 나타내는 것을 나름대로 잘 나타내려는 새로운 '지도', 또 하나의 '지도'인, '지도2'가 되는 것인데, 이는 원본 신화를 정면으로 거스르는 것이다. 문학 텍스트에는 이러한 관점이 전혀 적용되지 않는다고 단언할 수 있는 것인가?

르드레르(2001 : 26)는 의미는 저자가 말하고자 하는 것이고, 그가 말하는 것을 통해 이해시키고자 하는 것으로, 이 의미가 제대로 이해된 경우, 이 의미는 모든 독자에게 동일하다고 말한다. 이는 우선, '지도1'을 보고 이것이 나타내는 '현지'를 '현실 그대로' 포착할 수 있다는 말인데, 과연 그러한가? 적어도 일반의 미론에서는 받아들이기 어려운 관점이다. 뒤에서 다시 말하겠지만, '지도1'이 '현지'의 '모든 것'을 다 추상화하는 것은 아니며, 또 사람마다, 그리고 동일인의 경우에도 시간 요소 등에 따라 추상화 방식이 달라지기 때문이다. 번역이 '지도1'을 다시 추상화한 '지도2'를 그리는 것이 아니라, '지도1'이 그려낸 '현지'에 대한 또 다른, 그러나 매우 유사한 '지도2'를 그리는 것이라면,[14] '지도1'의 추출된 결과만 가지고, 있는 그대로의 '현지'를 완벽하게 그려낸다는 것은 사실상 불가능하다. 무엇보다, 번역에서 의미 포착에 필요한 '모든 것'이 다 고려되었다고 보기가 어렵다.

원문 자체도 그것이 나타내고자 하는 것을 나타내기 위해 필요한 모든 것을 다 나타냈다고 보기 어렵다. 설령 그랬다 하더라도, 역자가 원전의 모든 의미를 다 파악한다고 혹은 파악했다고 볼 수 있겠는가? 역자가 다른 경우에는 물론이려니와,[15] 역자가 동일한 경우에도 텍스트 읽기가 매번 동일한 것도 아니고, 이에 따라 번역도 동일하게 이루어지지 않는다. 한마디로, '모든 면에서의 동

14 적어도 대부분의 번역은 그렇다고 본다. 그리고 이는 르드레르의 생각이기도 하다.

15 르드레르(2001 : 98) : "사실 어느 두 통역사도, 어느 두 번역가도, 동일한 담론이나 동일한 텍스트에 대해 동일한 결과를 내놓지는 않는다."

일함'은 사실상 불가능하다. 저자1이 언어1로, 문화1의 역사적 상황1, 정치적 사회적 여건1 등에서 저술한 T1을 역자1이 언어2로, 문화2의 역사적 상황2, 정치적 사회적 여건2 등에서 번역한 것이 완벽하게 동일할 수는 없다.[16]

에지트의 해석 이론에 따르면, 우리는 원문의 '의미'를 직접적으로 아는 것이 아니다. 원 텍스트의 언어와 기타 인지적 보충물 등의 결합 작용을 통해 추론적으로 아는 것이다. 이렇게 추론 과정을 통해서 알게 된 것이 두 해석자에게 완전히, 조그만 오차도 없이 절대적으로 동일하리라 볼 수 있겠는가? 심지어는 동일한 역자의 해석도 매번 같으리란 보장이 없는 것이다.

한편, 모든 것은 A든가 비A라고 하는 것은 이가적 논리이다. 라포포트(1995 : 166-167)에 의하면, 아리스토텔레스식 형이상학에서 가장 중요한 단언은 '모든 A는 B이다'인 반면에, 비아리스토텔레스식 연구 방법의 핵심은 '만일 P가 일어나면, Q가 일어난다'는 단언이라고 한다. 그러나 이는 단순화한 것이고, 기본적 단언은 'P, Q, R··· 등이 일어나면, S가 일어날 수 있는 확률은 그 만큼 많다'는 것이라고 하는데, 이러한 지적은 번역에도 적용된다.

우선, 어떤 낱말이 어떤 텍스트에 쓰였다고 해서 그것이 일상적 의미로 쓰인 것이라고 속단하기보다는, 주어진 맥락에서 그 낱말과 더불어 나타나는 이러저러한 여러 낱말들로 볼 때 어떠어떠한 의미로 쓰였을 가능성이 상당히 높다는 식으로 판단할 수밖에 없다. 맥락도 좁은 의미의 것이 아니라, 시대의 사회문화적 · 정치적 요소 등 넓은 의미의 맥락을 고려할 경우, 즉 판단의 변수들이

---

16 Dowes(1991 : 2) : "우리가 비동일성 원리를 인정하면, 한 청자나 독자의 의미나 해석들은 다른 장소, 다른 시간에 말하거나 쓰는 다른 개인의 의미들과 동일할 수가 없다. 우리는 우리의 개인적 삶의 경험들에 따라 낱말들을 선택하고 해석하고 이해한다. 그리고 우리 각자는 서로 다른 삶의 경험들을 가지고 있다. 물론 우리는 '어느 정도는' 서로 이해한다. 그리고 우리는 교시들을 꽤 가까이 따를 수 있다. 우리는 주로 우리의 의미들에 겹치는 부분들이 있기 때문에 의사소통을 할 수 있는 것이다."

늘어나고 광범위해질 때에는 번역이 달라질 가능성도 그만큼 더 커진다. 치스홀름(1991 : 58)도 낱말이 서로 다른 두 경우에 '동일한 것을 의미'할 수는 없다고 말한다. 맥락이 다르고 사람이 다르기 때문이라는 것이다.

텍스트의 번역에서도 맞다/틀리다, 잘됐다/잘못됐다 식의 이분법이 아니라 다양한 평가의 여지가 있을 수 있다. 전체적으로는 잘 되었어도 부분에는 문제가 있을 수 있고, 부분 부분은 기막히게 잘 되었어도 전체적으로는 허술한 번역일 수가 있는 것이다. 또한 '잘된'이 무엇을 뜻하는가에 따라 다양한 잘된 번역들이 있을 수 있고, '못 된'이 어떤 것을 의미하는가에 따라 역시 다양한 잘못된 번역들이 있을 수 있다. 흔히 유려한 번역이면 '잘된' 번역, '성공한 번역'으로 생각하나, 반드시 그런 것은 아니다. 샤토브리앙의 밀턴 번역의 경우처럼, 직역으로 '성공한 번역'으로 평가될 수도 있다.[17] 또한 유려한 번역이 '문화 변용'이나 '자민족 중심주의'로 치부되거나, 번역가의 작업의 '퇴색'으로 비쳐질 수도 있는 것이다.[18] 나아가, 어제의 잘된 번역이 오늘에는 잘된 번역이 아닐 수도 있는 것이다.

핌(1993)은 '번역 능력'이라는 표현에는 의문의 여지가 있어, 여러 선택의 가능성이 있는 경우에만 가능한 것으로 본다.[19] 주어진 기존의 대응 관계를

17 Berman(1999) 참고.

18 Pym(1993 : 94) : "독자가 번역을 읽는다는 의식이 없으면 번역자의 작업에 대한 의식도 없다. 〔…〕 이것이, 베누티에 의하면, '보이지 않는' 많은 번역자들이 작업하는 열악한 환경을 설명해 주는 것이다. 그리고 이것이, 역시 베누티에 의하면, 저자로서의 번역자의 가시성을 도드라지게 할 수 있는, '저항적' 전략들로 이루어진, 유창하지 않은 번역을 장려해야 할 필요를 정당화해 주는 것이다."

19 Pym(1993 : 29) : "필자에게 번역 능력은 단지 의문이 있는 상황, 대안들이 있는 상황, 하나의 어휘를 한 가지 이상의 방법으로 옮길 가능성이 있는 상황들하고만 실제로 관련된다. 번역 능력은 일대일 용어 관계의 용어와는 별 관계가 없다. 그것은 피터 뉴마크가 문자주의라고 부르는 것과는 별 관련이 없다."

그대로 적용하는 엄밀한 의미의 '대응'의 경우에는 '번역'이란 말이 적합하지 않은 것으로 판단하는 것이다. 말하자면, '기계 번역'은 그로서는 '번역'이 아닌 것이다.

전성기(1998)가 말하는 삼중대조분석도 '원문에서 모든 변별적 의미들을 발췌하여 역문에 재현하는 것'을 목표로 삼는데, '모든'이란 것도 역자의 주어진 시점과 상황에서의 지식과 이해(여기에는 원어와 역어의 지식과 이해도 포함된다) 등의 변수들을 고려한 가능한 한도 내에서의 '모든'이란 상대적인 의미로 수정되어야 할 것이다. 사실, 역자가 해당 시점과 장소에서 파악했어야 할 모든 '모든 변별적 의미들'을 파악했다고 단언할 수 있겠는가? 그러한 단언은 일반의미론의 '비총칭성not-allness'라는 원리 혹은 전제에도 어긋나는 것이다. 코디시/코디시(2001)는 위의 아리스토텔레스의 두 번째, 세 번째 전제를 따르게 되면 '총칭적' 태도 쪽으로 기울게 될 위험이 있다고 지적하고 있다.[20]

마지막으로, 언어로 언어에 대해 말할 수 있는 것은 언어의 메타언어적 성격에 의거한 재귀성으로 인한 것이다. 많은 언어학자들이 이 재귀성을 자연어에 고유한 것으로 보지만, 일반의미론 학자들은 자연어 이외의 경우에도 재귀성이 적용되는 것으로 본다(Saucet, 1996 : 77). 어쨌건 번역에서 중요한 것은 언어의 재귀성이다. 원문의 이해 과정도 상당 부분은 언어에 대한 작용, 즉 재귀적인 메타언어적 작용들이지만, 재현된 역어의 검토 역시 재귀적인 메타언어적 작용의 과정들이다. 이 과정들이 메타언어적 과정이기만 한 것이 아닌 것은 이 과정에—몇 단계가 되었든—언어뿐 아니라 언어가 나타내는 '현실'도 관련되기 때문이다.

---

20 Kodish/Kodish(2001 : 139) : "두 번째와 세 번째 아리스토텔레스 전제들('모든 것은 A이거나 A가 아니다'와 '어떤 것도 동시에 A이거나 A가 아닐 수는 없다')은, 마치 우리가 기술하려는 범주에서 '모든' '것들'을 우리가 설명할 수 있다는 듯이, '총칭적' 태도를 시사한다."

이렇게 되풀이되는 재귀적 과정에서 일차적 '현실', 저자가 나타내고자 한 것과의 관계를 잘 살피는 것이 중요하다. 치스홀름(1991 : 121)은 우리가 단지 '언어'가 아니라 말하는 사람에게 관심이 있다면, '낱말들의 이해' 이상의 것을 해야 한다고 충고한다. 낱말들에는 반영되지 않은 많은 요소들이 있기 때문이라는 것이다. 화자가 낱말들로 '하고자' 하는 바를 이해하기 위해서는 맥락 전체, 상황 전체를 고려해야 한다고 그는 강조한다. 그렇지 않으면 잘못된 평가를 하게 된다고 그는 단호히 지적한다. 이는 화자뿐 아니라 저자의 경우에도 거의 그대로 적용된다.

존슨(1961 : 4)은 보다 나은 이해를 위한 가장 직접적인 방법은 보다 잘 듣는 것이라고 임상 경험에서 우러나온 지적을 하고 있는데, 이는 번역에도 충분히 적용될 수 있고, 또 적용되어야 할 것이다. 인간은 일반화, 추론 과정 등에 있어서 여러 층위에서 추상을 할 수 있고, 그렇게 한다는 것을 알 수도 있고, 이론들을 구축할 수도 있고, 이를 실제에서 검증해 볼 수도 있다. 생각에 대해 다시 생각해 볼 수도 있는 것이다.[21] 이는 번역이나 번역학에서도 마찬가지이다.

3. 추상화

일반의미론 학자들은 초현미경적인 차원에서는 모든 것이 역동적 과정으로 이루어져 있어 우리가 직접적으로는 경험할 수 없다고 말한다. 이 초현미경적 차원이 사건 층위이다. 우리가 경험하는 것은 우리의 신경 체계가 작용한 결과이며, 이 신경체계는 사건 층위에서 일부 특징들만 걸러내기에 신경체계를 통한 '현실' 체험은 추상화의 결과일 수밖에 없다고 한다. 그리고 이러한 '체험'

---

21 Read(1992), p. 67 참고.

혹은 지각은 많은 경우, 있는 그대로의 현실과 무관하게, 우리가 원하는 혹은 기대하는 방식으로 이루어진다고 한다.

하야카와(1974 : 150)가 말하듯이, 우리의 경험 대상은 사물 그 자체가 아니라, 불완전한 우리의 신경 체계와 외측의 무엇과의 상호 작용이다.[22] 이 층위가 대상 층위로, 최저 레벨의 추상이다. 문제의 이 두 층위는 모두 '비언어 층위' 혹은 '침묵 층위'에 속한다. 하야카와는 이 두 층위를 '외연 세계'라고 칭하기도 한다.

이와 대비되는 세계는 '언어 세계'이다. 이 언어 세계는 기술 층위와 추론 층위1, 추론 층위2, 추론 층위3 등으로 세분되기도 하는데, 이들은 모두 추상화의 단계들이다. '추상화'의 '자연스러운' 순서는 전자로부터 후자로의 진행이라고 한다. 그리고 이러한 고도의 추상화의 과정을 통해 우리는 사건 층위에 대한 간접적인 지식을 습득하는 것이다. 이를 나타낸 코르지프스키의 '구조 미분structural differential' 도식은 94쪽과 같다(Saucet, 1996 : 49).

이러한 구조 미분은 경험의 과정을 표상하기 위한 것이며, '인간이 지식을 얻는 방법'인 이 과정을 더욱 잘 파악하게 하여 인간의 기호에 대한 반응이 실제 세계와 보다 잘 부합하게 하는 것으로, 이 추상화의 층위 혹은 단계들을 혼동해서는 안 된다. 추상의 각 단계는 전 단계에서 추출된 특징의 일부만 표상한다. 이 단계들을 혼동하지 않기 위해서는 이 '추상 의식'을 염두에 두는 것이 매우 중요하다고 일반의미론 학자들은 강조한다.[23] 그러나, 실제에서는 이 단계들이 흔히 그리고 자주 혼동될 뿐 아니라, 각 단계에서 전 단계의 모든 특징이

---

22 Saucet(1996 : 36) : "우리가 인식하는 대로의 현실은 그 고유한 존재를 갖지 않는, 우리의 신경 구조의 산물이다."

23 Saucet(1996 : 57) : "서로 다른 추상 층위들이 앞선 층위의 특징들의 일부분만 표상한다는 의식이 코르지프스키가 추상 의식이라고 부르는 것이다."

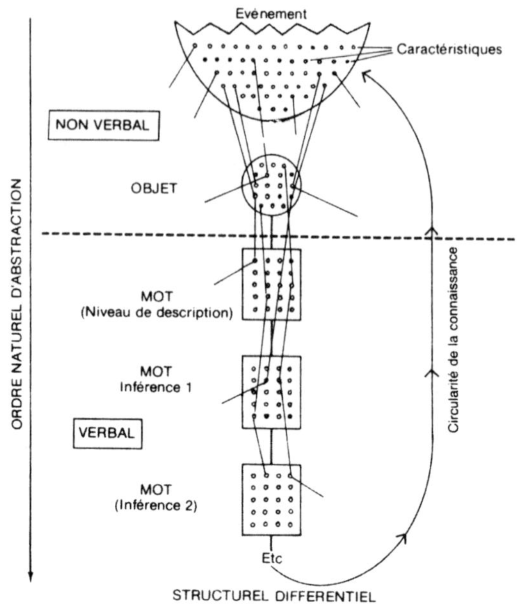

파악된 것으로 성급히 판단 혹은 평가되기도 한다.[24] 이는 일반의미론의 중요한 한 개념인 '비총칭'의 원리에 크게 어긋나는 것이다.

우리는 우리가 본 무엇인가에 관해 말할 때 '추상화', 즉, '추출'을 한다. 우리는 어떤 것들을 포함시키고, 어떤 것들은 제외시키기로 선택을 하는 것이다. 물론, 이러한 과정이 의도적, 의식적일 수도 있으나, 우리의 감각 기관이나 신경 계통 혹은 언어 체계의—혹은 이들 모두의—한계로 인할 것일 수도 있다. 그런가 하면, 본의 아니게 '실제로' 있지 않은 것을 포함시킬 수도 있다. 사실을 추측과 혼동할 수도 있는 것이다.[25] 언어심리학자들은 피험자가 듣지도 않은

24 Cerminara(1973 : 56) : "우리들 대부분은 사물에 대한 우리의 즉각적인 인상적 평가들을 그 사물에 대한 전적인 진실과 동일한 것으로 받아들이는 경향이 있다. 우리는 실제적으로 있는 것의 단지 일'부분'만 추상화한다는 것을 알아야 한다."

소리를 들은 것으로 착각하는 경우들을 실험적으로 보이고 있는데, 이와 유사한 일이 번역의 상황에서도 충분히 일어날 수 있다.

일반의미론 학자가 아닌 클레베르(1999)도 우리가 있는 그대로의 세상을 알 수는 없으며, 단지 우리에게 보이는 대로의 세상을 알 수 있을 뿐이라고 지적하고 있는데,[26] 이는 언어에서도 마찬가지이고, 번역에서도 마찬가지이다. 우선 원전이란 것부터가, 앞서도 말했듯이, 사건 층위의 것이 아니라 언어 층위의 것이고, 그것도 대부분의 경우, 다단계 추상화의 결과들이다.[27] 저자의 기술이 아무리 세밀한 것이더라도 '모든' 것을 기술한 것으로 볼 수는 없다.[28] 자연어는 대상을 추상화하여 제유적으로 나타낼 수밖에 없는 것이다.

이는 일차적 독자라 할 수 있는 역자의 경우에도 마찬가지이다. 역자는 원텍스트를 통해 문제가 된 상황들을 재구성해야 되는데, 상황 '전체'는 재구성될 수 없다. 경우에 따라 다르겠으나, 그중 일부만—이 일부가 전체에 상당히 근접할 수 있다 해도—재구성될 수 있을 뿐이다. 번역에서 텍스트의 등가성은 흔히 'T1=T2'로 표현되는데, '완전 동일성'을 부정하는 일반의미론적 관점에

---

25 Sabatelli(1991), p. 21 참고.

26 Kleber(1999 : 19) : "따라서 현실에 대한 객관적 지각이나 지식이라는 생각을 버릴 필요가 있다. 우리에겐 있는 그대로의 세상에 대한 접근 방법이 없다. 우리는 '객관적' 세상이 어떤 것인지, 현실이 진실로 어떠한지 알 수가 없다. 〔…〕 우리는 세상이 그 자체로 어떠한지 말할 수 없다. 단지 우리에게 어떠한지, 우리에게 어떻게 보이는지 말할 수 있을 뿐이다."

27 원 텍스트는 실은 단순한 일차적 추상화의 결과가 아니라 2차적, 3차적 혹은 그 이상의 추상화의 결과인 경우가 많으나, 여기서는 논의의 편의성을 위하여 번역을 단순 기술 텍스트에 한정하기로 한다.

28 Chisholm(1991 : 39) : "아무리 내 지도가 자세하더라도, 내가 그 안에 아무리 많은 것들을 집어넣더라도, 내가 확실히 할 수 있는 유일한 것은 내가 뭔가를 빼놓는다는 것이다. 여기서 그러니까 '지도는 모든 현지가 아니다'라는 두 번째 경험적 사실이 비롯된다."

서는 T1과 T2를 완전히 동일한 것으로는 볼 수 없다. '해석 이론'의 학자들을 비롯한 많은 번역학자들은 문제의 '동일성'을 '의미'의 '동일성'으로 이해하고 있는데, 일반의미론적인 관점에서는 이 '의미'도 결코 완전히 동일한 의미가 아니다. 텍스트 자체가 추상화의 결과이고, '현실'에 대한 지각 자체가 다분히 주관적이며, 추상화가 다층적이고 복합적인데, 어떻게 그 결과가 완전히 동일하다고 할 수 있겠는가?

소세(1996 : 161)는 주제가 어떤 것이건, 우리는 책에서 저자의 내포적 세계에만 접근이 가능하다고 말한다. 여행에 관한 책자라면, 저자가 기술하는 것은 풍경이나 주민들이 아니라 그의 머릿속의 그 무엇이라는 것이다. 그리고 그가 본 것을 우리는 결코 알 수 없다고 한다. 그가 전하는 것은 그가 말로 나타낸 현실을 추상화한 것이라는 것이다. 소세는 다음과 같이 요점을 정리한다.

· 저자가 보는 것은 현실이 아니다.
· 저자가 쓴 것은 그가 생각하는 것이 아니다.
· 당신이 읽는 것은 그가 쓴 것이 아니다.
· 당신이 해석한 것은 당신이 읽은 것이 아니다.

그러니까 서술자가 '지각'한 사건과 우리가 그것에 대해 갖는 생각 사이에는 우리들 각자의 개성과 연관된 연속적 추상 작용들이 존재한다는 것이다. 이는 번역의 경우에도 마찬가지라고 한다. 번역의 '성공'이나 번역자의 '재능'을 이야기하게 되는 것도 사실은 기본적으로 사이, 간극, 거리가 존재하기 때문이라는 것이다.[29] 그렇다면, 원칙적으로 불가능한 '동일성'을 전제하고 그것을 추구

29 Saucet(1996 : 162) : "번역의 경우, 해석자의 능력이 여하하든, 동일한 이유들로 인해 독자가 저자의 권역에 충실하게 참여하기를 희망하는 것은 공연한 일이다. 사실, 어떤 사람들은 이런저런 번역자의 재주에 대해 말하지 않는가? 어떤 번역 소설이

하기보다는, 원칙적인 '비동일성'을 전제하되, '최대 근접'의 가능성을 모색하는 것이 보다 현명한 처사일 것이다.

번역은 '동일성'의 문제가 아니라 '근접'의 문제이다. 이러한 근접은 여러 변수에 따라 그 판단이나 평가가 달라질 수밖에 없다. 번역의 목적, 번역의 대상, 원 텍스트의 종류, 번역의 독자, 번역 언어(원어역인가 중역인가), 번역관 등에 따라 이 근접의 정도나 양상은 달라질 수밖에 없는 것이다. 그리고, 특히 문학 번역의 경우, 이러한 근접은 일방적이 아니라 쌍방적일 수 있다.[30]

흔히 번역은 의사소통이라고 한다. 그런데 의사소통도 과정이 초점인가 결과가 초점인가에 따라 그 탐구의 방향도 사뭇 달라진다. 번역 과정이 잘못되면 의사소통도 잘못될 수밖에 없다. 핌(1993)에 의하면, 이는 번역에서의 핵심 개념인 '등가'의 경우에도 마찬가지라고 한다.[31] 그는 우리의 번역 읽기가 실제로는 입증되지 않으며, 이론상으로도 입증될 수 없는 등가에 관한 일련의 '공유된 믿음'에 근거하고 있다고 생각한다.[32] 코르지프스키도 차이가 근본적인 것

성공을 거두면, 그것은 그 새로운 소설(번역)이 양질의 작품임을 뜻하는 것이다."

30 Berman(1999) 참고.

31 Pym(1993 : 115) : "필자에겐 등가가 세미오시스semiosis의 시초에 자리하는 것이 아니다. 그것은 첫 번 시니피에의 값을 되돌아보는 것과는 아무 상관도 없다. 등가는 세미오시스의 말미에 일어난다. 그것은 어떤 것이 다른 어떤 것과 등가라는, 세미오시스가 종결될 수 있다는 '믿음'이다. 이론적으로는 항상 논의가 더 지속될 수 있다. 하지만 실제에서는, 번역을 하는 번역자들로서, 우리는 독자들이 마음이 좋아서 우리가 세미오시스를 끝낼 수 있다고 믿어주길 바란다. 우리는 독자들이 우리의 텍스트들을 적절한 번역들로서 받아주기를 희망한다. 우리는 우리가 등가의 산출자들로서 보이기를 희망하는 것이다. 그리고 우리가 산출하는 등가의 종류는 그때 우리 작업의 수신자들이 가진 하나의 믿음으로서만 존재할 수 있는 것이다."

32 Pym(1993 : 116) : "우리의 전반적 경제 체제는 실증되지 않은—전적으로 틀린 것은 아닐지라도—무언가에 대한 공유된 믿음에 기초하고 있다. 필자는 우리의 번역 읽기의 체제도 실제로 실증되지 않았으며 이론적으로 실증될 수도 없는 등가들에 대한

이고, 유사성—따라서 등가성—은 상위 층위에서 차이의 무시를 통한 추상화의 결과라는 지적을 한 바 있다.[33] 추상화는 역자나 상황에 따라, 그리고 동일한 역자라도 시간 요소 등의 개입에 따라 얼마든지 달라질 수 있는 것이다.

일반의미론에서는 사고와 행위와 결과의 연계를 중요시한다. 우리에게 일어나는 결과는 우리의 행동들에 영향받은 것들이고, 우리의 행동들은 우리의 사고에 기인한 것들이다. 일반의미론 학자들은 우리가 사고의 질을 높일 수 있다면 우리의 행동들이 상황에 보다 적합한 것들이 될 것이고, 따라서 불필요한 문제들을 덜 만날 것이라고 믿는다. 이러한 사고는 번역에도 적용될 수 있다. 이때 '행위'는 물론 '번역'이다. '사고의 질을 높이는 것'은 '번역에 대한 일반의미론적 사고'가 될 것이고, 보다 적합한 결과는 보다 '적합한' 번역이 될 것이다.[34]

4. 외연적 접근

일반의미론이 말하는 '외연적 장치들'에는 '색인번호 넣기', '날짜 넣기', '기타 등등', '인용부호', '하이픈' 등이 있는데, 앞의 셋은 '작업 장치'라 불리는 것들이고, 뒤의 둘은 '안전 장치'라 불리는 것들이다. 이들 외에도 위에서 몇 번 언급된 '비총칭성' 등 '외연적 기술'이라 불리는 것들이 있는데(Kodish/Kodish, 2001 : 176-183), 이들 모두 언어 구조를 현실 구조에 가능한 한 어울리도록 하기 위한

일련의 공유된 믿음들에 기초하고 있다고 생각한다."

33 Lee(1994), p. 90에서 재인용.

34 Saucet(1996 : 85-86) : "추상 의식은 낱말과 발화들이 그것이 아닌 다른 것의 추상화의 결과이며, 그것들은 상징이라는 생각에 익숙해지게 한다. 상징적 반응은 그러니까 상징에 대해 신호처럼 반응하는 것이 아니라, 다른 것의 표상으로서 반응하는 것이다."

장치들이다(Saucet, 1996 : 71).

예를 들어, 'cancer'는 아주 다양한 질병을 나타낸다. 의사 각자와 환자 각자는 'cancer1'이 'cancer2'가 아니다. 그리고 'Pierre1'은 'Pierre2'가 아니다. 또한 '환자$_{월요일}$'도 '환자$_{수요일}$'이 아니다. 어떤 의사도 어떤 질병이나 환자에 대해 모든 것을 안다고 장담할 수 없다. 그가 모르는 혹은 드러나지 않은 무엇인가가 있을 수 있다. 모든 것이 역동적 과정인 세상에서 동일한 것은 없다. 모든 '사건'은 유일하다. 그래서 두 환자가 '같은' 질병을 앓고 있어도 개인차로 인해 그 치료 방법은 달라질 수 있는 것이다.

번역에서도 이러한 외연적 접근이 기본적이다.[35] 같은 낱말이라도 맥락이 다르면 원칙적으로 그 의미는 미세하게라도 다를 수 있다는 것을 염두에 두는 것은 '색인번호 넣기'와 '날짜 넣기'를 고려하는 것이다. 뒤집어 말하자면, 동일한 낱말은 항상 동일하게 번역되어야 한다고 생각하는 것은 이러한 외연적 장치들을 고려한 것이 아니라는 것이다. 의미는 외연적으로 접근해야 한정이 된다. 존스턴(2000 : 5)은 내포적 평가는 낱말들을 경험에 앞세우는 것이고, 외연적 평가는 경험을 낱말들에 앞세우는 것이라고 말한다.[36] 외연적으로 이

---

35 의미의 측면에서 볼 때, 내포적 접근의 대표적인 것은 정의이고, 외연적 접근의 대표적인 것은 열거이다.

36 Sabatelli(1991 : 21-22)는 '외연적 접근'의 6가지 특징으로 다음의 것들을 지적하고 있는데, 특히 네 번째 것과 다섯 번째 것은 번역의 검증에 특히 유용하게 쓰일 수 있을 것이다.

1. 사실과 추론의 구분.
2. 낱말과 사물의 구분.
3. 유사성과 차이의 인지(색인 번호 넣기)와 사건 요소로서의 시간의 인지(날짜 넣기).
4. 제안된 해결책들의 단순성-복잡성에 대한 단순 문제와 복합적 문제의 구분.
5. 증거들이 요구되는 단언들이나 주장들에 대해 적절한 검증 절차 탐색.
6. 보유하고 있는 정보에 근거하여 행동을 취할 때와 연기해야 할 때를 앎.

해되지 않은 낱말의 의미, 문장의 의미는 언어 세계에 머물 뿐, '현실'과 연결이 되지 않는다는 것이 일반의미론 학자들의 생각이다.[37]

'인용부호'는—일반의미론에서의 구체적 용례들을 보더라도—인용보다는 사용된 기호에 대한 사이 두기 혹은 거리 두기의 의미를 갖는 '게발톱점'이다. 인용은 그 한 특수한 경우에 지나지 않는다.[38] 이러한 사이 두기는, 사실은, 번역의 최종 버전 이전에는 지속적으로 일어나고 있다고 보아야 할 것이다. 역자가 원 텍스트의 어떤 낱말이나 표현에 대해 의문을 가질 때에도, 역자가 자신의 예비 번역의 어떤 낱말이나 구절에 대해 불만을 가질 때에도 이러한 사이 두기는 계속 일어나고 있는 것이다. 이러한 때는 언어에 대해 묵시적으로 '말하고' 있는 때이고, 보통의 기호가 '자시어autonyme'로 쓰이고 있는 때이다. 그래서 번역을 메타언어적 작용으로 설명하기도 하는 것이다.[39] 하이픈도 번역 과정에는 물론 최종 버전도 나타나 있지 않으나, 이것이 쓰인 것으로 간주해야 할 경우들이 적지 않을 것이다.

번역이 무엇인가를 따지는 것은 내포적 접근이고, 번역을 과거에 어떻게 생각해 왔고 실제로 해 왔고, 현재 어떻게 생각하고 있으며, 실제로 하고 있는가 살펴보는 것은 외연적 접근이 된다. 그렇다면 번역학을 어떻게 연구해야 하는

37 Kodish/Kodish(2001 : 168) : "우리는 그러한 명사들이 우리가 외연적으로 상술하기 전까지는 그 외연적 의미가 비한정적이라고 생각한다. 그러한 명사들에는 'horse', 'house', 'husband', 'wife' 등의 이른바 '구체적' 명사와, 'peace', 'honor', 'freedom', 'love', 'hate', 'democracy', 'dictatorship', 'terrorism', 'law', 'order', 'capitalism', 'socialism' 등의 보다 일반적인 명사들이 포함된다. 좀더 나아가 우리는 그러한 명사들을 사용하여 이루어진 대부분의 발화들이 마찬가지로 비한정적이라고 생각한다."

38 전성기(1996)는 게발톱점(즉, '인용부호')을 /" "/라는 시니피앙(E)과 '사용된 기호에 대한 간격 유지'는 시니피에(C)를 가진 홑기호코드의 '화행 기호'로 정의한 바 있다.

39 전성기(1996), 7 · 10장 참고.

가 하는 문제에 대한 방향도 선다. 적어도 일반의미론적 관점에서는, 번역학은 외연적 접근으로부터 시작될 수밖에 없다. 번역의 구체적 현상들부터 연구해야 하는 것이다. 물론 이들로부터 내포적 일반화를 기할 수는 있겠으나, 이러한 일반화, 즉, 추상화는 어떠한 것들에 선택과 그 밖의 다른 것들의 배제를 동시에 뜻하는 것이기에, 그런 방식으로 일반화된 '틀' 혹은 '형식'이 그대로 완전히 적용되는 경우는 없을 것이다. 문학 번역의 경우에는 원본 혹은 원 텍스트가 하나의 다단계적 다중적 추상이면서도 동시에 완결된(적어도 대부분의 경우에는) 텍스트라는 일차적 현실로도 인정되기에 문제가 더욱 복잡하다.

원 텍스트를 잘 이해하기 위해서는, 성급히 그 의미들에 판단을 내리기에 앞서, 텍스트 자체를 되풀이하여 잘 읽으며 텍스트 스스로 의미를 드러내게 해야 한다.[40] 읽는 과정에서 위에 말한 외연적 기준들을 잘 활용하는 것도 중요하고, 낱말상의 구분과 실제상의 구분을 혼동하지 않는 것도 중요하다. 오역들은 대부분 성급한 평가나, 평가의 오류로 인한 것들이라고 볼 수 있다. 시각에서만 착시 현상이 있는 것이 아니다. 생각에서도 우리는 쉽게 착각을 한다. 번역할 때의 생각이라고 해서 예외는 아니다. 일상적 대화에서도 상대가 뭐라고 하는지 정말로 알려하기보다는 자신도 모르는 사이에 자신이 듣고 싶은 대로 듣는 경향이 다분히 있는데, 번역에서는 전혀 그렇지 않다고 할 수 있을까? 그렇지 못한 경우가 적지 않을 것이다.

우리에겐 말과 생각, 글과—글 쓴 사람의—생각이 분명하게 구분될 수 있는 것으로 생각하는 경향이 있는데, 이는 낱말상의 구분에 영향받은 것이라 해야

40 Johnson(1992 : 156) : "듣는 기술의 양성을 위해서는 적어도 이완되어서, 화자의 권위의 상징들이 있거나 없거나 상관없이, 수용적인 이해 태도로, '그가 무슨 말을 하고자 하는지', '그가 어떻게 아는 것인지', '그가 무엇을 생략했는지' 줄곧 물어가면서 경청해야만 한다."

할 것이다. '생각과 감정'이라고 말하지만, 그 말처럼 생각과 감정이 분명히 구분되는가? 또한 우리가 '몸과 마음'이라고 말하나, 실제로 몸과 마음이 어떻게 구분되는지 혹은 구분되는지 확실히 아는 사람이 있는가?[41] 저자의 글과 그 글의 의도도 실제에 있어서는 거의 불가분의 것이라 해야 하지 않을까? 이러한 실제에서의 불가분성을 일반의미론에서는 '비요소주의'라는 말로 나타낸다.

우리는 어떤 낱말이 어떤 의미를 가지고 있다는 것을 나타낼 때, '담고 있다'는 표현을 흔히 쓰는 것을 본다. 이는 물론 비유적 표현이나, 비유를 비유로 생각하지 않는 경우들이 적잖이 있는 것이 문제이다. 구조주의 의미론의 의소분석 방법에도 이러한 측면이 다분히 있다.[42] 문장의 의미를 그 구성 낱말들의 의미의 합으로 생각하는 것은 두말할 나위 없이 '요소주의적'이다. 그러나 다우스(1991)[43]나 코디시/코디시(2001)[44]같은 일반의미론 학자들은 낱말이 그 자체로 의미를 갖지는 않는다는 것을 분명히 한다. '사물 세계'에서는 거의 무한한 관계들이 역동적으로 서로 연결되어 있기 때문에 이러한 관계들은 다 알려

41 Kodish/Kodish(2001 : 46) : "우리에겐 '느낌들'로부터 유리된 '생각들'이 없다는 것을 인정한다. 우리에겐 '감정들'들로부터 유리된 '이지'가 없다. 우리에겐 '몸'으로부터 유리된 '마음'이 없다. 우리에겐 우리가 하는 것의 언어적 양상들로부터 유리된 비언어적 양상이 없다. 우리에겐 비언어적 양상들로부터 유리된 언어적 양상이 없다." Johnston(2000), pp. 5-6 참고.

42 Macchi(1991) 참고.

43 Dowes(1991 : 6) : "낱말들에는 그 자체들로 의미를 갖지 않기 때문에 우리는 우리가 듣거나 읽는 것과 화자나 저자가 의도한 것 사이에 엄청난 간극을 메우려는 시도를 한다. 그런데, 우리는 흔히 우리가 듣거나 읽은 것으로부터 비롯된, 우리가 느끼고 이해한 것을 화자나 저자가 전하려고 의도한 전언과 혼동하고 동일시한다."

44 Kodish/Kodish(2001 : 158) : "우리가 이미 말한 바와 같이, 낱말들이 그 자체들로 무언가 '의미하는' 것은 아니다. 오히려 사람들이 '의미하는' 것이다. 그리고 사람들이 '의미하는' 것은 종국에는 낱말들을 넘어서야 한다."

지지도 않았고 알 수도 없기에, 인간의 의미 해석은 최종적이거나 완전할 수 없다는 다우스(1991)의 지적에 우리는 귀 기울여야 할 것이다.[45]

어떤 방식이든, 그 방식이 100퍼센트 적용되리라고 생각하는 것은 일반의미론의 '비총칭성'에 크게 어긋나는 것이다. 어떤 번역 방법도 그것이 잘 적용되지 않는 "등등Etc."이 있기 마련이다. 그리고 아무리 맥락이나 상황을 섬세하게 고려하더라도 결코 모든 것을 다 고려한 것일 수 없다. 바로 이러한 외연적 요소들 때문에 어느 정도 시간이 지나면 새로운 번역이 요구되는 경우가 잦은 것이다. 또한 '직역'도 '의역'도, '충실성'도 '자유'도 양자택일의 경우는 아니다. 텍스트의 종류, 역자의 의도, 독자, 시대적 상황 등등에 따라 다양한 번역이 얼마든지 있을 수 있는 것이다.

하야카와(1974 : 259)는 과학의 가장 눈부신 특징은 '해결 불가능'한 문제에서 계속 성공하고 있다는 것이고, 이는 과학자들이 외재적으로 사고하는 까닭이라고 지적하고 있는데, 번역자들 역시 과학자들의 방식을 본받아 외재적으로 사고할 필요가 있다. 번역학이 과학인가 아니면 과학이 될 수 있는가를 논하기에 앞서, 번역에 있어 우선적으로 일반의미론이 말하는 외재적 사고를 적극적으로 실천할 필요가 있다. 그리고, 번역에 대해서는 '필연성'이나 '확실성'보다는 '개연성'의 관점에서 접근해야 할 필요가 있다.

5. 에필로그

존스턴(2000 : 9)이 그의 짧은 글의 결론에서 말했듯이, 필자도 이 맺음말에서

45 Dowes(1991 : 6) : "모든 것(우리가 알 수 있는 한)이 다른 것들과 역동적으로 상호관계지어져 있는 무한한 수의 관계들의 한 세상에서는, 그러한 관계들의 모두가 알려져 있지는 않거나 그럴 수가 없는 하나의 세상에서는, 인간이 의미하는 바(친숙하고 전통적인 것에 매달리는 우리의 경향에도 불구하고)가 최종적이거나 완전할 수가 없다."

'비총칭성'의 원리에 따라, 이 글이 번역에 대한 일반의미론적 고찰에서 다루어야 할 모든 것을 다룬 것은 아니라는 말부터 우선 하고 싶다. 아니, 많은 중요한 것들이 빠졌을 것이다. 그러나 '일반의미론'을 통해, 모든 면에서 완전히 새로운 것은 아닐지라도, 번역의 과정과 번역의 '객관성', '충실성', '등가성' 등 번역의 문제들을 새롭게 살펴볼 수 있는 또 하나의 안내자를 만나는 것은 의미 있는 일일 것이다.

현대 언어학에서는, 특히 생성언어학이 맹위를 떨치던 동안에는 생성언어학식의 형식논리학적 기술이 되지 않는 연구는 '과학적' 연구가 아닌 것으로—상당수 학자들에 의해—치부되기도 했다. 그러나 이는 결과적으로 방법에 의해 주제를 제한하는 것으로서, 온당한 태도라 하기 어렵다. 번역과 같이 형식화 등의 엄밀한 과학화가—적어도 현재로서는—가능하지 않은 분야에서도 그 과학성의 제고가 필요한 것이다. 이러한 작업은 일반의미론적 고찰과 더불어, '과학적 정신'과 '주관상호성' 등에 의해 특징지어지는 분석철학이나,[46] M. 메이에르(1993)가 말하는 '제문론적 수사학', 넬슨/메길/맥클로스키(2003a) 등이 말하는 '탐구의 수사학'의 고찰을 통해 한층 더 심화될 수 있을 것이다.

---

46 Récanati(1984 : 365-371)에 의하면, 분석철학은 '과학적 정신'과 결부되는 명확성과 절제, 논거의 명시, 주장과 논거의 정밀성과 세밀성 등에 의해 특징지어지는데, 이를 통해 철학자들 사이의 토론과 상호 비판이 가능해지며, 이렇게 함으로써 분석철학의 또 다른 중요한 특성의 하나인 '주관상호성'에 도달할 수 있게 된다고 한다.

제6장

탐구의 수사학과 수사학적 탐구

1. 서언

인문학을 어떻게 할 것인가 하는 문제는 이제는 거의 진부하게 느껴질 정도의 '인문학의 위기'라는 말과 더불어 그간 적잖이 논의되어 왔고, 그에 대한 제안이나 대안 제시도 상당수 있었다. 예를 들어, '굽혀읽기'와 대비되는, 누가, 언제, 왜, 어떤 상황에서, 무엇을 위해 등을 고려하는 주체적 읽기로서의 '버텨읽기'[1]가 하나의 방안으로 제시되는가 하면, 인문학을 '반성적 탐구'로 규정하여 '의심의 해석학'이 하나의 대안으로 제시되기도 했다.[2] 또한 인문학과 자연과학의

---

1 강내희(1987 : 137) : "'버텨읽기'는 일종의 저항독서이다. 글이 어떤 억압의 체계를 가진다면 버텨읽는 것은 그 억압에 저항하는 것이기 때문이다. 이런 점에서 버텨읽기는 학문에 있어서 대상의 수용에만 몰두하는 '공부'의 방식과는 거리가 멀다. 공부의 태도는 공부하는 사람으로 하여금 자세를 낮추고 몸을 굽히게 하는 것이므로 '굽혀읽기'의 독서방식을 택하게 한다. 버텨읽기는 반면에 독서자의 태도를 당당하게 만들고 그로 하여금 주체적인 학문을 하게 하는 '연구'의 방식이다. 또한 그것은 읽는 대상이 그 나타난 모습과는 다른 면을 가지고 있음을 간파하고자 하므로 깊이 읽는 것이기도 하다."

2 이성원(1994 : 13) : "반성적 탐구로서의 인문학은 존재하는 모든 것을 비판적 검토의

'잡종성'이 인식의 주요 과제로 등장하기도 했고,[3] '자기 성찰'과 '저항'의 이론이 인문학의 새로운 과제로 대두되기도 했다.[4] '표현 인문학', '문화 인문학' 등도 다수 학자들의 지지를 받았거나 받고 있는 제안들이며,[5] 그 외에도 다양한 많은 성찰들을 찾아볼 수 있다.[6]

그런데 특히 관심을 끄는 것은 언어의 '수사적 성격'에 주목한 경우들이다. 예를 들어, 장경렬(2003 : 132-133)은 '인간의 언어가 본질적으로 수사적인 것이라면, 그리하여 니체의 말대로 투명한 철학의 언어란, 환상이라는 사실

대상으로 삼는다. 인문학이 반성적이라는 사실은 이 학문의 대상 및 그 대상에 접근하는 방식 등에서 여타 학문과 근본적으로 다름을 의미한다. 〔…〕 또 비판적, 반성적으로 검토한다는 것은 인문학의 작업을 리쾨르의 표현을 빌자면 '의심의 해석학hermeneutics of suspicion'의 모습으로 나타나게 한다."

3 홍성욱(1997 : 383) : "토마스 쿤의 과학사에 바탕한 철학적 연구를 시발로 사람들은 자연과학이 문화의 일부분임을, 과학이 이상적으로 객관적 · 보편적인 것만도 아님을, 과학에도 사회적 · 문화적 요소가 녹아들어 있음을, 과학자들의 실천에는 인문학적인 전통도 있음을 알게 되었다. 마찬가지로 인문학의 방법도 단순히 텍스트를 해석하는 것이 아니라, 텍스트를 해석하는 과정에서 마치 자연과학자들이 하듯이 끊임없이 가설을 세우고 이를 검증하는 과정이, 문제를 던지고 이를 해결하는 과정이 텍스트와 해석자 사이에 존재함을 알게 되었다. 이는 잡종성의 인식이 양극화된 세계의 싸움을 싱겁게 만들 수 있는 하나의 예가 될 수 있다."

4 장경렬(2003 : 153) : "'자기 성찰'을 감당해 나가는 이론, 그리고 스스로 '저항'으로 변하는 이론에 대한 드 만의 논의에서 우리는 인문학의 또 하나 새로운 과제를 확인할 수도 있을 것이다. 사실 인문학은 이제 투명하고 명징한 언어를 통해 보편적 진리나 객관적 지식을 성취하려는 꿈을 접어야 할 때가 되었는지도 모른다. 명징하고 투명한 언어에 대한 믿음이 일종의 미망이라면, 보편적 진리나 객관적 지식의 성취 가능성에 대한 믿음 역시 미망일 수밖에 없기 때문이다. 이는 바로 인문학 스스로가 '자기 성찰'과 자기 내부를 향한 '저항'의 장場임을 확인하는 일이 아닐까. 인문학에서 자기 내부를 향한 저항이란 곧 인간의 '삶' 자체를 자기 비판적으로 되돌아봄을 뜻할 수 있거니와, 인문학이란 무엇보다도 인간의 '삶'을 다루는 학문 분야라는 점에서 그러하다."

5 김주연 외(2000), 이상엽(2001), 김성곤(2003) 등 참고.

6 조동일(1997), 김진나 · 박주석(1999), 권영민(2001), 장회익 외(2003) 등 참고.

을 망각한 사람이 갖는 환상에 불과한 것이라면, 그 누구라도 진리에 이르렀다는 주장을 할 수 없을 것'이라 말한다. '언어가 이 진리에 이르는 인식론적 도구이어야 하지만 바로 이 진리에 이르는 길을 막는 도구가 될 것이기 때문'이라는 것이다. 바로 그렇기 때문에 그는 '철학이든, 문학이든, 영역 구분과 관계없이 모든 분야의 인문학은 인간의 언어란 그 자체가 본질적으로 수사적 차원을 갖고 있다는 사실을 받아들이고, 따라서 철학과 문학을 포함한 인문학의 과제는 바로 이러한 관점에서 새롭게 정립될 필요가 있'을 것이라고 제안한다.

'표현 인문학의 제안의 긍정적인 부분'을 '인문학의 수사술적 정신을 되살리자는 촉구'로 이해하는 이태수(2003 : 104)도 인문학 전통의 '수사적 설득력의 회복'을 기대하는데,[7] 이러한 수사학의 중요성은 현대 수사학 연구의 주요 전환점이라 할 수 있는 유럽의 페렐만/올브레히트-티테카(1958), 툴민(1958)을 기점으로 하면[8] 서구에서는 벌써 거의 반세기 전부터 주장되어 오던 것이고, 미국의 '탐구의 수사학'만 해도 적어도 1980년대 초반까지 거슬러 올라간다.[9] 하지만, 한국의 경우에는, 수사학에 대한 관심이 '줄어든 수사학'이 아니라 '설

---

7 이태수(2003 : 120) : "우리의 인문학은 자기 자신이 하고 있는 일의 의의를 설득할 수 있는 수사적인 힘을 갖추지 못하면 설 자리가 자꾸 좁아질 수밖에 없다. 그 결과는 인문학만의 문제가 아니다. 〔…〕 요즈음 소위 정보 사회가 도래하면서 개발된 다양한 의사 소통 매체에 관심을 가지는 인문학자들이 많이 늘어나고 있다. 그것이 인문학이 새로운 활력을 얻는 계기가 되리라는 기대 때문이라고 생각된다. 두고 볼 일이지만, 어쨌든 새로운 매체의 힘에 대한 관심은 인문학자들 스스로 인문학의 전통 속에 이미 있었던 수사적 설득력을 회복해야 제대로 결실을 맺을 수 있을 것은 확실하다. 13세기 스콜라주의의 승리 후 또 한 번 수사술 중심의 인문학이 부활했듯이 또 한 번 그런 때가 와야 하지 않을까?"

8 이에 대한 간략한 소개에 대해서는 플랑탱(2003), pp. 1-30 참고.

9 미국의 수사학 전통에 대해서는 플랑탱(2003), pp. 55-97 참고.

득의 수사학'에 맞추어 진 것은, 소수 연구자들의 경우를 제외하면[10] 비교적 최근의 일이다. 우리의 인문학의 새로운 도약을 위해서라도, '탐구의 수사학'을 비롯한 수사학적 탐구들에 대해 우선 개괄적으로라도 살펴볼 필요가 있다.

2. 수사학과 반反정초주의

페르노(2004 : 25)는, 퀸틸리아누스는 가장 널리 퍼져 있던 '설득하는 능력'으로서의 수사학을, 의도적 모호성을 부여하여 '말 잘함의(말 잘함에 관한) 지식'의 수사학으로 확장시켜 '담화의 문법적 정확성, 미학적인 아름다움, 도덕적 가치와 실천적인 유효성을 동시에 포괄'하려 했는데, 이러한 정의가 '가장 일반적이며 가장 총제적'이라고 말한다. '레토리케rhêteorikê'를 '그리스의 민주주의와 로마의 공화정을 주된 무대로 자유롭게 활동하던 여러 분야의 연설가들rhê-tor/orator에 의해 형성된 의사소통의 기술을 지칭하는 일종의 고유명사'라고 정의하는 김헌(2004 : 157)은 이 '레토리케'의 번역어로 흔히 쓰이는 '수사학'을 '모든 주제에 관하여 설득을 목적으로, 언어를 다듬어 생각을 분명하고 참신하게 전달할 수 있도록 담론을 구성하고 표현할 수 있는 능력, 기술 또는 학문'이라고 정의한다면, '수사학'은 충분히 '레토리케'라 할 수 있다고 인정한다(pp. 163-164).

이러한 수사학을 '탐구'에 대한 하나의 전망으로 삼은 것은 적어도 소피스트 전통까지 거슬러 올라가는데,[11] R. 로티는 1984년 아이오와대학의 '인문학의 수사학' 심포지엄에서 인문학적 '탐구'를 다시 생각하려는 움직임이 하나의

10 박우수(1992, 1995) 등 참고.

11 Nelson/Megill(1986 : 23) : "간헐적으로 고대 소피스트들 이래 인간사의 주요 연구자들은 탐구의 전망으로서의 수사학에 관심을 가져왔다."

'전환'을 이루었다고 지적한 바 있다.[12] 이 심포지엄에는 현재 널리 인정되고 있는 과학적 정설들에 불만이 있고 수사학에 대한 관심을 공유하는 다양한 분야의 학자들이 다수 참석했는데, 그 결과는 *The Rhetoric of the Human Sciences : Language and Argument in Scholarship and Public Affairs*라는 책으로 1987년에 출판되었다.[13] 같은 해 템플대학에서도 인문학의 수사학에 대한 심포지엄이 다시 개최되었으며, 그 결과 역시 《인문학과 수사학*Rhetoric in the Human Sciences*》[14]과 《수사학적 전환*The Rhetorical Turn : Invention and Persuasion in the Conduct of Inquiry*》[15]이라는 두 권의 단행본으로 출간되었다.[16] 사이먼스(1985 : 52)는 '탐구의 수사학'[17]이 '키워드'가 된 아이오와대학의 심포지엄을 수사학사에서 하나의 '분수령'이 되는 사건으로 간주하는데, 적어도 인문학의 학제적인 수사학 연구에 하나의 중요한 계기가 된 것은 인정해야 할 것으로 보인다.

'탐구의 수사학자들'은 수사학을 전래의 공공 영역에서 학문적 담론으로 그 영역을 넓혀가면서 수사학 이론의 지적 역사를 재고할 필요를 느꼈고, 그

---

12 맨 먼저는 '언어학적 전환'이고, 그 다음엔 '해석학적 전환', 그리고 지금은 '수사학적 전환'이 이루어졌다는 것이다. Simons(1990a), p. vii 참고.

13 넬슨 외(2003) : 《인문과학의 수사학》, 고려대학교출판부.

14 Simons, ed.(1989).

15 Simons, ed.(1990).

16 지금은 POROI가 그 작업을 이어가고 있다. 1980년에 비공식적으로 아이오와대학에서 출범한 탐구의 수사학 프로젝트 POROI, 즉 'The Project on Rhetoric of Inquiry'는 학제 간 연구와 교육 프로그램으로서, 그 목적은 예술, 인문학, 과학, 전문 직업, 특히 학제 간 상호작용에서의 학문적 탐구, 논증, 글쓰기를 개선하는 것이다. 구체적 내용에 대해서는 'http ://www.uiowa.edu/~poroi/'를 보라.

17 Simons(1990a : vii)에 의하면, '탐구의 수사학'이란 이름은 존 넬슨에게서 비롯된 것이라고 한다.

과정에서 자신을 수사학자로 생각지 않았던 상당수의 학자들—예를 들어, 바르트, 레비스트로스, 푸코 등—을 그 선구자들에 포함시키기도 한다. 넬슨/메길(1986 : 28-31)은 '탐구의 논리학'과 '탐구의 수사학'을 구분하는데, 전자에서 후자로의 전환은 '탐구의 수사학'의 '선구자들'로 간주되는 페렐만/올브레흐트-티테카(1958), 툴민(1958), 쿤(1972)에 힘입은 바 크다고 말한다. 이들은, 물리학을 대표적 학문으로 삼고 모든 과학에 단일 방법론을 적용하고자 한—탐구 행위를 추상적으로 파악하고자 하는—'탐구의 논리학'과 달리,[18] '탐구의 수사학'은 연구의 실질적 분야들에서 논증의 구체적 사실, 구체적 실천들에 관심을 기울이며, 법학, 정치학 등을 모든 논증의 추상적 모델로 삼기보다는—광범위한 다양한 학문적 혹은 기타 실천에서—탐구의 맥락적 비교적 연구들을 위한 시사적인 출발점으로 삼는다고 설명한다.

넬슨/메길(1986 : 23)은 '탐구의 수사학'이 대두되게 된 이유로 '정초주의[19]에 대한 철학적 공격', '과학의 철학적 재구성', '인식론의 수사학적 재인식'을 언급한다.[20] 이들은 로티 같은 학자의 반反정초주의는 철학이 '자연의 거울'로

18 Nelson/Megill(1986 : 30) : "따라서 페렐만, 툴민, 쿤이 탐구의 수사학의 선구자들이었다. 이 점에서 이들의 주요 표적은 실질적 탐구의 영역들로부터 유리된, 이들보다 우월한 인식론을 추구한, 20세기 '이상적 언어' 전통에서 작업한 철학자들이 발전시킨 탐구의 논리학이었다. 이 전통은 과학적인 것과 그렇지 않은 것을 명료하게 나누려 했다. 형식논리학을 통해 이 전통은 모든 과학 분야들에서 단 하나의 방법론을 추구했다. 이 방법론은 모든 지식에 대해, 과학과 비과학을 구분짓는 단 하나의 표준(복잡하다 해도)을 상술하고자 한다. 그 결과로서의 탐구의 논리학은 물리학의 하나의 이상화로서 정당화되었다(이는 아주 잘못된 인식이다). 물리학이 엄격함의 화신과 과학에서의 기술적 권력으로 간주되었기 때문이다."

19 '정초주의fundamentalism'는 '토대주의'로 번역되기도 한다.

20 박은진(2003 : 243-244)은 '근대 학문의 성립 과정에서 이론-논리학-합리성이 강조되면서, 실천-수사학-합당성을 위한 이성은 자연스럽게 비과학적이고 비합리적인 것으로 배제'되었고, '이 상황에서 수사학이 근대 학문의 성격에 위배되는 기술로 간주

서 타 학문 분야들의 기반이라는 전제를 부정하는 것이고, '철학=정초적 지식이라는 등식 타파'의 중요한 의의를 가진다고 평가한다. 이들은 또한 '이 정초주의가 20세기 후반에 들어와서 특히 문제시된 것은, 넓게는 보편적 진리 발견자로서의 이성에 대한 신뢰를 골간으로 하는 근대성이나 합리성에 도전하는 상대주의와 다원화주의의 만연 내지는 득세로 설명될 수 있을 것이고, 좁게는 한때 영미 철학계를 주도하면서 정초주의를 세련화하였던 논리경험주의의 침몰로서 설명될 수 있을 것'이라는 진단을 한다.[21] '수사학적 전환'은 탐구가 정초주의적 객관주의적 기초 위에서가 아니라, 수사학적으로 이루어져야 한다는 것으로 이해되는데,[22] 김동식(1991 : 137)에 의하면, '넓은 의미로 볼 때에 정초주의란 지식 체계가 특정한 기반 위에 정초되어 있다는 생각을 모두 포함할 수 있으며, 철학사의 많은 부분들은 정초주의와 그 변형의 역사로도 설명될 수' 있다고 한다.

한편, 추바로프(1989 : 46)는 '객관주의적 모델', 올바른 과학 이론들은 경험적 데이터들로부터 '직접적 추론'이 가능하고, '사실들'과 '일대일의 대응 관계'를 가질 수 있으며, 과학 외적 가치나 목적들이 기본적 은유, 이론들 등에 아무 역할도 하지 않는다는 것을 전제한다고 하는데, 엄밀한 의미의 '직접적 추론'과 '일대일의 대응 관계'는 사실 받아들이기 어렵다. 하지만, 이들이 뜻하는 것이

되는 것은 당연했다'는 지적을 한다.

21 김동식(1991 : 137-138) : "첫째, 정초주의는 대체로 주관과 객관의 구분을 전제한다. 〔…〕 둘째, 정초주의는 인식주관의 투명성 내지는 보편적 인식의 성립가능성을 전제한다. 〔…〕 셋째, 정초주의는 지식체계 내부의 위계성을 주장하여 어떤 지식은 다른 지식의 토대나 근거가 된다고 본다. 〔…〕 넷째, 정초주의는 철학이 해야 할 바를 지식의 정초화 작업으로 본다."

22 Gaonkar(1990 : 358)는 '묵시적 수사학적 전환'과 '명시적 수사학적 전환'을 구분하는데, 전자는 철학의 내적 위기에서 상당 부분 비롯된 것이고, 후자는 그 적용에서 국소적이라고 평가한다.

어떤 이론이나 주장이 반증되기 전까지의 가설적이고 잠정적인 일시적 상태라면, 다시 말해 '완화된 정초주의의 입장'의 것이라면, 다양한 수사학적 접근들과 배타적인 것은 아니다. 예를 들어, 수학적 증명이라는 형식도 자연어에 의존한 것은 아니라 해도 일종의 논증인 것은 분명하고, 하나의 텍스트에도, 그 종류에 따라 가변적이긴 하나, 인문학적 측면과 자연과학적 측면이 중층적으로 얽혀 있을 수 있다.[23] 또한 그 수가 적기는 하나, 수사학적 탐구와 정초주의(혹은 객관주의)에 대한 양립 가능성의 시각을 가진 연구자들이 전혀 없는 것은 아니다.[24]

버나드 도널스/글라이저(1998 : 1)가 지적하듯이, 반정초주의 패러다임은 언어를 '투명한 매개체'나 '현실의 반영체'로 보지 않는다.[25] 이 패러다임은 지식이 언어에 의해 형성된 것으로, 그리고 언어는 맥락, 상황, 공동체 속에서 사회적으로 구성된 것으로 보고 있기에 그러한 관점의 방법론을 필요로 하는데, 수사학이 이러한 기대에 부응하기 때문에 대부분의 미국의 반정초주의학자들은 수사학에서 그러한 역할을 찾게 되었다고 이들은 판단한다(p. 3). 따라서 기존의 정초주의, 객관주의 크레도credo에 반하여 '언어의 불투명성'에 주목하는 '탐구의 수사학'이 인문학 분야들의 언어와 논리, 그리고 궁극적으로 그 수사라는 담론적 실천에 관심을 갖는 것은 매우 자연스러운 일이다.

사이먼스(1989 : 20)는 특히 인문학 담론들에서 탐구의 수사학의 활로가

---

23 하종호(2003 : 253-254) 참조.

24 Simons(1989 : 8) : "기고자들 중에서 케이트와 체르비츠가 유일하게 객관주의의 신조들과 상당 부분 양립 가능한 수사학 관점을 표명하고 있는데, 바로 그 점 때문에 더욱 돋보인다."

25 Bernard-Donals/Glijzer(1998 : 2) : "푸코와 라캉 역시, 서로 다른 방식들로, 현실이 언어에 반영되는 것이 아니라, 언어에 미루어져 있으며 잘못 인지되어 있음을 알았다."

개척된 것은 정초주의적 전제들에 대한 최근의 공격들 덕분이었는데, 객관주의에 대한 탐구의 수사학의 비판이 통렬하고 광범위할수록 그 '잠재적 재구성력'의 주장이 그만큼 회의적으로 받아들여지게 된 것은 탐구의 수사학 운동의 큰 아이러니라고 지적한다. 넬슨/메길(1986 : 20)도 '탐구의 수사학'에 대해 이 수사학이 활기차긴 하지만, 수사학 이론의 주류 전통과는 거리가 있고, 논증의 인식론에 대한 친화성이 약하며, 커뮤니케이션 학자들과의 상호 작용도 빈약하다는 약점들을 토로한 바 있다.

3. '탐구의 수사학'의 의미

우선 지적되어야 할 것은 '탐구의 수사학'에서 말하는 '탐구'가, 심포지엄에서 발표된 실제적 탐구들이 보여 주듯이, 획일적인 것이 아니라는 점이다. 말하자면, 연구자가 가진 '수사학'의 개념에 따라 '탐구의 수사학'에 대한 이해 역시 달라진다는 것이다.[26] 이 탐구들은 '학문적 지식의 산출과 유포에서의 수사학의 위상'(Lyne, 1985 : 66)에 관심을 갖는다는 점에서는 공통적이나, '탐구' 개념이 지칭하는 것은 매우 다양한데, 예를 들어, 라인(1985)은 학문적 탐구와 관련된 수사학의 기능을 특징짓는 문제에 대해 심포지엄에 제출되었던 글들을 다음의 5가지 '기능'을 통하여 총괄적으로 기술하고 있다.

그 첫째는 '논증argument'으로서의 수사학이다. 모든 학문적 담론은 논증의 형식을 취하고 있기 때문에, 이 논증의 형식과 구조, 그 방법과 절차에 대한 연구는 탐구의 수사학의 핵심이라고 한다. 그는 스스로 어떻게 논증을 하고 있는지

26 Simons(1989 : 5) : "핵심은 하나의 탐구의 수사학만 있는 것이 아니라 여럿이 있다는 것이다. 〔…〕 어떤 사람이 수사학을 어떻게 인식하는가 하는 것은 지적 운동으로서의 탐구의 수사학에 대한 그 사람의 태도에 영향을 미칠 수밖에 없다."

잘 모르기 때문에 빚어지는 불필요한 마찰이 결코 예외적 상황이 아님을 맥클로스키의 경제학자들의 예를 들어 설명하고 있다.[27] 두 번째는 '사회화 담론socializing discourse'으로서의 수사학,[28] 세 번째는 '형상화configuration'로서의 수사학이고,[29] 네 번째는 '비판적 실천critical practice'으로서의 수사학이며,[30] 마지막은 '권한 획득empowerment'으로서의 수사학이다. 이들 기능 중 어느 것에 집중하더라도 '탐구의 수사학'을 연구하는 적절한 방법이 된다고 하면서, 그는 '탐구의 수사학'의 중심인물 중 한 사람인 넬슨이 '탐구의 수사학'의 목표를 하나의 새로운 분야의 구축보다는 여러 다른 분야들에 영향을 끼치는 탐구로 보고 있다는 요지의 지적을 한다.[31]

사이먼스(1985 : 58-59)는 문제의 심포지엄에 대해 전반적으로는 크게 공

---

27 Lyne(1985 : 66) : "예를 들어, 도널드 맥클로스키는 경제학자들 사이의 토론에서 자기네들이 어떻게 논증을 하는지 알지 못함으로 인해 불필요하게 가시 돋친 소리들이 오가게 되는 데에 관심을 가졌다."

28 Lyne(1985)은 철학사에서도 '압도적 논증knock down argument'은 드물다고 한다. 서로 경쟁적인 견해들이 대화하건 하지 않건 병존해 왔다는 것이다. 로티를 비롯한 여러 학자들이 학문적 담론은 '현저하게 사회성의 기반, 객관성의 원천이기보다는 비트겐슈타인의 의미에서의 하나의 삶의 형태'라고 말하고 싶어한다고 라인은 지적한다.

29 많은 학자들이 이야기, 서사적 혹은 상상적 구조를 주축으로 삼고 있다고 한다. Lyne(1985)은 서사적 혹은 배치적 기반을 가진 지식의 수용이 우리가 그러한 지식을 어떻게 평가해야 하는가, 혹은 우리가 어떻게 참과 거짓을 구분해야 하는가에 대한 논증을 자연스레 이끌어내게 된다고 판단한다. 논증과 배치 사이의 관계가 하나의 중요한 문제가 되는 것이다.

30 비판은 수사학이 수행할 수 있는 기능 중 하나인데, 수정correction은 고정된 표준들을 전제할 필요가 없는 연구 패러다임 사이에서의 일종의 해석학적 대화이다. 여기서 문제가 되는 것 중 하나는 '텍스트' 개념에 대한 접근이다.

31 Lyne(1985 : 72) : "정치학자 존 넬슨은 탐구의 수사학이 하나의 새로운 분야가 될 것이 아니라, 다른 많은 분야들에 대한 하나의 영향이 되어야 한다고 주장했다."

감하면서도 5가지 주제에 대한 나름대로의 의견을 내고 있다. 첫째는 '로티에 대한 반대 입장'으로, 그 심포지엄에서의 로티의 역할을 높이 사면서도, 그는 로티와 그 외 학자들이 실용주의와 공동체의 이름으로 방어하는 것이 오류 수정이 불가능한 고삐 풀린 상대주의가 되지 않을까 우려한다. 둘째는 '정도의 수사학'으로, 잠재적으로 모든 학문적 담론에 수사학적 측면이 있기 하지만, 어떤 담론은 다른 담론들보다 '보다 수사(학)적'이라고 인정해야 하지 않겠는가 하는 문제를 제기한다. 셋째는 '서사의 테스트'이다. 어떤 면에서 모든 학자들이 '이야기꾼'이라 할 수 있지만, '서사적 논증'이라는 것이 있는 것인지, 어떤 서사들에 대해 선험적 '논리'를 대는 것은 아닌지 그는 묻는다. 넷째는 '맞는 목소리 찾기'인데, 관습과 상황의 제한 속에서 어떻게 진정하게authentically 말할 수 있는가 하는 문제이다. 다섯째는 '벗으로서의 학자'이다. 이 대목에서 그는 하버마스의 담화 규범의 유용성을 강조하면서 논쟁이 어떠한 것이건 남의 말에 귀 기울일 것을 충고한다.[32]

자신만이 진리의 '담지자'라는 오만한 생각을 갖고 있지 않다면, 그래서 '근원적 불확실성'을 학자들이 처한 기본적 상황으로 받아들인다면, 화이트(2003 : 420)가 조언하듯이, 수사학적 탐구자들은 우리가 처해 있는 '근원적 불확실성', '말의 의미의 불확실성, 말이 다른 사람들에게 미치는 영향의 불확실성, 우리 자신의 동기 부여의 불확실성'에 대처하는 것이 무엇보다 필요하다. 이 대처 방식에 대해 사이먼스(1985 : 63)는 보다 생산적이고 창의적인 결과의

---

32 Simons(1985 : 62) : "필자는 학문적 교류에서 오해의 문제들에 특별히 민감했으며, 그의 저술들에서 다른 사람의 논거들을 반박하고자 하기 전에 자신이 그것들을 어떻게 이해했는지 분명히 밝히고자 애썼던 사람으로 쿤을 인용한 바 있다. 쿤의 말이다. '그것은 너무도 사실이어서, 나한테는 철학자들과 이야기하는 것이 정말로 힘들다. 그들은 말을 자르고 들어오려는 데 너무 바쁜 나머지 남의 이야기를 거의 듣지도 않는 경우가 잦았다'."

도출을 위해서는, 학문적 논쟁에 승자와 패자를 가리려는 법정 모델보다는 '우호 서클'이 훨씬 더 나은 모델이라고 주장한다.[33] 기존의 수사학적 탐구들이 유럽에서는 '법' 중심이었는데, 미국에서는 '정치' 중심이라는 것[34]은 흥미로운 문화적 차이이다. '탐구의 수사학'에서는 특히 정치와 정치학이 주요 모델이 되어 있다.[35]

넬슨 외(2003a : 22-23)는 전통적 방법론이 학자들에게 플라톤, 데카르트, 헴펠, 포퍼에게서만 배우도록 가르쳐 온 데에 반해, 탐구의 수사학은 학자들에게 동료들로부터 배우도록 가르침으로써 다양한 탐구 방식에서 교훈을 얻게 하며, 그 목표는 '탐구의 수사학을 학문 연구의 통상적 작업 속에 통합'시키는 것이라 말한다. 특히, '탐구의 수사학자들은 해당 분야의 전문가들을 대화로 설득시킬 수 있어야 한다'는 일견 당연해 보이는 지적을 힘주어 하는데, 학자들 사이의 토론이나 논쟁도 '건설적이고 생산적인 대화'가 되지 못하는 것을 목격하기 어렵지 않은 우리의 상황에서 십분 음미해 보아야 할 대목이다. 특히 '탐구

33 Keith/Cherwitz(1989 : 204-206)는 명제들의 진리에 대한 탐구 과정에서의 수사의 기능으로 차별, 추론, 보존, 가추abduction, 관리, 사회적 개선이라는 6가지를 들고 있다. 차별 기능은 현실의 명명과 기술을 위한 대체 스킴scheme을 언어 사용자들이 발달시키도록 하는 능력이고, 추론 기능은 논쟁을 해결하기 위한 다양한 추론 유형과 연관된 기능이며, 보존 기능은 탐구자들의 기억, 논쟁 기술과 관련된 것이다. 퍼스에서 비롯된 가추 기능은 창의적 능력과 관련되고, 관리 기능은 탐구가 사회적 혹은 집단적 성격의 것이기 때문에 불가피한 것이며, 마지막으로 사회적 개선 기능은 탐구의 한계를 허물기 위해 필요한 것이다.

34 Nelson/Megill(1986 : 29) : "탐구의 수사학의 원천이 유럽의 경우 법이 중심인 데 비해, 미국의 경우는 보다 정치 지향적이다."

35 Simons(1989 : 19) : "탐구의 수사학을 연구하는 보람 중 하나는 많은 문제들이 통분야적임을 알게 된다는 것이다. 〔…〕 넬슨은 정치적 토대들과 연관된 은유들은 철학적 정초주의자들이 제공한 존재론적 인식론적 토대보다 인문학에 수사학적 토대로서 보다 적합함을 주장한다."

의 수사학'이 우선적으로 '학문적 의사소통에 대한 심층적 탐구'라는 데에 유의해야 할 것인데, 이 심층적 탐구에는, 의학에서 병의 연구를 통해 건강에 대한 많은 정보를 얻듯이, 소통 장애나 불통 혹은 오해 등에 대한 천착이 우선적으로 필요하리라 생각된다. 말하자면, 학문적인 '오해의 수사학'이나 '임상수사학'이 필요하다는 것이다.

넬슨 외(2003a : 23)는 그들대로 수사학은 '무엇이 어떻게 전달되었는지, 그것이 전달되면서 무슨 일이 일어났는지, 그것을 어떻게 보다 더 효과적으로 전할 수 있는지, 더 나아가 일반적으로 의사소통이란 무엇인지를 동시에 밝혀줄 수 있는 장치가 되어야 한다'고 지적하며, '탐구의 수사학은 그와 같은 의미들을 확대 적용하여 탐구와 의사소통 사이의 상호 관련성을 밝혀주고, 수사학의 복잡한 실타래들을 서로 연결시켜 궁극적으로는 인간의 행동을 보다 더 체계적으로 설명해내려는 것을 목표로 한다'고 그 지향점을 내비친다.

바로 그렇기 때문에 탐구의 수사학은 학문 연구에서 말하기와 글쓰기에 대해 다시 생각해 보는 계기가 되지 않을 수 없다. 우리 전통 학문에서도 큰 문제였던 '글쓰기'의 문제가 최근 우리 학계에서 새롭게 대두되고 있는데,[36] 새로운 문제의식과 문제 제기에 따라 새로운 글쓰기가 요구되는 것은 전혀 이상한 일이 아니다. 그래서 학문적 의사소통의 탐구의 문제는 인식론으로서의 수사학과도 바로 연결되는 문제인 것이다.[37]

---

36 김영민(1997), 정민(1997), 김태준(2000), 신태수(2000) 참고.

37 넬슨 외(2003a : 24) : "그리하여 각 학문 영역에 내재된 인식론으로서의 탐구의 수사학은 우리가 실제로 행하고 있는 것이 무엇이며, 또 거기에는 무슨 잘못이 있는지를 우리에게 가르쳐준다. 또한 각각의 학문 영역을 가로지르는 비교 인식론으로서의 탐구의 수사학은 다른 사람들은 어떻게 행동하며, 우리는 그것으로부터 무엇을 배워야 하는지를 설명해준다. 탐구의 수사학은 왜 이성이 수사적인지를 규명해 보이고 있는 것이다."

4. 언어, 논증, 인문학

넬슨 외(2003a : 21)가 이십여 년 전에 탐구의 수사학의 과제와 문제들로 생각했던 것들을 살펴보면 다음과 같다.

> 아직도 연구되어야 할 과제는 많이 남아 있으며, 그에 따라 제기될 수 있는 문제들도 많이 남아 있다. 한 학문 분야의 수사학은 그 학문 분야의 유용성에 어떤 영향을 미치는가? 왜 다양한 학문 연구 분야는 서로 차이가 나는가? 왜 서술이 중요한가? 학문적 설득에서 은유는 어떤 역할을 하는가? 수사학적 규약들은 특정한 학문 분야에 어떻게 영향을 미쳤는가? 특정한 학문 분야의 수사학은 대중들이 그 학문 분야를 수용하는 데 어떤 영향을 미치는가? 수사학 이론들은 학문 연구 태도에 어떠한 영향을 미치는가? 수사학은 인문과학들, 사회과학들, 자연과학들 그리고 전문 직업들 사이의 관계에 관해 무엇을 암시하는가? 어떻게 최근의 수사학 이론들이 합리성에 관한 우리의 관념들을 바꿔 놓을 수 있었는가? 수사학, 인식론, 윤리학, 논리학, 신화학, 시학, 정치학, 심리학, 사회학 그리고 기타 탐구 영역들 사이의 연결 고리는 무엇인가? 수사학에 대한 보다 발전된 인식이 각 학문 영역의 교육을 어떻게 개혁시킬 수 있는가?[38]

한마디로, 탐구의 수사학은 '탐구, 즉 논증과 연구의 방법론에 깃들어 있거나 이들이 함축하고 있는 수사적인 특성을 밝히는 것을 지향한다'고 말할 수 있다. 이렇게 학문 연구의 방법에 깃들어 있는 수사적 특성을 밝히는 것이 목적이기에, 탐구의 수사학은 '모든 학문을 아우르는 어떤 획일적인 방법론을 부정한다. 이런 점에서 탐구의 수사학은 획일적인 거대 담론의 횡포를 부정하고

---

38 넬슨(2003)은 수록 논문들이 적어도 시학, 수사 비유론, 말터론(topics), 변증법, 해석학, 윤리학 및 정치학의 일곱 영역의 '탐구의 수사학'이라고 지칭하는 것이 합당한 일련의 별개의 인식론 요소들로 통합된다고 주장한다.

변방의 사물과 현상이 갖는 고유한 특성을 오히려 강조하는 미시 담론들의 논리와 일정한 공통성을 유지하며, 그런 이유로 포스트모더니즘의 일반적인 인식론을 공유한다'고 말할 수 있는 것이다(박우수, 2003 : i-ii).

사이먼스(1990b)가 '묵시적 탐구의 수사학' 테두리 내에 넣고 있는 쿤의 포스트실증주의, 사회적 구성주의, 과학 텍스트 분석에 대한 인류학 방법론적 접근, 상징적 인류학, 비판적 법률 연구 운동, 비판적 다원주의, 해체주의, 상당수의 페미니스트 · 신마르크시스트 · 신프로이트적 비판 등의 연구는 말할 것도 없고, 넬슨 외(2003a), 사이먼스(ed.)(1989), 사이먼스(ed.)(1990)에 실린 대부분의 글들처럼 명시적인 '탐구의 수사학' 연구들로 표방되는 글들만 보더라도 그 '탐구'의 성격이 매우 다양해서 혼란스럽기까지 한 것이 사실이나, 이를 다양성과 다원성을 인정하고 추구하는 수사학적 탐구들에서 불가피한, 긍정적인 측면으로 볼 수도 있을 것이다.

한편, 페렐만(1977)의 '신수사학',[39] 메이에르(1993)의 '제문론적 수사학',[40] 크로스화이트(2001)의 '이성의 수사학'이나 그로스(1996)나 해리스(ed.)(1997)의 '과학 수사학', 헤르나디(ed.)(1989)의 '해석 수사학' 등 다른 이름의 수사학들도 '학문 연구의 방법에 깃들어 있는 수사적 특성을 밝히는 것이 목적'을 상당 부분 공통적으로 갖는다면, 이들도 모두 '탐구의 수사학'이라 불러야 하는가 하는 문제가 제기될 수도 있는데, '탐구의 수사학자들'의 생각은 어떤지 모르겠으나, 우리로서는 일단 고유명사적인 '탐구의 수사학'과 보통명사적인, 넓은 의미의 여타의 '탐구의 수사학'은 구분할 필요가 있을 것으로 생각된다. 후자는 전자의 범위가 확대된 것을 뜻할 수도 있고, 보다 막연히 현대의 다양한

---

39 마넬리(2006), Schmetz(2000) 참고.

40 Meyer(1994), Abel(2000) 참고.

수사학적 탐구들을 뜻할 수도 있기 때문이다.[41]

넬슨 외(2003a : 3-4)는 '탐구의 수사학'이 '논증이 그것이 흔히 이해되고 있는 것보다, 또는 다양한 학문 영역의 분할이 암시하고 있는 것보다 훨씬 더 통일성이 있다는 사실을 받아들인다'는 것과, 다른 한편으로, '그와는 반대로, 논증이 그것이 일반적으로 받아들여지고 있는 것보다 더 다양하며, 특히 과학이나 예술의 공식적 연구가 인정하고 있는 것보다 훨씬 더 다양하다는 사실', 이 두 사실에 기초해 있다고 말한다. '모든 학문은 그것에 고유한 수사적 장치와 수사적 유형에 따라 정의될 수' 있는데, '학자들의 수사학을 강조한다는 것은 학자들의 주장을 그대로 수용하는 대신에 그들의 주장의 근거를 세밀히 따져본다는 것을 의미'하며, 그래서 탐구의 수사학은 '방법론의 문제를 구체적인 탐구 활동, 특히 구체적인 탐구 활동 안에서의 언어 문제와 결부'시킨다는 것이다.

장경렬(2003 : 123)도 '인문학을 인문학일 수 있도록 하는 것이 다름 아닌 언어'이며, '언어를 통해 이루어지는 학문이 인문학'이라고 말한다. '고대로부터 인문학자의 일차적인 관심사는 바로 언어였으며, 언어로 이루어진 세계가 다름 아닌 인문학의 세계'였다는 것이다. 그는 '전통적으로 수사적 언어가 철학적 언어 또는 진리의 언어와 대립되는 개념으로 이해'되어 왔는데, 어떤 자연어도 '투명한 언어'는 아니라 말한다. '의미와 기호 사이의 간극이 전혀 존재하지 않는 투명한 언어가 존재'한다면, 진리든 지식이든 이에 대한 '객관적' 표현과 전달이 가능하겠지만, 이는 어디까지나 희망 사항일 뿐이라는 것이다. '요컨대, 우리는 특권을 지닌 언어, 기호와 의미 사이의 간극이 전혀

41 수사학은 수사학이라 이름 붙여진 것뿐 아니라, 예를 들어, '비판적 사고', '비형식논리학', '의사결정', '실천적 추론' 등 일견 수사학과 무관해 보이는 방법이나 분야들과도 밀접한 관계가 있는 것으로 보이는 만큼, 수사학적 탐구는 이들도 고려 대상에 포함시켜야 할 것이다.

존재하지 않는 고상한 언어는 누구에게도 불가능하다는 사실을 자각해야 한다'는 것이다."[42]

코르지프스키의 '일반의미론'의 제1원칙은 '지도는 현지가 아니다'이다. 소쉬르가 말하는 '자의성'은 시니피앙과 시니피에 관계의 자의성뿐 아니라 기호와 지시물 사이의 자의성도 의미하는데, 이 자의성은 흔히 말하는 기호와 의미 사이의 간극, 언어와 세상 사이의 간극으로도 해석될 수 있다. 말하자면, 기호와 세상의 자의적 관계, 즉 '지도'와 '현지'의 불일치로 인해 '수사적 간극'이 나타난다는 것인데, 그 격차를 가급적 줄이기 위해서는 일반의미론적인 모색도 고려할 필요가 있다.[43] 인문학의 수사학적 탐구를 위해서는 이러한 자연어의 근본적 성격에 대한 명료한 인식이 무엇보다 중요하다.[44]

인문학이 경험적 관찰을 통해 입증하거나 일반화하기 어려운 문제들, 예컨대, 윤리적 가치의 문제라든가 미학적, 문화적 가치의 문제를 다루는 분야들[45]

---

42 장경렬(1994), pp. 20-30 참고.

43 장경렬(2003 : 137) : "요컨대, 인식론적으로 볼 때 세계는 나에게 '언어'로 '존재'한다. 그러나 존재론적으로 보면 세계와 언어는 결코 동일한 것일 수 없다. 예컨대, '눈앞에 있는 실제의 사과'를 우리는 직접 깨물어 먹을 수 있지만, '사과라는 언어 기호'를 그렇게 할 수는 없다. 이처럼 언어와 현실은 결코 동일한 것이 아님에도 불구하고 동일한 것인 양 '의식'될 수 있다는 데에서 문제가 시작된다. 말하자면, 현실과 언어가 같은 것일 수 없음에도 불구하고 언어는 현실을 있는 그대로 재현해 준다는 착각을 불러일으키는 것이다. 즉, 언어는 스스로를 신비화한다. 그러나, 현대 철학자와 언어학자들이 누누이 설파해 왔던 것처럼, 언어는 결코 중립적이고 투명한 실체가 아니며, 의미란 현실 세계에 존재하는 것이 아니라 언어가 불러일으킨 환상일 수 있다. 자크 데리다의 표현을 빌려 말하자면, 언어는 '언제나' 그리고 '이미' 불순한 것이다."

44 김동식(1992 : 268) : "로티의 언어 개념은 대단히 포괄적이며 광의적인 것이다. 언어철학자들이 말하는 자연언어, 인공언어, 그리고 이러한 언어들을 사용한 이론들은 물론이고 그 밖에 통상적으로는 언어라고 말하기 어려운 것들도 그는 언어로 포함시키기 때문이다."

45 장경렬(1994), p. 23 참고.

을 다수 포함하고 있다는 것은 잘 알려진 사실이다. 탐구의 수사학은 '형식론적 증거들'에 의해 해결될 수 없는 문제들에 특히 관심을 갖는데,[46] 경쟁적 가치들이나 지적 주장들 중에서 판단을 내릴 수 있도록 가르쳐주는 것,[47] 학문 분야 간의 소통의 도모[48] 등이 중심 과제로 부각된다.[49] 이러한 탐구의 수사학을 언어에 대한 일반의미론적 전제들을 유념하여 살피면, 학문적 담론에서 그 설득이 어떻게 이루어지고 있는지, 그 유형과 양상이 어떠한지 보다 잘 이해할 수 있게 될 것이다. 브르통(1996 : 5)은 설득이 '조작', '선전', '유혹', '논증', '증명' 등 다양한 형태로 나타날 수 있다고 보는데, 학문적 설득을 일상적 설득과 비교하여 관찰하는 것도 흥미있는 작업이 될 것이다.

크로스화이트(2001 : 214-223)는 논리학의 관점에서의 타당성 개념은 논리적인 형식으로 설명될 수 있으나,[50] '이성의 수사학'에서의 논증적 설득력의

---

46 Simons(1990a : vii) : "존 넬슨이 탐구의 수사학이라 명명한 것은 이 책에서 진화생물학에서 대화 분석에 이르기까지, 마키아벨리에서 MOVE 리포트에 이르기까지 걸쳐 있는 분야들 안에서와 그 분야들 사이에서 이슈들을 제기하는 학문적 방식을 제공한다. 이 이슈들의 공통분모는 이들이 형식적 증명들에 의한 해결이 마땅치가 않다는 것이다. 하지만 이는 이들이 현명하고 명료하게 제기될 수 없음을 뜻하는 것은 아니다."

47 Simons(1990a : ix) : "수사학 이론이 경쟁적인 가치들이나 처방들 혹은 지적 주장들 사이에서 판단 내리는 방법에 대해 어떻게 우리를 가르쳐줄 수 있는가? 이것이 필자 생각에는 새로운 탐구의 수사학 운동의 핵심 문제이고, 아마도 이 책의 중심 문제이기도 할 것이다."

48 Nelson/Megill(1986 : 35) : "학문 분야들 사이의 커뮤니케이션이 탐구의 수사학의 중심 문제이다. 〔…〕 하지만 탐구의 수사학은 학문 분야들을 넘어 다른 청중, 시도들과의 커뮤니케이션도 포괄해야 할 것이다."

49 Nelson/Megill(1986 : 32-33) : "탐구의 수사학이 학문의 다양한 부분들의 학자들 사이에 지속적 커뮤니케이션 패턴이라는 의미에서 학제적 영역이 되어가고 있으나, 탐구의 수사학의 보다 큰 목표는 모든 영역에서 학문 연구의 통상적 부분이 되는 것이다."

50 명제들 사이의 어떤 형식적 관계들이 전제를 결론으로 이끌고 감으로써 타당성이 성립된다.

일반적인 척도는 그 논증이 동의를 얻고자 목표로 삼는 청중이라고 말한다. 그는 또한 단순한 '효과적 논증'과 '타당한 논증'을 구분하면서, 전자는 '특정 청중에게만 성공을 거두는 논증'이고, 후자는 '보편 청중의 동의를 얻는 논증'이라고 말한다. 그에 의하면, '오류 논증'은 '보편 청중'을 설득하는 것처럼 보이면서도 실은 '특정 청중'만을 설득하는 논증이다. '수사학적 관점에서 보편성은 항상 정도의 문제이며, 또한 항상 특정한 논증적 상황과 관련'되기 때문에 유의해야 한다는 것이 그의 조언이다.

크로스화이트(2001 : 255)는 어떤 것이 논증의 대상이 된다는 것은 의심의 여지가 있다는 것이고,[51] '논증 행위의 존재 이유'는 '갈등 해결'이라고 말한다. 모순은 갈등의 극단적 경우인데, 그는 이 모순을 '발견의 강력한 조력자'로 보며, '우리가 모순에 이르는 추론을 할 때 우리는 문제가 되는 진정한 요점, 즉 진정한 문제를 가진 것일 뿐만 아니라 발견의 동력, 즉 살아 있는 갈등을 가진 셈'(p. 336)이라고 천명한다. 그는 또한, 앞서도 언급했지만, '어떤 의미에서 근본적인 발견은 기존의 확립된 의견에 동의하지 않는 '낯선 청중'을 상상하는 것을 요구한다'라고 말한다.[52] '논증 행위'를 '좋은 탐구 방식'으로 보는 저자는 '논증 행위를 수정하는 것이, 즉 그것을 어떤 면에서 덜 논증적으로 만드는 것이 또한 탐구 및 새로운 것의 발견을 가능케' 한다는 귀띔도 한다(p. 341).[53]

---

51 크로스화이트(2001 : 253) : "우리는 의심의 여지가 없는 단언에 대하여 논증하지 않는다. 〔…〕 무엇인가에 대해 논증한다는 것은 이미 그것의 질문 가능성에 관하여 판단을 내렸다는 것을 의미한다."

52 크로스화이트(2001 : 332-333) : "발견과 발명이 종종 그 자신이 낯선 청중이 된 개인들이나 그 자신을 낯선 청중으로 상상할 수 있는 개인들에 의하여 촉진되는 것 또한 사실이다."

53 크로스화이트(2001 : 334-338) : "탐구에 논증 행위를 이용하는 한 가지 방식은 갈등의 초점을 수정하는 것이다" ; "논증 행위의 역학을 탐구를 위해 변형시키는 또 다른 방법은 언어 행위와 대담자의 성격에 변화를 주는 것이다. 〔…〕 대담자는 또한 동료

'일반적인 논증'에 대해 주목해야 할 첫 번째 것으로 저자가 지적하는 것은 그것이 '추상적인 명제가 아니라 담화 행위의 문제'라는 것이다. '명제는 논증이 되기 위해 단언되어야', 즉 '하나의 주장이 되어야 한다'는 것이다(p. 56). 그리고 '논증은 그 자체가 의사소통적 과정이며 담화 행위에 의해 구성되기 때문에, 사회적 합의라는 복잡한 배경의 관점을 벗어나서는 이해될 수 없다'고 그는 강조한다. 학문적 논증에서도 음미해 보아야 할 대목은 '논증 행위는 많은 종류의 깊은 동의에 기초할 때에만 가능하다'는 점이다. '우리가 만일 어떤 논증에 있어서 참여자와 이러한 이해를 공유하지 않거나 그들이 작용하는 것을 인식하지 못한다면, 우리는 논증으로서 논증을 경험할 수 없다'는 것이다(pp. 53-54). 더구나, '학문적 논증 불능'[54]의 문제들도 있을 수 있다는 점을 우리는 겸허히 받아들여야 할 것이다.[55]

주장자가 될 수 있다. 즉 주장에 도전하는 대신에 대담자는 그 주장의 범위를 확장하거나 그것을 새로운 방식으로 응용하거나, 혹은 그 귀결을 탐색하거나, 혹은 그것을 해명할 수 있다. 대담자는 주장자에게 힘을 주는 역할을 하여 주장의 형성과 전개를 돕고, 비슷한 주장을 찾아내거나 이 주장을 어떤 주장들의 체계와 어떤 식으로든 연결시킬 수 있다. 이러한 추론은 여전히 일종의 질문과 대답이긴 하지만, 그 목표는 어떤 주장의 정당화가 아니라 다양한 주장을 탐색하고 전개하는 것이다."

54 크로스화이트(2003 : 27-28) : "어떤 종류의 자명함이나 확실성도 있을 수 없는 바로 이러한 논증 불능의 경험이야말로 확실성에 대한 기대나 형식적인 논증 가능성의 밖에서 이성을 이해해야 할 필요성을 낳는다. 이것은 마치 해체가 이성에 관한 실용주의적 수사학을 가능케 하고 또한 필수적이게 만든, 근거의 부재를 제공한 것과 같다. 이성의 수사학은 이러한 상황에서 도대체 어떻게 우리가 선택에 대한 책임을 떠맡는 것이 가능한지를 탐색하는 이론이다."

55 조성택(2003 : 164-165) : "무아와 윤회의 양립 가능성 혹은 모순 관계는 (철학적으로) '논증'될 수 있는 성질의 것이 아니다. 우선 '불교 내의 관점'에서 무아와 윤회는 모순되지 않는다. 〔…〕 그러나 윤회와 무아가 모순 없이 양립된다고 하는 것은 어디까지나 '불교 안'의 관점일 뿐 불교의 안과 밖이 다 같이 수긍할 수 있는 관점은 아니다. '불교 밖'의 관점에서 볼 때 무아와 윤회의 양립 가능성은 아예 성립조차 할 수 없다.

넬슨 등(2003a : 14)은 우리가 아직도 '하나의 확실하고 유일한 그리고 자연스럽고 합리적인 질서에 대한 환상'을 가지고 있다는 지적을 하는데, 우리의 인문학자들도 혹 이러한 '환상'에 여전히 붙잡혀 있는 것은 아닌지 되돌아볼 필요가 있다. 이를 위해, 다른 여러 방법 중에서, 인문학의 '수사학적 전환'의 한 모습이라 할 수 있는[56] '탐구의 수사학'을 시도할 수도 있고, 기타 다양한 '수사학적 탐구들'을 경험해 볼 수도 있을 것이다. 수사가 담론 내재적 성격의 것이라 해도, 대부분의 '탐구의 수사학자'들이 권유하듯, '학문이 수사(학)에서 벗어날 길은 없다'는 '수사학 만능적인 태도'를 취하기보다는,[57] 우선적으로 다양한 수사학 방법들을 구체적 분야, 구체적 상황에서 실제적 문제들의 해결에 적극 활용하는 것이 보다 바람직할 것이다.[58]

5. 에필로그

화이트(2003 : 426-427)는 '고도로 확장된 의미에서의 수사학은 그를 통해 다른 학문들이 규정되고 조직되고 판단될 수 있으며, 우리가 그토록 오래도록 갈구해 왔던 중심 학문—'과학'은 그렇게 될 수 없음이 판명되었다—이 될 수도

우선, 윤회의 문제와 관련하여, 불교 밖의 입장에서 볼 때 윤회의 사실 문제는 논증되지 않는다. 다음으로 무아에 있어서는, 본론에서 언급하겠지만 무아에 대한 궁극적 논증은 '깨달음'의 경험에 관한 것이기 때문에 이 또한 논증의 대상이 될 수 없다. 따라서 무아와 윤회의 관계는 철학적으로 논증될 성질의 것이 아니다."

56 Gaonkar(1990), p. 352 참고.

57 Simons(1989 : 16) : "여기서 마고리스가 견지하는 것은—다른 기고자들도 확언하는 것이지만—수사학으로부터의 탈출구는 없다는 것이다."

58 Gaonkar(1990 : 360) 같은 학자는 수사학이 다양한 학문적 담론들의 불가피한 구성요소라는 것은 부정하지 않으면서도, 수사학이 과연 매개적 역할을 벗어난 '분야적 적법성'을 갖는가 하는 문제에 대해서는 유보적 태도를 취한다.

있다'는 기대를 표명한 바 있는데, 그 기대의 실현 여부는 현재로서 상당히 불투명하나,[59] 수사학의 실천과 교육이 본질적으로 '자기반성적'이라는 그의 지적에는 충분히 공감한다(p. 431). 수사학적 탐구가 인문학, 나아가 사회과학을 위한 하나의 새로운 탐구 방법으로 대두되면서, 우리가 유의해야 할 것은 이 '방법론'이 예전의 일원론적 '형식논리학'적 방법론처럼 획일적인 것이 되지 않도록 부단히 '자기반성'을 해야 한다는 것이다. '방법론은 죽었다—수사학 만세!Method is dead—Long live Rhetoric!'식의 새 얼굴의 '방법론'을 내세우지 않도록 유의해야 한다는 것이다.[60] 인문학자들 역시 자신들의 역할이 '진리 탐구'라기보다, 보다 겸손하게, '문제 제기'이고 '갈등 해결'이라 생각해야 하지 않을까?

김헌(2004 : 164-166)은 '수사修辭'를 《주역》에서의 의미를 좇아 이해한다면, '수사'란 단순하게 말을 수식하고 장식하는 차원을 넘어 진리를 터득하기 위해 마음의 본질을 알 수 있도록 전인격적인 차원에서 '말을 닦는' 일이 된다고 풀이한 바 있다.[61] 이러한 의미의 수사학은 '언어 구사 기술은 진지한 설득의 중요성을 아는 사람에게는 의미 있는 삶을 사는 일과 직결되는 기술'이라는 이태수(2003 : 104)의 지적이나, 이기상(2003)이 말하는 '동양적 학문의 독특함'과도 상통한다.[62] 적어도 우리의 인문학의 수사학은, 그것이 넬슨 등(2003)

---

59 Keith/Cherwitz(1989 : 207)는 사이몬스가 수사학이 '모든 탐구의 중심 혹은 정초'가 될 수 있을 것이라는 제안을 했다고 하는데, 이는, 보다 정확히는 화이트(2003)가 제시한 가능성이고, 사이몬스는, 보다 조심스럽게, 탐구의 수사학이 다른 분야들의 동료들에게 제공할 것이 상당히 많을 것이라는 기대를 나타내는 데 그치고 있다. 그의 바람은 탐구의 수사학이 '학문 수사학'의 발전에 크게 기여하는 것이라고 말하는 것이 보다 정확할 것이다.

60 Lyne(1985), p. 65 참고.

61 김헌(2004 : 165-166) : "더 깊게 보면 말을 이루는 생각을 정성껏 올바로 세우는 것이요, 생각을 다듬어내는 성품을 바르게 하는 것이다. 마침내 수사는 생각과 성품에 어울리는 고상하고 아름다운, 우아하고 힘 있는 언어 행위를 지향하는 것이 된다."

이 말하는 '탐구의 수사학'이 되건 혹은 다른 어떤 '수사학적 탐구'가 되건, '수사학'을 지향하는 것이 일단 필요할 것이다.[63] 그러면서도 수사학 자체는 끊임없이 쇄신되고 재발견되어야 한다.[64] 그렇지 않다면 수사학은 그것이 어떠한 수사학이건 다시금 '줄어든 수사학', '좁아든 수사학'이 될 수밖에 없다. 수사학의 '탐구'는 이론과 실천을 포괄하는 일반적이며 총체적 의미의 수사학을 지향해야 할 인문학자, 사회과학자들에게는 '일종의 시시포스의 바위'일 수밖에 없다.[65]

---

62 이기상(2003 : 252) : "'배워 묻기〔묻고 배우기〕'는 동양의 학문이 가지고 있는 독특함이다. 우리는 끊임없이 묻고 배운다. 우리에게 '배운다'는 의미 안에는, 배워서 아는 것을 삶 속에 실천한다는 뜻이 담겨 있다. 동양 전통에서는 이론과 실천을 따로 떼어놓고 생각하지 않았다. 실천으로서의 몸의 수양, 즉 몸살이에서 자신의 몸을 닦아 맘살이, 얼살이까지 이어나가는 길을 닦는 것이 자기 수양의 길이다. 자기 자신을 비우고 나누는 것 역시 끊임없는 자기 수양이다. 즉 닦음이다."

63 김헌(2004 : 167) : "더 나아가 우리가 인문학을 말할 때, 그 인문학이 궁극적으로 지향하는 것 가운데 하나가 군자 또는 bonus vir와 같은 훌륭한 인간의 양성이며 인문학이 가장 구체적으로 생산하는 것이 인간의 언행, 언표에서 확인된다면, 인문학은 이와 같은 '수사'의 이념을 지향하는 학문에 다름 아니다."

64 Simons(2003 : 8) : "다른 학문 전통에서와 마찬가지로, 분야로서의 수사학에는 부단한 쇄신과 재창조가 필요하다. 이에는 다시 새로운 종류의 텍스트, 변화하는 맥락들에 대한 수사학적 감수성과 더불어, 옛 용어들과 이들의 예전의 이해들을 새로운, 보다 유용한 이해들을 위해 포기할 용의가 필요할 것이다."

65 페르노(2004 : 32) : "이렇게 수사학은 어제보다 오늘, 더 잘 알려져 있고, 또 인정되고 있습니다. 하지만 어떠한 자기만족도 경계해야 합니다. 불신이 존속하고 있으며, 의심할 바 없이 계속 존속할 것이기 때문입니다. 수사학의 복권復權은 형편상 어쩔 수 없이, 끊임없이 다시 시작해야 합니다. 말의 조작 능력이 피할 수 없이 깨어나게 하는 걱정들에 대해서 대응하길 원하는 사람들에게 그것은 일종의 시시포스의 바위와 같은 것입니다."

제7장

한국의 수사학 전통

1. 서언

한국에 수사학 전통이 있는가? 적어도 2천5백여 년을 거슬러 올라간다는 서양 수사학에 비해 동양 수사학, 특히 한국의 '수사학'은 일견 무척 초라해 보인다. 한국의 '수사학'을 말하는 사람이라도 '수사학 전통'을 말할 수 있는가 의문을 품는 사람도 적지 않을 것이고, '수사학 전통'을 말하더라도 '개화기' 이전으로 거슬러 올라가기는 어렵다는 견해도 있는 것으로 보인다. 말하자면, 한국의 '수사학'도, 여타 근대 학문들과 마찬가지로, 일본에서 수입된 것이라는 시각이다.[1] 또 하나의 시각은 우리에게도 수사학의 상당한 전통이 있다고 보는 것인데, 이 시각은 그 주장자들이 없지는 않아도 드문 것으로 생각된다.

그러나, 최근의 수사학 연구 성과들을 바탕으로 '수사학'을 보다 포괄적으로

---

1 고대 그리스의 독특한 언어 소통 방식의 한 기술을 뜻했던 '레토리케'가 19세기 말 일본어에서 '수사학', '미사학'으로 번역되었던 것은 그 당시의 '줄어든 수사학'과 무관하지 않은 것으로 보인다.

이해하여 동서양의 '수사학'을 적어도 상당 부분 아우를 수 있는 수사학의 새로운 정의로부터 출발한다면, 비교수사학적인 관점에서 우리의 '수사학 전통'을 새롭게 이해하고 해석할 수 있을 것으로 기대된다. 우리의 이 '수사학 전통' 문제가 본격적으로 제기된 적이 거의 없는 만큼, 이 장에서는 그 접근법으로 기존의 많은 저술들을 전거의 단초들로 적극 활용하는 방식을 택한다. 수많은 자료들을, 그것도 상당 부분을 직접 인용한 것은 자료 정리가 충분치도 온전치도 못한 상태에서 주제의 의미를 다성적으로, 중층적으로 전하고자 한 필자의 의도와 무관하지 않다. 이 장은 시론적 성격의 글일 수밖에 없다.

2. 정의의 문제

한국의 수사학 전통을 말하기 위해서는 비교수사학적으로 접근하는 것이 바람직하고, 그러자면 그 비교를 위한 토대가 마련되어야 하는데, 수사학의 새로운 정의나 해석, 기존 정의의 확장 등이 그 토대가 될 수 있다. 동서양의 비교수사학의 관점에는 크게 두 갈래가 있을 것이다. 하나는 동서양의 수사학이 별다를 것이 없다고 보아, 발달된 서양 수사학의 틀에 동양 수사학을 맞추는 것이고, 다른 하나는 양자를—적어도 부분적으로는—아우를 수 있는 새로운 비교수사학적인 틀을 마련하는 것이다. 첫 번째 관점은 비교수사학적이기는 하나 일방적 적용이 되기 쉽다. 따라서 두 번째가 한국의 수사학 전통을 고찰하는 보다 나은 관점이 될 것이다.

2.1. 고전수사학

앞에서도 보았듯이, 김헌(2004 : 154-164)에게는 '레토리케'가 일종의 고유명사이다. 고대 그리스의 독특한 언어 소통 방식의 한 기술인 이 '레토리케' 는 로마 시대의 '레토리카'까지 확산하더라도, 그리스와 로마의 여러 분야 연설가들에 의해 형성된 '의사소통의 기술을 지칭하는 일종의 고유명사'로 보아야 한다는 것이다. 하지만, 이 '레토리케'의 번역어로 흔히 쓰이는 '수사학'을 '모든 주제에 관하여 설득을 목적으로, 언어를 다듬어 생각을 분명하고 참신하게 전달할 수 있도록 담론을 구성하고 표현할 수 있는 능력, 기술 또는 학문'이라고 재정의한다면, '수사학'은 충분히 '레토리케'라 할 수 있다는 것이 그의 견해이다.

그런데, 널리 인정되고 있던 '설득하는' 힘, 능력 혹은 기술로서의 수사학을 퀸틸리아누스가 '말 잘함의(말 잘함에 관한) 지식'의 수사학으로 확장시킨 것에는, 즉 '설득하다'를 '말하다'로 대체한 데에는 '잠재적으로 모든 형태의 담화들에, 그 목적이나 효과가 무엇이든 상관없이, 수사학을 확장시켜 그 영토를 넓히려는 노림수가 있'으며, '잘 말하다'의 '잘'이라는 부사에는 '의도된 애매성'에 기인하는 '담화의 문법적 정확성, 미학적인 아름다움, 도덕적 가치와 실천적인 유효성'의 의미가 포괄되어 있다고 페르노(2004 : 25)는 지적한다. 그는 이러한 정의가 '레토릭'에 대한 '가장 일반적이며 가장 총체적'인 정의인데, '용어상의 표류가 여러 혼동의 원인이 되고 있는 이상, 애매성을 제거하는 일이 중요'하며, '최상의 방책'은 수사학을 '담화의 이론과 실천을 동시'에 '포괄하는 전체적인 외연 속에서' 고려하는 것이라고 조언한다. 이때의 '전체적인 외연'은 "논문, 편람, 추상적 논의들과 연설 형식의 작문, 대중 연설, 변론, 찬사 등"(p. 26)이 포괄된다는 것을 뜻한다.

2.2. 닦음의 수사학

문제는 '말 잘함의(말 잘함에 관한) 지식'으로서의 수사학이 김현(2004 : 165)이 말하는 '말을 닦는 일'도 충분히 포함하는가 하는 것이다. 김현이 말하는 수사修辭는 사실 '도를 닦듯(修道), 정신을 닦듯(修練), 품성과 지덕을 닦듯(修養), 학문을 닦듯(修學), 불법을 닦듯(修行), 닦는다는 의미'로 '수사'의 '수修'를 이해하는 것이고, 그래서 수사를 '단순하게 말을 수식하고 장식하는 차원을 넘어 진리를 터득하기 위해 마음의 본질을 알 수 있도록 전인격적인 차원에서 '말을 닦는' 일로 폭넓게 이해하는 것이니,[2] 단순히 '말을 꾸미는 일'의 범주를 넘어선다. 이러한 '말을 닦는 일', 나아가 '말과 글을 닦는 일'이라는 정의는, 일단 내포적으로는 페르노가 말하는 수사학의 '가장 일반적이며 가장 총체적'인 정의에 포함된다고 볼 수 있으나, 이 내포적 정의만으로는 문제의 외연적 확산이—서구적인 안목으로는—잘 짐작이 되지 않을 것이다.

이는 한편으로는 위에서 말한 '잘'이라는 부사의 의미의 외연을 더욱 넓히는 것이지만, 다른 한편으로는 수사의 목적이, 청중 혹은 독자가 '설득이 되도록'이라는 것과 배타적은 아니지만, '진리가 터득되도록 혹은 발현되도록', '도道가 드러나도록', '말이나 글이 생각과 잘 일치하도록 혹은 잘 반영하도록' 등으로 보다 다양해지는 것을 허용하는 것이기도 한데, 이러한 목적의 다양화 혹은 다변화는 서양 수사학사의 한 모습이기도 하다.[3] 그리고 위에서 '수행' 차원에서 정의된 것으로 보이는 '수사'를 '소통' 차원으로 확대 해석할 필요도 있다. 즉, '닦음'을 정신과 관련된 수행에 국한시키지 말고 소통 차원도 폭넓게 아우르는 개념으로 이해하자는 것이다. 이러한 '닦음', 보다 넓게는 '갈고 닦고 다듬는 일'과 밀접하게 관련되는 수사학은 '닦음의 수사학'이라 부를 수 있을 것인데, 이는 포괄적으로 '설득을 비롯한 다양한 목적을 위한 말이나 글을 잘 하는 기술, 방법이나 이론'으로 정의할 수 있는, 이론과 실천을 아우르는 '일반화된 수사

---

2 이렇게 '동양적인 선비 정신과 학문의 정신, 인문학의 정신이 들어'가는 '수사'의 이념을 지향하는 학문으로 수사학이 성립된다면, 서구적 개념의 '레토리케'를 넘어 '인간과 관련된 전 영역으로 넘쳐나며, 레토리케를 중심으로 이해될 수 있는 서구적 인문학의 전통과 동양적 학문 정신을 아우르며 한 차원 상승한 포괄적인 시각의 학문으로서의 수사학을 그려볼 수 있을 것'이라는 것이 김헌의 기대이다(2004 : 166-167).

3 Meyer(1993), 페르노(2004) 참고.

학'인 '소통의 수사학'의 하나의 탐구의 전망이다.

이러한 '닦음의 수사학'은 리처드(2001 : 23-24)의 '신수사학'에서 얻을 바가 적지 않다. 그는 '설득은 담론의 목적 중 단 하나일 뿐'이라고 본다. '부활된 수사학'은 '옛날의 수사학처럼 거시적으로 담론의 큰 부분들의 다양한 배열의 효과를 논할 뿐만 아니라 미시적으로 의미의 근본적인 추측 단위들의 구조와 그 단위들 및 그 단위들의 상호 관계가 발생하게 되는 조건들에 관한 공리를 사용함으로써 의미의 양식에 관한 자체적인 탐구를 수행해야' 한다는 것이다. 그가 역설한 것은 '말의 이해와 오해에 대한 연구' 혹은 '오해와 그 치료[4]에 관한 연구'를 목적으로 하는 '신수사학'의 필요성이다.[5] 리처드의 '신수사학'은, 설득을 목적으로 삼았던 아리스토텔레스 이래의 '옛 수사학'이 '논쟁dispute'의 산물이었고, '말의 전쟁 이론'이었으며, '전투적 충동에 의해 항상 지배되었다'고 비판하면서도, 이 '설득 수사학'을 배제하지 않는다는 점에서는 포괄적이지만,[6] 그 지향은 주로 '미시적'이다. '닦음의 수사학'에서도 이러한 미시적 지향성은 필요하다.

수사적 '닦음'의 미시적 지향에는 크게 두 경우가 있을 수 있는데, 그 하나는 소통의 도구 자체를 '만드는' 과정의 경우이고, 다른 하나는 기존의 소통의 도구를 어떤 목적을 위해 더 잘 사용할 수 있도록 '닦는' 경우인데, 경우에 따라서는 양자가 혼융될 수도 있을 것이다. 한글의 '창제'와 같은 '만듦'의 경우는 첫 번째

---

4 리처드의 번역에서는 '치유'라는 표현을 쓰고 있으나, '치료'는 의사가 하지만 '치유'는 환자 스스로 하는 것이라는 새로운 현대 의학적 이해를 고려한다면 '치료'라는 번역이 적절할 것으로 생각된다.

5 Brown(1992), Foss/Foss/Trapp(1991 : 27-53) 참고.

6 박우수는 〈역자 서문〉에서 '리처드의 새로운 수사학은 의미의 연구와 오해의 치료에 관심을 집중하기 때문에 설득을 목표로 하는 아리스토텔레스의 수사학보다 그 범위가 훨씬 넓다'고 지적한다.

경우일 것이나, 개화기의 국문체나 국한문체 같은 '문체 실험'은 후자적 성격이 상당히 강하다. 생각을 '온전하게' 혹은 '효과적으로' 전할 수 있는 틀 자체가 결여되어 있어 글의 틀 자체를 '개발'하고자 하는 것이나, 누구를 대상으로 하여 어떤 내용을 설득할 것이냐에 따라 문체 선택이 달라질 수 있다는 것은 문체 개발이나 실험이 '닦음의 수사학'적 문제임을 말해 주는 것이다. '언해류, 고대소설, 가사, 시조, 서간류 등을 통하여 언문일치로 나아갈 토양을 걸게 일구어'(김승렬, 1991 : 62) 온 우리의 전통도 '수사학적 닦음'의 전통이고, 그러한 바탕 위에서 다양한 수사적 전략을 구사하며, '한글로 쓰여진 국어의 문장이 장차 본격적으로 발전할 수 있는 기틀을 마련'한 근대계몽기의 국어 '쇄신'(김광해, 1996 : 128)이라는 '닦음'의 과정도 하나의 수사학적 닦음의 과정으로 볼 수 있다.

이렇게, 기존의 소통의 도구를 설득력 있게 활용하는 것뿐 아니라, 그러한 도구 혹은 도구적 틀을 구축하기 위한 '닦음', 나아가 설득력 등의 효과를 높이기 위한 '닦음'도 수사학적 '닦음'으로 보게 되면, 번역을 통한 언어의 형성이나 연마의 문제, 적어도 그 주요한 일정 부분을 '닦음의 수사학'에서 배제해야 할 타당한 이유를 발견하기 어렵게 된다. 사실, 한국어의 형성에 크게 기여한 중세 이래의 언해문의 번역 전통이나, 개화기의 성경 번역과 문학작품들의 번역 · 번안도 그 주요 부분은 수사학적 연마 과정들로 이해되어야 할 것이다. 번역이나 번안을 통한 언어의 미시적인 '닦음'은 서양의 여러 언어에서도 쉽게 찾아볼 수 있는 것으로서,[7] 성경 번역에서는 M. 루터(독어), W. 틴데일(영어)이 탁월

---

7 Oustinoff(2003 : 30) : "시초에는 철학텍스트나 문학텍스트의 영역에서 비교할 만한 것이 없었으나, 그리스어 문헌들의 라틴어로의 대량의 번역 시도로 인해 로마에서 그 모델에 버금가는, 나아가 그 모델을 넘어서는 한 언어의 탄생으로 이어지게 되고, 이 과정은 여러 세기에 걸쳐 진행되어 라틴어가 로마제국 내에서 새로운 지배 언어로

한 업적을 남겼고, 문학작품 번역에서는 《플루타르코스 영웅전》을 옮긴 J. 아미요(프랑스어)의 명성이 높다.[8] 또한, 문체 실험이나 번역을 통한 언어의 형성 과정은 어떠한 사고나 사상이 그 표현에 적합한 틀을 탐색하는 과정이기도 하기에, '닦음의 수사학'은 사고와 표현의 관계와도 깊은 관련이 있다.

2.3. 임상수사학

말과 글을 닦는다는 것이 '진리의 발현'이나 '도의 드러남' 같은 매우 추상적인 정신적인 측면과 관련될 수도 있지만, 이 '닦음'은 어떻게 하면 커뮤니케이션이 잘 이루어질 수 있는가 하는 커뮤니케이션의 구체적 과정과 관련될 수도 있다. 그런데 의학이 건강을 잘 이해하기 위해 병적 현상들을 연구하는 것처럼, 커뮤니케이션 현상을 잘 이해하기 위해 커뮤니케이션이 잘 되지 않는 경우들, 즉 소통 장애의 경우들을 연구할 수도 있다. 커뮤니케이션에서 어떤 문제들이 생기고, 왜 그런 문제들이 생기며, 그 대처 방안은 무엇인가 하는 것을 실제의 예들을 통해 살필 수 있는 것이다. 이는 '닦음의 수사학'이 오해를 비롯한 케뮤니케이션에서의 각종 부조화 현상들을 면밀히 진단하고 그에 대한 적절한 처방과 치료를 꾀하는, 우리가 '임상수사학'이라 부를 수 있는 것과 연계될 수 있음을 뜻한다.

이 '임상수사학'은, 특히 그 처방적 측면의 발전을 위해서는, 리처드의 '신수사학' 외에도, '비전투적 탐구', '태도 변화', '새로운 사고방식' 등을 추구하는 '로저스 수사학Rogerian Rhetoric'[9]과, 이에 상당한 영향을 미친 것으로 보이는 코르지프스키의 '일반의미론'[10]으로부터도 귀중한 도움을 받을 수 있을 것으로 생

등장하게 된다. 이 역할은 중세 전체로, 그 너머에서 지속되게 된다."

8 쓰지 유미(2001), 전성기(2002), Oustinoff(2003 : 33-39) 참고.

9 Young/Becker/Pike(1970), Brent(1991, 1996) 참고.

각된다. 로저스 수사학 관련 글들에서 강조되고 있으며, 메이에르가 말하는 수사학의 정의인 '주어진 문제에 대해 사람들 간의 거리(혹은 사이)에 대한 교섭'에서 '거리'를 좁히는 방안들에 해당된다고 볼 수 있는, '문제 해결',[11] '탐구',[12] '협상',[13] '협력'[14] 등은 수사학적 '닮음'과도 긴밀한 관계가 있는 것으로

---

10 리처드의 '신수사학'은 '일반의미론에 대한 비규제적 등가물'로 간주되기도 할 정도로 '일반의미론'과 관계가 매우 깊어 보인다. 그리고 Young/Becker/Pike가 기술한 '로저스 수사학'도, Brent(1996)에 의하면, 라포포트의 갈등 해결 방식에 의한 일반의미론의 영향을 받은 것이라고 한다. 이들과의 비교 연구는 '임상수사학'의 발전에 중요한 계기가 될 것이다. Kodish(2003) 참고.

11 Teich(1987 : 11) : "로저스의 접근법은 논증과 문제 해결에 대한 중요한 기여이다. 상대들에 대한 승리보다 심리적 여건들과 문제의 맥락에 대한 제어에 맞춰진 그의 초점은 우리 모두가 우리의 개인적 · 공동체적 삶을 보다 낫게 하기 위해 함께 일하도록 도와준다."

12 Thorne(2003 : 4-5) : "메일런드는 설득이 어떤 경우들에서는 논증의 목적이지만, 논증에 다른 중요한 목적, 말하자면 탐구의 목적이 있을 수 있고, 또 그러한 목적이 있음을 우리는 알아야 한다고 단언한다" ; "탐구를 위한 논증은 결과 지향적이기보다는—설득을 위한 논증의 경우가 그러하다—과정 지향적이다. 탐구를 위한 논증은 어떤 한 입장, 토론에서의 어느 한쪽을 더 잘 옹호할 수 있는가보다는 진리 추구에 보다 가치를 부여한다. 탐구를 위한 논증은 보다 시험적인 주장들을 포함하며, 설득을 위한 논증보다 청중의 개입이 보다 더 요구된다. 이는 진행 중인 대화에 참여하려는 화자나 저자 측으로부터의 하나의 시도이다. 탐구를 위한 논증은 로저스 수사학과 동일한 많은 장점들을 공유한다."

13 Thorne(2003) : "로저스 수사학은 문제 해결과 닮은 협상 유형이지만, '외교'의 참여자나 구매자와 판매자 사이에서 보는 협상은 보다 논쟁적이고, 전통적 논증 목적 그리고 설득과 연관되어 있다"(p. 1) ; "칼 로저스는 협상이 적대자들 사이의 경계들에 다리를 놓아 서로를 이해하고 관용하도록 도와줄 수 있다고 믿었다"(p. 3).

14 Brent(1991 : 460) : "그래서 부스에게는, 설득이 상위의 이상에 종속되어야 하지만, 그 이상은 단지 사회적인 협력이 아니라 상호적 탐구이다. 수사는 탐구의 과정을 포함하는 것이 아니다. 수사는 탐구의 과정이고, 우리는 수사에 의하여 우리의 정체성들과 우리의 지식을 발전시킨다."

생각된다. 이들은 '닦음'에 필요한 요소들이 될 수도 있고, '닦음'의 과정들이 될 수도 있다. 이 '닦음'이 넓고 깊어질수록 더욱 고양된 '닦음'으로 나아가게 될 것은 분명하다.

2.4. 신커뮤니케이션학

김헌(2004 : 157)이, '레토리케'를 그리스와 로마 시대의 독특한 '의사소통 기술'로 정의하고 있음은 앞서 본 바 있는데, 이상철(2000 : 164)은 '레토릭'이 '현대 커뮤니케이션 학문의 중요한 토대'라고 말하고 있고, 하병학(2004 : 218)도 '수사학이 의사소통학으로 발전할 때만이 우리 사회의 의사소통의 문제점을 해결할 수 있다'며 수사학에 대해 의사소통학으로의 지향의 필요성을 주장하고 있으며, 넬슨 등(2003a : 23)이 수사학을 '일반적으로 의사소통이란 무엇인지를 동시에 밝혀줄 수 있는 장치가 되어야 한다고 한다'고 지적하고 있다는 사실은 수사학의 현대적 모습이 커뮤니케이션학이라 말해도 큰 무리가 없음을 말해 주는 것이다. 브라운(1992 : 225)이 I. A. 리처드가 '오해에 대한 연구를 현대화하기 위한 시도'로서 '나중에 수사를 커뮤니케이션'이라 불렀다고 지적한 것도 이를 뒷받침하는 또 하나의 자료이다.

오늘날의 다양한 수사학들도 그대로 새로운 의사소통학, 즉 신커뮤니케이션학의 테두리 안에 포괄할 수 있을 것으로 생각된다. 이 포괄적 의미의 '일반화된 수사학', 넓은 의미의 '신커뮤니케이션학'으로서의 수사학에, 고전적인 '설득의 수사학'은 물론, 퀸틸리아누스가 말하는 확장된 수사학, '오해의 진단과 처방'을 목적으로 하는 리처드의 '신수사학', 이를 보다 확대한, 오해 같은 커뮤니케이션의 부조화 현상들을 탐구하는 '임상수사학', 'con-vaincre', 즉 '같이-이기는 것'[15]을 중요하게 생각하는 '로저스 수사학', 학문적 수사학에 초점이 맞추어져 있는 '탐구의 수사학', 그리고 '문체 실험', 번역을 통한 언어의 형성

등을 포괄하는 '닮음의 수사학' 등도 대부분 포함될 수 있을 것이다. 이러한 의미의 '소통의 수사학'은 문제 해결, 협상, 협력 등의 개념과도 불가분의 관계에 있다.

결과 못지않게 과정도 중요하게 고려해야 할 '신커뮤니케이션학'은, 그 목적도 '설득'에서 '닮음'이나 '소통 장애의 진단과 처방' 등으로 다양화 · 다변화되겠지만, 고전수사학에서 중요하게 여겼고, 미셸 메이에르가 여러 저술에서 그 '일체성'을 강조한, 에토스 · 로고스 · 파토스의 세 측면도 고루 탐구해야 할 것이다. 특히, 언어는 '오해의 터'이자 '오해의 도구'라는 라 체클라(2002 : 29, 34)의 지적에 유의하여, '전달transmission'에 치우쳐[16] 지금까지 흔히 소홀히 다루어진 '상호적 커뮤니케이션'[17]의 측면을 면밀히 살펴야 할 것이다. 또한, 그 탐구에서는, 프랑스어에서는 '설득하다convaincre'가 '조작', '선전', '유혹', '논증', '증명' 등 비교적 다양한 의미의 스펙트럼을 가지나(Breton, 1996 : 5), 한국어에서는 '설득'이 비교적 좁은 의미로 해석되는 경향이 큰 것으로 나타나는

15 Teich(1987 : 6) : "로저스 커뮤니케이션의 목표는 '윈/윈'의 결과에 도달하는 것이다. 전통적인 옹호 방식도 이러한 결과를 낳을 수 있지만, 그 토론 수단들은 생각과 느낌들의 진정한 이해나 쌍방이 만족스러운 해결책들을 산출하지 못할 수도 있다. 그래서 전통적인 옹호 방식이 모든 상황에서 적합한 것은 아니다."

16 Judet de la Combe/Wismann(2004) : "담론의 옛 이론이 수사학과 연관시켰던 언어의 실천의 측면은 커뮤니케이션이 이야기될 때 고려되는 유일한 측면인 경우가 흔하다. 마치 단선적 도식에 따라, 송신자와 수신자, 그리고 둘 사이의 전언과 코드가 우선적으로 중요한 것 같다."

17 Bator(1980 : 429) : "아리스토텔레스는 반대에 대한 설득적 제어를 고전수사학의 목표로서 추천하지만, 로저스는 상호적 커뮤니케이션을 조언한다 : '상호적 커뮤니케이션은 사람이나 그룹의 공격에 나서기보다는 문제의 해결 쪽을 지향한다. 이 상호적 커뮤니케이션은 문제가 나뿐 아니라 당신에게 어떻게 보이는지 내게 보이는 상황으로, 그리고 그 문제가 당신에게뿐 아니라 내가 어떻게 보는지 당신에게 보이는 하나의 상황으로 인도한다'."

것과 같은 언어문화적 차이나, 아래에서 지적될 커뮤니케이션에서의 동서양의 문화적 차이 등도 고려가 되어야 할 것이다.[18]

3. 문장론 혹은 글쓰기

3.1. 전통 문장론

말보다는 글에 관심이 모아져 있는 것으로 보이는 우리의 수사학 전통에서 일단 짚고 넘어가야 할 한 대목으로, 한문 시대의 '문장론' 혹은 '글쓰기' 문제를 꼽아야 할 것이다. 구장률(2004 : 112-113)은 '근대적인 문학 개념이 형성되기 이전에 동아시아의 전통에서 글쓰기 방식을 나타내는 말은 문체文體였다'고 말한다. '중국 고대의 대표적인 문학이론서라 여겨지는 유협의 《문심조룡》 이후, 한자문화권에서 문체론은 바로 글쓰기 일반에 관한 이론이었다'는 것이다. 정민(1997 : 150)은 '글쓰기는 옛 선비들의 필수적 교양'이었기에 '자연 고금에 걸쳐 이에 대한 언급이 적지 않다'고 말하는데, 지금도 고전 문장론에 대한 글들은 비교적 쉽게 찾아볼 수 있다.[19]

---

18 오인환(1991 : 20) : "한비자가 군주론이 주를 이루고는 있으나 커뮤니케이션적 관점에서 주목되는 것은 신하가 생사여탈권을 가진 왕이나 군주를 상대로 벌이는 설득 커뮤니케이션이 아닌가 생각된다. 〔…〕 신하들이 군주를 설득함에 있어서 가장 경계해야 할 것은 군주의 오해를 살 가능성이다. 군주가 오해를 하게 되면 설득의 효과는 떨어지게 된다. 군주의 오해는 심할 경우 언설자의 죽음을 가져올 수도 있다는 데 신하 언설자의 가장 큰 어려움이 있다."

19 근자에도 이에 대한 연구가 제일 쉽게 눈에 띈다. 김혈조(1982), 홍우흠(1982), 이종주(1990), 박명희(1996), 염은열(1996), 정민(1997, 1999a, 1999b, 2000, 2001, 2002), 정우봉(1997, 1999), 강혜선(1999), 이세동(1999), 김태준(2000), 조세호(2002), 김우정(2002), 송혁기(2003), 신복호(2003), 정환국(2003), 고미숙(2004), 이종호(2004) 참고.

김태준(2000 : 221)은 우리가 '일찍부터 과거제도[20]를 발전시켜 천년의 역사를 이어 온 한문문화권'이기에 글쓰기는 '학문과 문자 생활의 총화였다고 할 만하다'고 지적한다. 그는 '토론과 수사학의 문화를 중시해 온 서양'에 비해 동아시아의 한문문화권은 '독서와 글쓰기'가 '문명의 특징적 역사를 만들어 왔다'며 동서양의 수사학 전통의 두드러진 차이를 대비시켜 보인다.[21] 김태준(2000 : 221)은 '《문심조룡文心雕龍》과 같은 동양문학론의 고전까지도 문학론으로서보다는 문장론으로 중시해 온 뜻도 이와 무관하지 않다'고 말한다.[22]

'언어에 대한 불신이 강한 동양에서 수사학에 대한 논의'가 '서양에서처럼 그렇게 활발하지는 않았'어도 '서양에 못지않게 동양에서도 수사학은 자못 큰 몫을 맡아 왔다'는 입장을 보이는 김욱동(2002 : 29) 역시 수사학의 문장론적 측면에 주목한다. 그는 《시경》이 '수사학에 관심을 보인 최초의 책이라 할 수 있다'며, 이 책의 '시육의詩六義 또는 육시六詩라고 하는 시적 장치'를 언급한다.[23] 그는 이러한 '중국의 영향을 받아 온 우리나라에서도 수사학은 그동안

---

20 시험으로 관리를 뽑는 제도로서, 중국보다 300년가량 늦은 고려 광종 9년(958년)부터 시행되어 조선 말기까지 지속되었다.

21 이러한 대비는 적어도 교육 문제에 대해서는 상당히 완화되거나 달라져야 할 것으로 보인다. 박우수(2005 : 16-17)는 '고전 아테네의 교육은 말하기와 글쓰기가 분리된 것이 아니라 짝을 이루어 함께하는 과정'이었으며, '대중 지향적인 말하기와 자아 지향적인 글쓰기 사이에서 정교한 균형 상태를 유지하고 있었'다고 말한다. 그는 또한 '웅변의 근본은 글쓰기에 있고, 그 뿌리도 글쓰기에 있다', '글쓰기 훈련을 통해서 힘을 얻지 못한다면 말이란 강한 힘을 지니지 못할 것'이라며 글쓰기의 중요성을 강조한 퀸틸리아누스의 주장을 인용하며, '고전 로마의 글쓰기 교육도 고전 아테네에서와 마찬가지로 수사학과 어깨를 나란히 하고 있'었다고 지적한다.

22 김원중(1994) 참고.

23 김욱동(2002 : 30) : "시육의란 부賦, 비比, 흥興, 풍風, 아雅, 송頌의 여섯 가지 방법을 말한다. 이 가운데에서 처음 세 가지는 오늘날의 수사법에 속하고 나머지 세 가지는 장르 이론에 속한다. 세 가지 두 짝을 이루는 것을 두고 삼경삼위三經三緯라고 부른다.

적잖이 관심을 끌었다'며, 고려 시대 최자[24]와 이인로,[25] 이규보[26]를 '수사학에 관심을 보인 대표적인 학자나 문인'들로 꼽는다.[27]

김욱동은 '수사학에 대한 관심은 조선조 전기의 학자인 성현', 그리고 나아가 '조선 중기에 활약한 사장파詞章派 학자들이나 문인들에게서 좀더 뚜렷이 드러난다'고 말한다. '조광조를 비롯한 도학파에 맞서 이행과 남곤 같은 사람들은 지나치게 성리학에만 의존하는 것을 경계하면서 문장의 아름다움도 중요하다고 역설하였다'는 것이다. 그는 특히 '문장으로 나라도 구한다'고 주장하면서 고려 시대 박인량을 실례로 든 서거정에 주목한다. '요나라가 압록강을 넘어

씨줄과 날줄이 없이는 옷감을 짤 수 없는 것처럼 세 가지 시적 장치가 없으면 시를 지을 수 없다는 것이다."

24 김욱동(2002 : 31) : "《보한집補閑集》에서 최자는 '글이란 도를 밟아나가는 길이기 때문에 도에 맞지 않는 말은 쓰지 않는다. 그러나 기운을 돋우고 생동하게 하여 듣는 사람을 감동시키려고 때로는 험괴한 말을 쓰기도 한다. 하물며 시를 짓는다는 것은 비와 홍과 풍유에 근본함에 있어서랴'고 밝힌다."

25 김욱동(2002 : 31) : "이인로는 유가적 문이재도의 문학관을 지양하여 문학 자체에 좀더 주의를 기울였다. 〔…〕 이 점과 관련하여 그는 '대개 완성된 문장은 해와 달이 하늘을 곱게 하고 구름과 연기가 대공에서 모였다 흩어지는 것 같아서 눈이 있는 사람이라면 보지 않을 수 없고 엄폐할 수 없다'고 밝힌다. 해와 달 그리고 구름이 하늘을 아름답게 수놓는 것처럼 수사학은 말이나 글을 아름답게 꾸민다는 것이다."

26 김욱동(2002 : 31) : "이규보도 시를 쓰는 재능은 배워서 되는 것이 아니라 선천적으로 물려받는 것이라고 주장하면서도 사서삼경이나 제자백가 또는 역사가의 글은 말할 것도 없고 심지어 분서焚書나 도가의 글까지 두루 섭렵하여 모범으로 삼을 것을 권하였다."

27 홍우흠(1982 : 33)도 이규보(1168-1241)의 '문체혁신'에 대해 다음과 같이 설명하고 있다 : "소위 '아홉 가지 마땅하지 못한 문체'가 그것이다. 그 아홉 가지 내용을 다시 간추려 보면, 낡은 고사를 지나치게 인용하지 마라, 남이 쓴 문장의 내용을 표절하여 자기것인 양 위장하지 마라, 무리한 운韻을 써서 의미가 통하지도 아니하는 글을 쓰지 마라, 되지도 아니한 문체를 남이 본받도록 강요하지 말라, 평측 · 대구 등의 격식에 얽매여 고쳐야 할 내용을 못 고치는 일이 있어서는 안 된다 등이다."

와 경계를 삼으려고 하였을 때 참정 자리에 있던 박인량이 아름다운 문장으로 진정표陳情表를 써서 요 임금에게 보냈고, 그것을 받아 본 요 임금은 마침내 고려를 침략할 계획을 포기하였다'는 것이다(pp. 31-32).

신복호(2003 : 13-14)는 '조선조는 유학을 국시로 정하였기 때문에 도문일치道文一致의 주자학적 문학관에서 벗어나지 않았'는데, '도문일치에는 엄격히는 도와 문의 결합형태로 보아 문이재도文以載道와 도본문말道本文末의 입장'이 있다고 한다. '전자는 도와 문의 분리가 전제된 결합이고, 후자는 도와 문이 미분리된 일여연속으로서의 결합'으로, '전자의 경우는 문학의 형식적 측면에 대한 일정한 고려가 허용되는 데 반하여, 후자의 경우는 형식적 측면이 거의 무시되는 차이점이 있다'고 한다. '이러한 구분을 우리나라 한문학사에 적용한다면 대체로 '문자재도지기文者載道之器라는 정도전의 공식 표명이 나오기 전후의 주자학 수용 초기에서 16세기 초 사림파 대두 전까지가 전자에 해당함직하고, 주자학이 토착 개화한 사림파 주도기가 후자에 해당'된다고 한다. 그런데 '사림파 대두를 고비로 도道가 보다 내재화되면서 주자학적 도문일치관道文一致觀이 한층 강화된 형태로 표방되었'다는 것이다.[28]

그러나 문장론사에는 이와 다른 견해들도 보인다. 김철범(2003 : 254-259)은 '이조 사대부들의 전통적인 문학관은 '이도위문以道爲文'인데, 이하곤(1677-1724)은 '도道' 대신 '식識'을 설정하였다고 한다. 이하곤은 '먼저 제자諸子의 문장이 인의仁義와 중도中道의 도道는 모자라도 문학적 서술에서는 자득自得의 경지를 이룬 것이 많다는 사실을 인정하였'으며, '도道는 문학을 통해 지켜져야 할

28 신복호(2003 : 23) : "서명응은 문이재도文以載道 또는 도본문말道本文末의 보수적 문장론을 견지하면서도 이것과는 현격한 차이를 드러내고 있는데, 서명응의 도道와 문文의 관계에 대한 인식은 도문융합론道文融合論으로 개념화된다. 또한, 서명응은 문장에 있어서 표격을 중요시하고, 문장의 법술을 강조한다."

본질적인 것일 뿐, 정작 문학은 학문을 통해 갖추어지는 '식識'-식견識見을 토대로 이루어진다는 견해'를 가졌다고 한다. 김철범은 조구명(1693-1737)이 이른바 '도문분리론道文分離論'을 제기하였는데, 그가 문학을 논할 때 '도道'를 언급하지 않고 대신 '의意'를 작문의 가장 중요한 요결로 제시한 것은 바로 '싸움의 승리가 병법에 있는 것이 아니라 전술에 있듯이, 문학의 완성도 법에 의해 이루어지는 것이 아니라 전술인 의意에 달려 있음을 말한 것'이라고 한다.

김철범은 조구명이 '이처럼 도道를 말하지 않고 '의意'를 거론한 것은 우주와 사물의 원리가 문학을 주관하는 것으로 본 것이 아니라, 작가를 창작 주체로 그리고 그의 인식을 창작의 정신으로 설정한 것'이라고 설명한다. 김매순(1776-1840)도 '도본문말道本文末의 전통적 문학관을 은근히 부정하고, 도와 문 즉 경술과 문장이 결합된 경술문장을 추구'하였는데, 그 관건은 '견식見識'에 있었다고 한다. '진품眞品, 경술經術과 정맥正脈 문장文章의 겸비'가 되어야 '옳은 견식'을 얻을 수 있다고 본 김매순은 이를 갖추는 방법으로 '세심한 독서와 사실에 근거한 성찰을 제시'하였다고 하는데, 이는 오늘날의 학문적 글쓰기에 대해서도 시사하는 바 크다.

박수밀(2005 : 405-412)은 18세기 '새로운 글쓰기를 시도한 이들의 대응 논리'에 대해, 이들을 '들여다보면 어떻게 글을 쓸 것인가의 문제와도 관련된다'며 그 양상들을 살피고 있다. 연암이 '숲 속의 새마다 소리가 다르듯 사람의 감정도 전부 다르'므로 '같은 투식으로 쓰는 글쓰기는 감정이 죽은 글에 불과하다'는 '방어 논리'를 폈듯이, '신문체를 구사한 문인들은 쏟아지는 비난에 대해 모두 한결같이 사람마다 다양한 스타일이 있고 글마다 상황에 맞는 문체가 있음을 근거로 내세'웠다고 그는 말한다.[29] 특히 의미있게 생각되는 것은 '신문

29 박수밀(2005 : 410-411) : "글쓰기에서 작가의 고유한 색깔, 즉 개성적 문체를 옹호하는 관점이다. 기존의 글쓰기에서는 정해진 투식에 맞춰 글을 쓸 것을 요구했으나 새로

체를 구사한 작가들에겐 형식과 내용은 서로 분리될 수 없는 성격의 것이었다'는 그의 지적이다. 그들에겐 '어휘가 전아하냐 속되냐가 중요한 것이 아니라 어휘를 얼마나 적실하게 배치하느냐, 얼마나 진실하게 다루느냐의 문제가 중요했다'는 것이다. 그는 '시대의 차이를 인정하고 변화된 현실에 맞는 글을 써야 한다는 주장은 비단 연암뿐 아니라 그 당시 새로운 문체를 구사했던 문인들의 공통된 주장이었다'고 말하는데, 이 주장은 오늘날의 글쓰기에도 여전히 유효하다.

3.2. 정법과 활법

정민(2001a : 56-59)은 '옛 문장이론 속에는 글쓰기의 기술에 해당하는 수사적 방법들에 대한 논의'가 적지 않다고 지적한다. '이른바 편장자구篇章字句[30]를 구성하는 원리인 이른바 정법定法에 대한 언급이 풍부'하다는 것인데, 그러나 '정

운 글쓰기를 옹호한 작가들은 사람마다 갖추어 있는 고유한 본성과 색깔을 강조했다. 연암체니 검서체니 김려체니 하는 용어들은 이전에는 들을 수 없던 새로운 일컬음이다. 문장의 도는 한 가지로 일괄해서 말할 수 없으므로 자신만의 스타일을 갖추라는 주장은 글쓰기에서 그 사람만의 독특한 문체를 적극적으로 인정하는 발언이라 하겠다."

30 정민(2000 : 17-21)은 문장에는 한 편을 통괄하는 원리인 편법이 있고, 단락을 구성하는 장법이 있으며, 문장과 어휘를 단련하는 구법과 자법이 있다고 말한다. 편법은 문장 전체의 구성을 말한다. '입주뇌立主腦', 즉 주제를 세우고, 이를 효과적으로 공략하기 위해 글의 얼개를 짜는 과정이 여기에 해당한다고 한다. 장법章法이란 각 단락 단위의 전개 방법을 말하는데, 다만 이때 기승전결과 같은 큰 의미단위의 장章이 있고, 형식단락 단위의 장이 있을 수 있다고 한다. 구법句法은 장보다 하위 개념인 각 문장 단위의 전개법을 말하는데, 앞서 편장篇章의 법法이 문장의 큰 골격에 해당하는 것이었다면, 구법은 각 문장 또는 문장의 연결에서 드러나는 수사의 묘에 관심을 둔다고 한다. 마지막으로 자법字法은 한 문장 안에서 글자의 쓰임과 관계되는 글자 단위의 표현법을 말하는 것이다.

법은 그 자체가 목적일 수는 없고, 주어지는 상황에서 변화에 응하여 적용하는 능력인 활법活法의 획득에 작문 교육의 목표가 두어졌다'고 한다. '정법이 기승전결의 구성과 같은 정형화된 것이라면, 활법은 한 편의 글에 질서와 힘을 부여해 주는 뼈대와도 같은 것'이라고 정민은 설명한다. '법을 수사적 형식과 같은 정법定法에서 찾지 않고, 정신의 원리인 활법活法에서 찾으려 한 것은 동양 고전 수사학에 커다란 영향을 미쳤다'는 것이 그의 견해이다.

보다 자세히 말하면, '서구의 문장이론은 작문의 방법을 규정짓고 범주화하는 데 힘을 쏟'은 반면 '우리의 문장이론은 이른바 정법定法을 내재화시키고 활법活法을 추구함으로써 획일화를 거부하고 다양한 변화를 지향'하였다는 것이다. '오늘날 글쓰기 이론이 주로 형식적, 기법적 측면에 경사되어 있다면, 과거의 글쓰기 이론은 본질적이고 보다 근원적인 깨달음을 요구한다'고 정민(1997 : 150)은 통찰한다. 법은 규칙이 아니라 원리였고, 글쓰기는 부단한 '깨달음'으로 이어져야 했기에 세상과 자신에 대한 통찰력도 얻을 수 있었을 것이라는 그의 지적은, 오늘날의 학문적 글쓰기에서도 십분 음미해 보아야 할 부분이다.[31]

정민(2001a : 52-53)은 문장이란 '도를 담은 글', '알맹이가 있는 글'이고, '인간의 삶을 올바른 곳으로 이끌어주는 내용을 담은 글'이기에, '좋은 문장을 쓸

---

31 정민(1999a : 292-300) : "이와 같이 고전문장이론에서 중시하는 '법法'은 고정된 형식의 정법이 아닌, 살아있는 변화를 추구하는 활법이다. 활법은 스스로 느껴 깨달을 뿐 언어로 설명될 수 있는 범위의 밖에 있다. 그러나 한 편의 글을 살아 생동하는 문장으로 만드는 힘이 바로 여기에서 나온다" ; "아는 것이 제아무리 많아도 법을 체득하지 못하면 한 줄의 글도 쓸 수가 없다. 한 편의 글 속에 법이 없으면 그것은 두서가 없어 종내 무슨 말인지 알 수 없는 횡설수설, 오리무중의 혼란스런 글이 되고 만다. 법이란 글 속에 숨겨진 보이지 않는 질서이다. 이 질서로 인하여 글쓴이의 의도가 분명히 드러나고 그 문장에 힘이 생긴다."

수 있으려면 무엇보다 바탕 공부가 요구되었다'고 설명한다. '문장 공부는 바탕 공부를 위한 한 방편일 뿐이었다'는 것이다. 고전 문장이론에서 도란 보통 요순 공맹의 도를 의미하고, 옛 경전을 통해 성현의 도를 배우고 익히는데, '그 도를 완전히 소화해서 내 목소리로 터져 나온 것이 문장'이라는 것이다. 문장을 제대로 지으려면, 나름대로 깨달음을 얻어야 한다는 말에 다름 아니다. 다음 홍길주(1786-1841)의 '진문장眞文章'론이 우리의 이해를 도와준다.

> 그렇다면 어떤 글을 일러 진문장이라 하는가? 큰 문장가가 되려 할진대 어떤 자세로 글쓰기에 임해야 할 것인가? 뜻을 겉으로 드러내지 않으면서도 자신이 말하고자 하는 뜻을 충분히 납득시킬 수 있어야 한다. 그 뜻을 누가 보아도 타당하고, 누구에게나 설득력이 있는 것이어야 할 것이다. 뜻을 어떻게 전달되는가? 문사를 통해 전달된다. 공자께서도 '사달이이辭達而已' 즉 글은 뜻을 전달할 뿐이라고 했다. 글이 뜻을 전달하려면 그 표현이 요령을 얻어야 한다. 표현의 요령은 어디에 있는가? 한유가 말한 대로 '진언지무거陳言之務去', 즉 진부한 말을 걷어내고 '사필기출詞必己出'하기에 힘쓰되, 문장의 법도는 옛날에서 취해 올 일이다. 법이란 무엇인가? 물이 흘러감이다. 고정불변의 정법定法이란 없다. 정법을 용해하여 자기화할 때 활법活法의 자재로움을 얻을 수 있다. '사기의불사기사師其意不師其辭' 즉 그 정신을 본받고, 그 말은 본받지 말아라. 글이 굳이 어려울 필요는 없지만, 너무 쉬워 함부로 여기게 해서도 안 된다. 자기의 뜻을 담되 표현은 요령을 얻으며, 법은 고인에게서 나왔으나 용해하여 자기화된 글, 이런 글을 나는 진문장이라고 한다.[32]

정민은 편장자구의 효과적인 구성과 안배에 대해서는 다음에서 그 일단을 보는 연암 박지원의 '소단적치인'을 '참신한' 예로 평가하는데, 고미숙(2004 : 137)은 한 걸음 더 나아가, '글쓰기를 전쟁의 수사학에 빗대고 있는 이 글이야말로

---

32 정민(1999b), pp. 163-164에서 재인용.

동서고금을 가로질러 단연 독보적인 문장론'이라고 칭송한다.[33] 고미숙이 옮긴 부분을 보자(pp. 136-137).

> 글자는 비유컨대 병사이고, 뜻은 비유하면 장수이다. 제목이라는 것은 적국敵國이고, 전장典掌(전거를 이용하는 것) 고사故事는 싸움터의 진지이다. 글자를 묶어 구절이 되고, 구절을 엮어 문장을 이루는 것은 부대의 대오행진과 같다. 운으로 소리를 내고, 사詞로 표현을 빛나게 하는 것은 군대의 나팔이나 북, 깃발과 같다. 조응이라는 것은 봉화이고, 비유라는 것은 유격의 기병이다. 억양반복이라는 것은 끝까지 싸워 남김없이 죽이는 것이고, 제목을 깨뜨리고 나서 다시 묶어 주는 것은 성벽을 먼저 올라가 적을 사로잡는 것이다. 함축을 귀하게 여긴다는 것은 반백의 늙은이를 사로잡지 않는 것이고, 여음이 있다는 것은 군대를 떨쳐 개선하는 것이다. 〔…〕 그런 까닭에 병법을 잘하는 자는 버릴 만한 병졸이 없고, 글을 잘 짓는 자는 가릴 만한 글자가 없는 것이다. 〔…〕 글이 좋지 않은 것은 글자의 잘못이 아니다. 저 글자나 구절의 우아하고 속됨을 평하고, 편과 장의 높고 낮음을 논하는 자는 모두, 합하여 변하는 기미〔合變之氣〕와 제압하여 이기는 저울질〔制勝之權〕을 알지 못하는 자이다. 〔…〕 합하여 변화하는 저울질이란 것은 때에 달린 것이지 법에 달린 것은 아니다.

고전문장론사에서 단연 두드러진 문장가로 꼽히는 박지원(1737-1805)은 18세기 후반 정조의 '문체반정'의 빌미를 제공한 사람이기도 하다.[34] 문체반정

---

33 고미숙(2004 : 137-138) : "'소단적치인'이란 제목도 흥미롭다. '소단騷壇'은 문단이란 의미고, '적치赤幟'는 붉은 깃발이란 뜻이니, 우리말로 옮기면 '문단의 붉은 깃발을 논함' 정도가 된다. 병법에는 고정된 룰이 따로 없다. 병법을 달달 왼다고 전투에 승리하는 건 결코 아니다. 아니, 도리어 그러다 망한 케이스가 더 많다. 승패를 좌우하는 건 병법이 아니라, '세勢'를 파악하는 능력일 뿐이다. 글을 쓰는 것 역시 마찬가지다. 문장에 어떤 종류의 규범이나 초월적 체계가 있을 리 없다. '합하여 변하는 기미', 곧 때에 맞는 용법이 있을 뿐이고, '제압하여 이기는 저울질', 곧 효과와 울림이 있을 뿐이다."

은 '문체와 국가장치가 정면으로 대결한' 매우 이례적인 사건으로, 이로 인해 '18세기 글쓰기의 지형도가 첨예한 윤곽을 드러'냈다고 고미숙(2002 : 1)은 평한다. 이 사건을, 조금 다른 시각에서, '비록 한자 한문의 표기 서술 방법을 빌리는 것이기는 하여도 한국적 감정을 담는 데에는 중국적 전통의 고문체와는 다른 표현법이 요구되었던' 시대적 요청과도 무관치 않다고 본 심재기(1999 : 49-50)는, '한문문학에 나타난 이러한 잡기문학적 전통은 곧 한글로 글을 쓰는 내간체 작가들과 사상적 공통성'을 드러내 주는 것이기도 하다고 말한다.

노진한(1996 : 2-16)은 《열하일기》를 '설득적 글쓰기의 측면에서 보아 그의 사유와 표현의 관계에 주목'한다. 그는 '연암의 《열하일기》를 감상한 후에 갖게 되는 생각은 어떻게 쓸 것인가의 질문은 어떻게 볼 것인가의 질문과 맞물려 있다'며, '대상을 어떤 시각과 태도로 사유하고 인식하는가에 따라 글쓰기의 방법은 다양하게 나타날 수 있다는 점을 연암은 곳곳에서 보여 주고 있다'고 결론짓는다. 정민(2001b : 330)도 '이른바 도道로 대변되는 중세적 질서가 급격하게 와해되는 18세기 이후'에 현격히 달라지는 사정을 설명하며, '문체의 변화는 사유의 변화를 전제로 하고 있고, 창작 주체는 명확한 문제의식을 가지고 변화된 사유체계를 글 속에 담으려 했다'고 지적하고 있으며, 박수밀(2005 : 420)도 '18세기 새로운 글쓰기를 구사한 문인들의 적극적인 대응 논리는 사유와 글쓰기가 서로 영향을 주고받는다는 점을 확인시켜 준다'고 이에 호응하고 있다.

우리의 문장이론에 관해 담론들이 풍성한 것은 우리 수사학 전통의 풍성함을 시사하는 것이다. 시대에 따라 글을 닦는 것(修辭)과 도를 닦는 것(修道),

---

34 장효현(1992 : 353) : "중세 봉건적 질서의 정점에 위치해 있는 국왕으로서, 정학正學과 순정문純正文의 흥기를 통해 이 시기 봉건질서의 급격한 이완현상을 제어해 보려는 것이 문체반정의 일차적 목적이라 할 것이다."

학문을 닦는 것(修學) 사이의 비중이나 경중이 달라지기는 했으나, 수사가 수도修道, 수학修學과 결코 무관치 않다는 것은 우리의 문장론의 특장이기도 하고, 인문학의 미래를 염려하는 오늘의 우리에게 시사하는 바도 매우 크다. 앞으로 우리 고전 문장이론의 자료 정리가 제대로 이루어지면,[35] 로고스, 에토스, 파토스 개념을 비롯하여, 발견, 배열, 표현 등의 수사적 기술이 중심 개념이 되어 있는 서양 수사학과의 비교수사학적 고찰도 보다 충실히 이루어질 수 있을 것이다.

4. 토론의 문제

4.1. 토론의 역사

혹자는 '우리의 척박한 토론 문화와 부족한 의사소통 기술을 고려'하여 '한국에서는 수사학이 전혀 발달하지 않았다'고 말하고(강태완 외, 2001 : 4), 혹자는 '수사'라는 표현의 차용 경로를 중시하여 '우리 수사학의 큰 맥은 일본에서 건너왔다'고 말하기도 하는데,[36] '수사학'을 위에서 보인 바와 같이 여러 닦음의 과정이나 부분들을 포함하는 포괄적인 것으로 이해하면, 한국의 수사학 전통도, 이론적인 면에서는 정리된 것이 부족해도, 적어도 그 실천은 상당히 독특한

---

35 정민(1999a), p. 312 참고.

36 장재성(1997 : 86-87)은 '우리나라 수사론은 일본에서 그 큰 맥이 건너왔다'면서 '일본 수학(서양의 그것의 개념)의 발자취와, 일본 유학생들이 건너간 해를 비교'하고 있는데, 1977년의 오자키 번역의 《공회 연설법》에서 1923년 마스다의 《영어 수사학 강의》까지를 언급하며, '무엇보다 주목해야 할 것'은 이가라시의 《신 문장 강화》라고 지적한다. '일본 문장론사와 수사론사에서 빠뜨릴 수 없는 거봉이기 때문'이라는 것이다. '이 책은 그들 현대 문장론의 결정판인 점도 있거니와, 그 뒤의 문장에 크게 영향'을 주었고, '계몽기의 이광수나 김동인이 이의 영향을 안 받았을 리 없다는 점'에도 유념해야 한다고 그는 지적한다.

것이 될 수 있다.[37] 예를 들어, 신라 시대의 화백和白 제도, 지금까지 주로 부정적인 면으로 평가되어 온 조선 시대의 '붕당정치'를 비롯하여 《조선왕조실록》 등에서도 토론에 대한 실천은 물론 이론적인 자료들이 적잖이 발견될 가능성도 없지 않다. 엄훈(2000 : 271-272)은 바로 그러한 점들을 지적한다.

> 국어의 토론 문화는 그 전통적 자양이 매우 풍부하다. 특히 국정 운영의 담당자들은 일상적으로 토의와 토론을 벌여 주요 정책을 결정하였다. 삼국시대의 화백제도가 그러하고 고려시대의 도평의사사, 사헌부, 사간원의 제도가 그러한 사실을 입증한다. 고려시대의 언론 문화를 계승한 조선시대에는 사대부를 중심으로 언론 문화가 활짝 꽃피었다. 의정부나 비변사 등의 정책 결정 기관과 언론 삼사라 통칭되는 사헌부, 사간원, 홍문관 등의 제도적 장치를 기반으로 하여 토의, 토론이 활발하게 이루어졌다. 또한 일반 사대부들 사이에서 국가의 주요 정책이나 군왕과 관리들의 비위 사실에 대한 시비를 가리는 토론이 활발했음은 성균관 유생들의 집단 행동이나 전국 각지 선비들의 빈번한 상소 활동만 보아도 그 사실이 입증된다.

이이화(2005)는 '우리 선인들의 토론 문화는 일반의 인식과는 달리 매우 활발했다'고 지적한다. 신라에는 화백이라는 회의 제도가 있었는데, '다수결이 아닌 만장일치제'였다고 한다. 그는 조선 시대에 설치되었던 비변사도 한 예로 든다. '비변사의 구성원은 문무의 고위 관직자'였는데, '외교 국방 치안 등 국가의 중대사가 발생했을 때 회의를 소집했다'고 한다. '국왕이나 행정의 최고 책임자인 영의정도 참석했으나 전문가들의 의견이 존중되고 합의제로 운영됐'는데, 그 논의의 기록은 오늘날까지 《비변사등록》으로 전해진다고

37 일본어에서 차용한 것으로 짐작되는 '수사법修辭法'이라는 표현의 사용은 적어도 1920년대 永昌書館編輯部의 《實地應用 作文大方》(1921) 그리고 1910년대 《新文界》, 제4권 제9호(1916)의 〈青年文庫 제11편(修辭學前後編)〉에까지 거슬러 올라간다.

한다. 그는 '민간 차원에서도 활발한 논쟁이 전개'되었다고 지적한다. '조선 초기 정도전 등 유학자들이 불교를 이단이라 규정하는 여러 학설을 발표'했었고, 불승들도 반박 의견들을 내놓았었는데, 대표적 사례가 '불교의 윤리관 도덕관을 조목조목 제시하며 반론'을 편 기화己和의 '현정론顯正論이며, 논쟁은 유불선 합일이란 새로운 사상사의 흐름으로 나타났다고 그는 설명한다.

한편, 신태수(2000 : 247)는 '과거의 인문 학문에서는 토론 문화라 할 수 있는 풍토가 잘 갖추어져 있었다'고 지적하며, '사단칠정四端七情 문제를 놓고 이황과 기대승이 오랜 세월에 걸쳐 토론을 전개한 것이나 인물성동이人物性同異 문제를 놓고 이간과 한원진 그리고 그 계열에 속하는 선비들이 지속적으로 토론을 전개한 것만 보더라도 잘 알 수 있다'고 그 근거를 제시하는데, 이는 말을 통한 토론이 아니라, 글을 통한 토론이었다는 점에서 다소 차이가 있다. 그러나 글을 통한 이러한 토론의 좋은 예는 우리 수사학 전통에서 내세울 만한 것이기도 하고, 오늘날의 학문적 글쓰기가 십분 음미해 보아야 할 내용이기도 하다.

토론이나 논쟁과 관련하여 1920년대도 깊이 살펴야 할 시대인 것으로 보인다. 김현주(2005 : 111-113)는 정치 문화에 주목할 때, 1920년 전반기를 앞 시기와 구별해 주는 가장 큰 특징은 '논쟁의 정치'의 등장인데, 이러한 '새로운 환경'은 '다양한 제도에 의해 조성되었다'고 한다. '일단, 논쟁의 정치는 신문잡지의 사상 고취에 기인한' 것이었지만, '이 외에도 정치적으로 논의하는 공중의 제도에는 청년회를 필두로 정치 · 사회단체, 노동단체, 소작인회, 종교청년회, 금주회, 수양회, 사교단체, 부인회, 산업 · 교육 분야의 각종 단체가 포함된다'고 한다. '아울러 집회와 시위 등도 논쟁을 물질화한 형식이었'으며, '잡지가 논의하는 공중의 비판적 기관으로 성장한 것이 바로 이 시기였다'고 한다. 잡지는 1920년대 '거대 담론들의 격전장'이었다는 것이 그의 지적인데, 이러한 측면들은 우리 토론 역사의 좋은 글감들이 될 것이다.

4.2. 커뮤니케이션관

우리는 로고스가 언어와 이성 모두를 뜻했던 그리스 전통의 서양과, 유교와 불교의 영향으로 언어를 불신했거나, 혹은 일찌감치 언어의 한계를 보다 잘 인식하고 있었던 동양의 전통이 상당히 다르다는 점에도 주목해야 할 것이다. 사실, 서양에서 언변의 능력이 중요시되었던 것은 그 문화나 역사와 결코 무관한 것이 아니다. 최정호(1984 : 116)는 '글의 문화'가 '일찍부터 높은 수준에까지 발전하고 있었던 데에 비해서, 우리나라의 전통 사회에는 서양의 레토릭이나 교회의 설교, 또는 의회의 연설과 같은 말의 문화가 꽃을 피우지는 못하였다'고 지적한다. 그는 특히 J. 부르크하르트의 《그리스 문화사 *Griechische Kulturgeschichte*》를 인용하며, '말은 업신여기고 글은 높이 여기는 숭문주의 언어관은 모든 쓰는 행위를 낮게 평가했다는 고대 그리스 시대의 언어관과 매우 예각적으로 대립 · 대조된다'고 주장한다.[38] 임태섭(1999 : 53)도 '이러한 불교와 노장사상 그리고 유교의 영향을 지속적으로 받아 온 우리 전통 사회는 스피치의 순기능보다는 역기능에 더 많은 주의를 기울여 왔다'며 유사한 견해를

---

38 봉두완(2000 : 14-15) : "이성적 도구로서의 커뮤니케이션 개념은 서구에서 주로 볼 수 있는 단선적 커뮤니케이션과 밀접한 연관이 있다. 단선적 커뮤니케이션 유형에서 화자는 자신의 생각과 의견을 확신에 찬 태도로 단계적인 과정을 통해 나타낸다. 따라서, 화자의 언어적 능력이 중요시되며 대개 청자는 화자에게서 효과적이고 감동적인 능변을 기대한다. 서구에서 이러한 언변이 중요시되는 것은 토론이나 연설과 같은 훈련을 통해 화자의 언변 능력을 향상시키려는 노력에서 잘 찾아볼 수 있다. 이러한 서구 커뮤니케이션 개념에 함축된 서구인의 문화적 정체성은 개인주의이다. 개인주의를 지향하는 사람의 주된 목표는 커뮤니케이션을 이용하여 자신의 독립성을 획득하는 것이다. 서구문화, 특히 계몽주의의 산물인 개인주의는 독립성과 이성을 가진 개체로서의 자신이라는 서구 정체성의 주축이다. 이러한 서구의 정체성은 서구의 커뮤니케이션 개념을 필요로 한다. 이는, 독립적인 개개인들은 이성적 도구인 커뮤니케이션을 통해 외부 세계 또는 사회와 관계를 맺을 수 있기 때문이다."

표명한다.

사실, 수사, 그리고 수사학이 우선적으로 말과 관련되었던 서양과는 대조적으로, 한국에서는 역사적으로—서희 같은 예외가 없는 것은 아니나[39]—수사가 우선적으로 글과 관련되어 있는 것으로 나타난다. 그리고 글쓰기는 글읽기, 즉 독서론과 매우 밀접한 관련을 맺고 있으며, 여기서도 '닦음', 나아가 '깨달음'은 중요한 문제로 대두된다.[40] 뿐만 아니라 침묵도 소통의 수단일 뿐 아니라 심지어 설득의 수단이 되기도 한다(봉두완, 2000 : 14). 한마디로, '커뮤니케이션' 개념 자체가 사뭇 다른 것이다. 이에 대한 다음의 봉두완(2000 : 14-15)의 지적은 매우 시사적이다.

> 한국의 커뮤니케이션 개념은 한국의 문화적 전통의 영향을 받아 서구의 개념과 매우 다르다. 한국의 문화는 동양의 종교와 철학을 토대로 하고 있는데 주로, 도교, 불교와 유교의 영향을 크게 받았다. 도교에서 커뮤니케이션은 서구의 도덕적인 개념보다 더 포괄적으로 이해된다. 커뮤니케이션은 언어와 같은 상례적인 수단의 사용에 제한되지 않는다. 왜냐하면, 모든 것들이 단선적, 인과적 사슬로 정렬되어 있지 않기 때문이다. 커뮤니케이션은 직관이나 인지를 포함하는 복잡한 과정이다. 따라서, 현실은 나누어질 수 없는 전체성을 가지고 있기 때문에 언어로 완전히 이해하거나 묘사할 수 없다. 한국적 커뮤니케이션 개념이 근본적으로 갖는 이러한 묘사의 한계성은 서구의 개념(근본적으로 가치가 매우 높은 수단)과 매우 대조적이다.

엄훈(2000 : 272)은 '서구의 수사학은 설득의 방법이 진리와는 별개로 존재함을 전제로 하고 있지만 우리의 전통적 언어관에서는 삶과 언어, 진리와 설득

---

39 김기홍(2004) 참고.

40 정민(2002 : 97)은 항해 홍길주의 독서론은 '오悟' 한 글자에 놓여 있다고 말한다.

력이 본질적으로 다르지 않'으며, 그러한 관점에서 보면, '설득의 방법을 학문적으로 다룬다는 것은 거짓된 일 즉 위학僞學이 될 수 있다'고 지적하는데, 이는 다소 지나친 도식화일 수 있다. 서구에서도 진리와 언어를 별개의 것으로 보지 않은 경우들이 있고,[41] 우리에게서도 글쓰기에서 설득을 중요시한 경우들을 찾아볼 수 있는가 하면, 서양 수사학에도 '훌륭한 인간'의 중요성을 강조하는 전통도 있기 때문에,[42] 엄훈이 지적하는 수사학상의 동서양의 차이를—특히 포괄적 정의의 측면에서는—근본적인 것이라기보다는 '초점'이나 '비중'의 차이로 보아야 할 수도 있기 때문이다.

신태수(2000 : 248)는 토론이 '반드시 대면해서 이루어질 필요'가 있는 것은 아니고, '글 안에서도 이루어질 수도 있'음을 지적한다. '글 속에서 자신의 관점을 분명하게 제시하고 논쟁거리를 부각시켜서 독자가 이의를 제기하도록 만들면 토론이 가능해진다'는 것이다. 그가 글 속 토론의 필요성을 강조하며 인용한 조동일(1997 : 27)도 '학문하는 글쓰기가 잘못된 것은 글을 말에서 분리시켰기 때문'이라고 진단한다. 신태수는 '열린 토론이 열린 글쓰기를 가능하게 하고 열린 사회를 가능하게 한다는 점은 아무리 강조해도 지나치지 않다'고 힘주어 말하는데, 연암 박지원의 창작 정신 및 창작 방법을 집약한다는 '법고창신法古創新'(안세현, 2004 : 18)을 본받아, 우리의 전통 인문학문의 '토론문화'를 오늘의

---

41 Foss/Foss/Trapp(1991) : "소피스트들에 의하면, 진실과 현실은 언어에 선존하는 것이 아니라 언어의 창조물이라고 한다" ; 박우수(2005 : 18) : "여기서〔퀸틸리아누스의 《웅변가 교육》〕 웅변가란 어떤 주어진 상황에서도 그 상황에 맞는 언어를 구사할 수 있는 능력을 갖춘 도덕적이고 분별력 있는 사람을 의미한다."

42 Foss/Foss/Trapp(1991 : 5) : "퀸틸리아누스는 그의 웅변학교(A.D. 93)에서 시민 연설가의 탄생에서 은퇴까지의 이상적 훈련 과정을 묘사했다. 그는 연설가를 '말 잘하는 선한 사람'으로 정의했는데, 그의 접근법은 많은 로마 수사학자들처럼 규칙에 근거한 것이 아니었다."

글쓰기에 되살리는 것을 오늘의 인문학자들은 심각하게 고려해 보아야 할 것이다. 이는 한국의 새로운 수사학 전통을 수립하는 길의 하나이기도 하다.

5. 문체 실험과 수사적 전략

5.1. 문체 실험

'닭음의 수사학'에서는 근대계몽기의 '문체 실험과 그 수사적 전략'의 문제도 중요한 수사학적 문제이다. 심재기(1999 : 4)는 '국어 문체의 역사는 한문으로부터 오랜 세월에 걸쳐 언문일치의 글월로 탈바꿈한 변신의 역사라 할 수 있다'고 말한다. 근대 100년 동안 끊이지 않았다고 하는 한국어 '문체 논쟁'(오선민, 2002 : 73)의 시발점은 이른바 '개화기', '애국계몽기', 혹은 '근대계몽기'로서, 19세기 말미에서 1910년 8월에 이르는, 대략 15년 정도의 시기를 지칭한다. 이 시기를 주도한 이념은 민족주의이고, 그 주의의 기저를 이루는 핵심 모토는 '교육과 지식'이다(고미숙, 2000 : 204). 이 시기는 '계몽담론'이라는 새로운 담론 양식들이 구성되고, 그것들이 가장 치열하게 투쟁하면서 갈등하던 시기이기도 하다. 김영민(2004 : 50)은 '근대계몽기 문체 변화의 핵심은 생산자 중심의 문체에서 수용자 중심의 문체로의 이동'이며, '이러한 변화를 주도한 주체는 근대계몽기의 신문이었고 그때 고려 대상이 된 가장 중요한 요인은 신문 기사의 수용자 즉 독자였다'고 지적한다.

'문체야말로 체제가 지식인을 길들이는 가장 첨단의 기제'이고, '바로 그런 이유 때문에 문체는 지배적인 사유를 전복하기 위해서는 반드시 넘어서야 할 문턱이기도 하다'고 말하는 고미숙(2004 : 120)은 '근대계몽기'를, 정조의 '문체반정' 당시보다도 더 높은 '문턱', 하나의 '담벽'으로 묘사한다. '문체반정'은 그 '경박한 스타일 때문'에, 그 '황당무계한 허구성 때문'에, 그 '쪼잔한 시야 때문'에 '고문의 전범들을 와해시킬 우려가 있'는 소품, 소설, 고증학을, '우주와 역사에 대한 깊고도 원대한 사유, 중후한 격식을 갖춘 문장'인 '경학의 고문古文' 이란 그 '완벽한 모델'이라는 '바른 곳으로 되돌'리려는 시도였는데(p. 120), 근대계몽기에는 그러한 모델이 없었기에 다양한 실험에 나설 수밖에 없었을 것이라는 것이 저자의 추정이다.

정한기(1987 : 90-94)는 '개화기 신문장 운동의 주동 인물로는 흔히 유길준을 내세우는 것이 상례'가 되어 있고, 특히 '그가 사용한 국한혼용체문은 자신의 말대로 새 시대의 새 어문의 첫 시도'로 간주되고 있지만, '《서유견문西遊見聞》의 문장이 한문 용법에서 크게 벗어나지 않는다는 사실'에서는 '당대의 거센 개혁 의지로도 전래 어문의 질곡을 극복할 수 없었다는 시대적 고충을 잘 읽을 수 있'다는 견해를 피력한다. 김춘미(2000 : 90-91)는 '《서유견문》 이전에도 예컨대 1886년 1월에 창간된 《한성주보漢城週報》 등의 신문에서 같은 문체가 시도된 적은 있으나, 그 양적인 방대함과 저자의 언어관의 명확성에 있어서 이 책은 국한문 혼용체의 본격적인 개시를 고한 것'으로 본다. 유길준이 '서문에서 이 문체를 사용한 이유로 글씨를 약해하는 사람도 이해할 수 있게 하고, 종래의 한문 작문법에는 없는 문체를 채용함으로써, 서양 문물에 관한 언급과 표현을 용이하게 한다'는 사정을 명백히 하였다고 하는데, 이는 수사학적 시도이며 기도라고 할 수 있다.

문체 실험과 관련하여 개인 글쓰기의 변화도 살펴볼 수 있을 것이다. 김현주(2005 : 123)는 이광수에 대해 '1910년대 후반 이광수의 글쓰기를 대표한 것은 재현의 글쓰기인 소설(《무정》, 1917)과 비판의 글쓰기인 '비평(《신생활론》, 1918)이었'는데, '과학적 제안서로서 〈민족개조론〉은 비평과 소설을 뛰어넘는, 계몽주의적 글쓰기의 완성형이라고 할 수 있다'고 평한다, 이는 글쓰기의 내용과 형식이 불가분의 관계에 있음을 보여 주는 또 하나의 예이다. 그리고

〈민족개조론〉이 실은 '선전문'이었다는 것, 즉 '〈민족개조론〉의 드러난 작성자는 합리주의적 과학자였지만, 숨은 작성자는 지도자라는 새로운 엘리트였으며, 더 정확히 말해 선전가였다'는 것, 다시 말해, '〈민족개조론〉의 작성자는 합리적 계몽가로 보이고 싶어하는 선전가였다'(p. 138)는 그의 뒤이은 설명은 글쓰기의 다중적 성격을 보여 주는 한 예이다.

민형식(1994 : 118)은 '문자에 대한 새로운 자각기'인 개화기 상황이 '새 문자의 제정기'인 15세기 상황과 매우 흡사한 것으로 관찰한다. 그는 '문체론적으로는 두 시대 공히 새 한글 문체와 기존 한문체가 경쟁하고 새로운 문체들이 실험되는 문체 실험기였으니, 15세기에는 새로 한글체(언해체)나 국한혼용체가 선보였고, 개화기에는 한글체와 국한문체의 경쟁 속에 개화의 도구로서 어떤 문체가 효율적이냐를 고민하던 문체 실험기였기에 두 시기는 국어사에서 상당히 동질적 문제를 보인 시대'라고 그 유사성을 지적한다. 문제의 두 시기는 또한 '번역'에 의해 국어가 크게 영향받은 시기이기도 하다. 사실 초기 국어 문장은 거의 모두 국가적인 사업[43]으로 이루어진 언해문들이고,[44] 개화기의 국어 발달에도 번역은 매우 큰 역할을 했다. 권보드래(2003 : 375-376)는 '한국의 근대가, 또한 근대의 언어와 문학이 번역되었다는 사실은 익히 알려져 있'으며, '특히 1900년대부터 1910년대까지 창작된 신소설에서 번역 · 번안의

43 김종택(1985 : 863) : "조선 전기에 한글이 문자 구실을 얼마나 훌륭히 수행했던가는 지금 전하는 거의 모든 자료들의 번역이나 창작이 국가적인 사업으로 이루어진 데서도 확인할 수 있는데, 최세진이 엮은 박통사나 노걸대 언해, 그리고 두시언해, 소학언해 등 어느것 하나 국가적인 사업이 아닌 경우가 없다."

44 김미형(1997 : 37) : "문자로 기록되는 국어 문장 역사의 첫 시기는 거의 대부분 한문 문장을 우리말로 번역하여 문장을 쓴 언해문으로 특징지어짐을 보면 국어 문장의 문자적인 정착 과정에서 한문 문장의 영향을 다분히 받았음을 배제할 수 없다. 곧 국어 문장이 문자로 정착하는 문장의 형성은 그것이 순수 국어 문장이 아니라 다른 언어를 국어로 번역하는 언해문이었다는 사실을 주목하고자 하는 것이다."

비중은 절대적이었다'고 지적한다.

> 최초의 신소설 《혈의누》부터 번안이었을 가능성이 크고 몇 달 앞서 연재된 《一捻紅》 역시 번안이었던 것으로 보이며 그 밖에 인기작이었던 《설중매》, 《쌍옥루》, 《장한몽》 등이 번안이었음이 밝혀져 있다. 특히 1910년대 《매일신보》에 연재된 소설은 태반이 번안작이었다. 번역이 아니라 번안이었다는 점에서 이들 소설이 한국 근대문학의 형성 과정에서 한 역할은 더욱 문제적이다. 최초의 근대소설로 꼽히는 《무정》이 1917년 《매일신보》 지상에 연재될 때까지 근대의 문학을 예비한 것은 주로 번안소설이었다. 《청춘》, 《학지광》 등에 실린 단편소설이 또 하나의 水原이 되기는 했지만 번안소설은 근대의 서사적 문법을 다듬고 새로운 문명의 기호를 들여옴으로써 근대 장편의 형성에 결정적인 기여를 했다.

5.2. 언문일치

이상혁(2000 : 111-115)은 '즉 애국계몽기 초기의 국어 의식은 말 중심의 국어관이 아니라 문자 중심의 국문 의식이라고 할 수 있으며 이 의식은 애국계몽기의 통시적 국어관 탐색에서 초기의 특징으로 이해될 필요가 있다'고 지적하며, '이러한 문자 중심의 국어관은 그 자체가 조선 후기의 연구자들이 인식했던 문자 의식과의 역사적 전통성을 보여 준다는 의미에서 전통적 국어관의 계승이라는 의의를 지닐 수도 있을 것'이라고 평가한다.

김광해(1996 : 126)는 '지금으로부터 약 100여 년 전인 개화기에 이른바 언문일치言文一致 운동이 시작되면서 현대적 문장이란 무엇인지 인식하게 되었다고 볼 수 있다'고 말하는데, 이는 '문자 중심의 국어관'과 언문일치운동의 밀접한 연관성을 시사하는 것이다. 김미형(2002 : 49)은 '한국어 문장의 현대화는 한문 번역 문장의 영향으로 굴절되어 탄생한 언문불일치의 문장으로부터 언문일치의 문장으로 되기까지 여러 요인들의 현대화를 이루어야 했'고, '편지,

일기, 소설, 기사문, 논설문[45] 등의 모든 장르가 동일하게 이러한 역사를 겪었어야 했다'며, 문체 변화의 노정을 요약한다.

물론, 김종택(1985 : 862)처럼, 한글의 '창제'를 말과 글어 '일치를 이룬' 것으로 평가하는 입장도 있고, 언문일치를 송강 정철, 고산 윤선도, 서포 김만중 등의 '국문 작품 창작 동기'로 볼 수도 있다.[46] 그러나, '언문일치라는 문자 표현의 근대적 지향은 우리의 경우 한자 · 한문에 대한 배타적 인식으로부터 출발'한 것으로 보아야 할 것이라는 임형택(1999 : 10)의 지적에 공감할 사람들이 보다 많을 것이다. 언문일치의 이러한 '배타적 지향'의 핵심의 하나인 '온전한 전달의 기도'는 수사학적 모색이며 수사학적 기도이다.

한편, 김광해(1996 : 128)는 '개화기의 문장들은 아직도 한글을 사용하여 생각을 온전하게 전달하는 데까지는 도달하지 못한 매우 미숙한 수준을 벗어나지 못하고 있는 문장들'인데, '이러한 개화기의 문장들이 문장 발달사에 던져 주는 의미가 있다면, 이때부터 언문일치체 문장을 시도함으로써 한글로 쓰여진 국어의 문장이 장차 본격적으로 발전할 수 있는 기틀을 마련했다는 점을 들 수 있다'고 지적하는데, 이는 수사학적 닦음의 어려움을 시사한 것으로 이해할 수 있다.

고미숙(1998 : 185)은 언문일치를, '단순히 말을 글에 일치시키는 것도, 글을 말에 일치시키는 것도 아니고, 새로운 언=문의 창출'이라는 점에서, '근대적

45 김미형(2002 : 26) : "국어 역사에서 논설문의 기원은 한문 문장으로 쓰여진 논변의 기록들(실록 등)을 생각할 수 있는데, 이 자료들을 보면 어떤 문제에 대해 찬반 변론이나 주장 등의 논변을 내용으로 하고 있어서, 성격상 논설문으로 간주할 수 있다."

46 전일환(2003 : 179) : "실제 그들도 언문일치의 국문이 아니고서는 자신의 정서나 자연경물의 아름다운 홍취를 절절하게 표현할 수 없다는 생각을 가지고 있었다. 그러기 때문에 송강 정철, 고산 윤선도, 서포 김만중 등에 의해서 유려한 국문 시가 작품과 국문 소설들이 양산되었다고 할 수가 있다."

제도의 주요한 좌표'로 인식한다. 이 '새로운 언=문'을 왜 어떻게 창출하느냐가 문제인데, 개화기의 문체 창출 혹은 개발 문제는, 바로 일반 국민이 공유하는 문어 형식을 갖고 있지 않았기 때문에, 구체적 '전략'이나 '방법'을 탐구할 수 없었던 상황에서 불가피하면서도 절실한 문제가 아닐 수 없었던 것이다. 말하자면, 애국, 애족, 계몽 등 설득 목표가 분명한 상태에서, 그 필요성과 불가피성을 국민들에게 설득하기 위해 설득의 도구 혹은 방식을 모색한 것이다. 고미숙(2000 : 209)은 '흔히 계몽기는 이념적 교조성으로 인해 표현형식이 획일화되었을 것으로 오해받고' 있지만, '차라리 수사의 과잉이라 할 정도로 다양한 언어 전략을 구사'하였다고 한다. 근대계몽기는 '말이 문명의 무기가 되고 삶의 지표'가 되는, 이른바 '백가쟁명의 시대'였다는 것이 그의 관찰이다.[47]

이렇게 다양한 실험들이 이루어지는 가운데에, 국한문체는 '계몽적 사상과 계몽주의 문학을 담기에 적합한 그릇으로 개발된 것'(임형택, 1999 : 10)으로, '계몽담론의 집결지'는 저널리즘이고,[48] 고미숙(2000 : 207)에 의하면, 그중에

---

47 고미숙(1999 : 120-121) : "폭포수처럼 쏟아지는 이 말들의 흐름은 각양각색의 표현양식들을 만들어낸다. 〔…〕 운문적 파토스가 넘쳐 나는 연설문, 몽유록을 차용한 기서, 또한 논설처럼 구성된 잡보, 대화체를 자유롭게 구사하는 시사평론, 담시적 풍자문 등 근대계몽기의 담론들은 도무지 일정한 장르 범주로 구획하기 어려울 만큼 종횡으로 넘나들고 있다. '횡단적 글쓰기'라 이름할 만한 이 현상이야말로 근대계몽기의 고유한 특성임에 분명하다. 〔…〕 그러므로 이러한 글쓰기의 방식들을 문학적인 것과 비문학적인 것으로 분할하는 것은 불가능할 뿐 아니라, 무의미하기까지 하다. 〔…〕 글쓰기가 이처럼 풍부한 '횡단적 지층'을 형성할 수 있었던 것은 문체의 가변성이라는 또 다른 면이 작동하고 있다. 잘 알려져 있다시피, 이 시기는 전통적인 한문체가 무너지면서 국한문체, 순국문체가 서로 쟁투하고 있는 시기이다."

48 정선태(1999 : 191-192) : "개화기의 저널리즘 특히 민족지들도 대중들을 계몽하고 이들을 정치적 현장으로 끌어들이고자 했으며, 새로운 가치관과 국가관을 심어줌으로써 독자들의 시야를 넓히고자 했다. 곧 신문이라는 근대적 제도는 독자들이 낯선 문명과 이에 동반한 사상을 익히는 '학교'였으며, 동시에 미래의 전망을 제시하는 '등

서도 '논설과 잡보란'이라고 한다.

> 계몽담론의 집결지는 저널리즘 가운데서도 논설과 잡보란이다. 전자가 주로 문명 이념과 제도의 확산을 목적으로 했다면, 후자는 전환기 시정세태의 생생한 보고서로 기능하였다. 물론 두 가지가 서로 넘나들며 소통했음은 말할 것도 없고, 두 양식 모두 구술문화에 기인한 역동적 변이능력을 지니고 있었다. 예컨대, 최근 연구자들이 주목하는 '문답체' '토론체' '대화체' 혹은 '논설적 서사' '서사적 논설' 등은 지금의 기준으로 보면, 일종의 문체적 돌연변이들인 셈이다. 그런 변이 안에서는 소위 문학적인 것과 비문학적인 것, 논설과 서사, 묘사와 서술 등이 다기하게 뒤섞이게 된다. 말하자면, 이 시기의 담론들은 다양한 장르들을 종횡으로 넘나드는 '횡단적 글쓰기'를 시도했던 셈이다. 그리고 그러한 횡단성은 발화형태의 풍부한 스펙트럼을 형성해낸다(고미숙, 1999 : 120-121).

문학의 경우는, 최시한(1996 : 675)에 의하면, 당대의 작가들은 안정된 시기라면 일단 관습에 따르기만 하면 되는 '무엇을 어떻게 이야기할 것인가?'라는 '기본적인 문제'와 씨름해야 했고, '그들이 부딪치고 해결해 나간 결과가 결국은 문학사를 이루고 한국 현대소설 특유의 면모를 형성했으며, 지금도 여전히 소설을 쓰고 읽는 데 영향을 미치고 있다'고 하는데, 이러한 '무엇을 어떻게 이야기할 것인가?' 하는 문제 역시 매우 수사학적인 문제이다.

양문규(2003 : 76)는 '우리 역시 1910년대는 이전의 신소설과는 완전히 다르게 인간의 내적 정신의 풍경을 그리는 단편 양식이 근대소설로서의 역할을 떠맡게' 되는데, '이러한 양식의 등장은 언어의 측면에서 볼 때 순국문체에서

불'이기도 했다. 이러한 물적 토대를 바탕으로 하여 지식인들은 자신들의 사상을 개진할 수 있었고, 그 핵심적 글쓰기 공간이 논설란이었다. 따라서 서사적 논설도 현실성과 이념성을 강하게 띨 수밖에 없었던 것이다."

돌연 국한문 혼용체로의 변환을 가져오게끔 한다'고 지적한다. '즉 오락적이고 경박한 성격을 띤 줄거리, 사건 중심의 고소설이나 신소설의 기술은 순국문체로 가능하나, 내면화된 생을 중시하는 근대소설의 기술은 사색적인 진지함을 담을 수 있는 국한문 혼용체가 필요하리라 생각했던 듯하다'는 것이 그의 추정이다.[49]

임형택(1999 : 16)은 이처럼 '언문일치의 자각과 함께 실제로 부상한 것은 국문체가 아닌 국한문체'였다고 말한다.[50] 구인모(1998 : 74-75)도 '국한문체는 설명적이거나 논증적인 기술 방법에 적응하는 문체로서 자연스럽게 정착되었'는데, 특히 애국계몽기의 지식인들에게 국한문체는 '신학문의 보급을 통한 민지民智의 계발'이라는 그들의 목표에 잘 부합했을 것이라고 짐작한다. 그러나 '국한문체의 탄생이 신흥 지식인들이 외국의 지식을 번안하고 소개하는 과정에서 탄생했다는 점, 또한 '…하노라(이라)'와 같은 어미에서 나타나듯 중후한 결조 · 고전적 위의威儀를 지녔다는 점'에도 주목할 필요가 있다고 그는 주의를 환기시킨다.[51]

---

49 양문규(2003 : 76-78) : "그러나 1910년대 작가들이 국한문 혼용체를 선택하게 되는 데는 또 다른 중요한 이유가 있다. 1910년대 작가들은 대부분 일본에서 유학 체험이 있는 신지식 계층으로 그들은 당시 일본에 유입된 서구의 문명, 사상에 그대로 노출되어 있었다. 이러한 서구 문명과 사상은 즉각 유학생 작가들을 통해 한국에도 적극 수용된다. 물론 이것들을 지칭하는 용어는 서구의 원어 형태가 아닌 일본어로 번역된 것은 두말할 필요도 없다. 〔…〕 일본 지식인들은, 서구의 것은 선진 문명을 배후로 갖는 상등上等의 바다 건너에서 온 것이기에 그 번역을 일상어와는 격이 다른 막연하고 모호하기조차 한 한자의 조어造語로 표현해내고자 했다. 〔…〕 그리고 이러한 국한문 혼용체는 지식인들의 지적인 과시를 드러내는 역할을 수행하기도 한다."

50 양문규(2003 : 79) : "한편 국한문 혼용의 득세는, 종전의 소설이 부사구 위주의 서술어구로 구성된 것, 즉 동사적 문장으로 되어 있는 데 비해 명사형 어휘의 비중이 상대적으로 늘어난 명사적 문장으로 바뀌게 한다."

51 구인모(1998 : 75) : "이는 국한문체가 화자의 의지를 강하게 드러내는 만큼 독자나

한편, 양문규(2003 : 80-82)는 1910년대 유학생 계층 작가들의 국한문 혼용체 선호로 인해, '그나마 계승됐던 전통적 국문 소설-판소리계 소설의 구어체계가 파괴'되고, 이는 '신소설 이후 우리 소설에서 오랜 동안 여유와 슬기가 담긴 속담 등 민중언어의 수사학을 통해 보여 주었던 비유 역량 및 해학과 풍자성, 그리고 율격에 실려 막힘없이 이어지는 구어의 유희적 재미를 소설 안에서 제대로 체험하지 못하게 된' 결과를 낳았다고 유감스러워한다.

5.3. 수사적 전략

여기서 지적되어야 할 것은 문체 실험과, 설득을 위한 글쓰기 전략의 연계 문제이다. 개화기의 신문 논설을 연구한 글에서, 정선태(1999 : 191-193)는 개화기의 《독립신문》, 《ᄆᆡ일신문》, 《뎨국신문》 등 한글 전용 신문과 국한문체를 사용한 《황성신문》의 글쓰기에 대해, '비등해진 위기의식으로 인해 인간 행동의 객관적 형상화를 통해 독자들이 스스로 판단하여 진실을 밝히게 할 여유마저 갖지 못한 상황에서 논설진들은 기존의 다양한 문학적 의장을 빌어 자신들의 메시지를 효과적으로 전달하려 했고, 위기의식을 해소할 수 있는 방법을 호소하는 과정에서 설득력을 강화하기 위해 선택된 것이 문학적 글쓰기였으며, 이것이 가능했던 공간이 논설란이었'던 것으로 풀이한다.

그는 '특별히 소설란이 설정되지 않은 상황에서, 다시 말해 근대적 제도로서

청자의 반응을 쉽게 유발하는 효과가 있음을 입증하는 것이지만, 거꾸로 독자나 청자가 중심이 아닌 화자 중심의 언술임을 말하는 것이기 때문이다. 이러한 국한문체의 성격은 신흥 지식인들의 의회 설립, 신교육 · 문화 · 문학의 보급, 언론을 통한 국민계몽, 민족산업진흥 등의 기획이 한계를 지닐 수 있음을 나타낸다고 하겠다. 〔…〕 즉 국한문(체)은 국문 해독 능력을 충분히 지닌 대중을 대상으로 했다기보다, 신흥지식인들이 필요로 하는 대중을 대상으로 한 것임을 짐작할 수 있겠다. 따라서 일상의 언어현상과는 거리가 멀 수밖에 없었다."

의 문학이 그 독립적인 영역을 확보하지 못한 미분화의 상태에서 서사문학은 논설란을 빌어 명맥을 이어가면서 그 가능성을 실험했'던 것으로 볼 수 있다고 말한다. 이러한 이해는 '홍대용(1731-1783)과 박지원(1737-1805)의 문학적 글쓰기가 새로운 사상의 표출을 위한 전략이었다는 점에 착안한 데에서 비롯된 것'이라고, 그는 양자의 유비적 관계를 설명하며 이해를 돕고 있다. 《독립신문》 논설들의 띄어쓰기와 번역 문장적인 성격 등에 관한 그의 논평에서 발견되는 독자의 고려, '낯선 질서(사상)'와 '새로운 글쓰기', 그리고 이와 연관된 번역의 문제는[52] 우리 현대 문장 변천사의 주요 문제들이고, 보다 깊은 수사학적인 성찰이 요구되는 문제들이다.[53]

'근대 전환기의 문체의 개신'은 김승렬(1991 : 45)이 지적하듯, '동몽들을 위한 언해류와 상민, 아녀자를 독자층으로 한 언문 고대소설과 내간을 중심으로 하는 언문 서간의 오랜 전통'과 아마 무관하지 않을 것이나, 어쨌든 결과적으로 우리가 개화기에서 '국어 상용체 문장을 향한 꾸준한 지향성'을 읽어낼 수 있는 것은,[54] 누구를 대상으로 하여 어떤 내용을 설득할 것이냐에 따라 문체

---

52 정선태(1999 : 54-55) : "본격적인 한글전용 신문의 선편先鞭을 쥔 《독립신문》 창간호 논설이 한글을 전용하되 전과 달리 띄어쓰기를 한다는 점을 유독 강조하고 있는데, 이는 독자들이 신문을 보다 쉽게 판독해야 한다는 배려에서 비롯된 것이라 할 수 있다. 동시에 띄어쓰기는 단순히 시각적 충격 이상의 의미를 갖는다. 지면상에 쓰인 문자는 전 시대의 것과 동일하되 문자의 확대로서의 말은 새로운 질서로 편입되고, 새로운 질서는 낯선 사상을 담아내게 마련이다. 이와 관련하여 《독립신문》의 핵심적인 사상을 잘 보여 주는 논설들이 영어 문장을 번역한 것이라는 지적은 시사하는 바가 적지 않다."

53 김춘미(2000 : 100) : "일본어가 외국어이자 동시에 학교교육에서는 국어였던 일제강점기의 한국에서 번역을 통한 현대 한국어 문체의 창출은 일본어와의 격투 위에 구축되었다고 해도 과언이 아닐 것이다. 번역문제가 현대 한국어 문체 연구에도 큰 문제축問題軸이 될 수 있음은 이런 사정 때문이다."

54 정한기(1987 : 105) : "우리 현대 문장 형성기의 과정에서 분명히 국어 상용체 문장을

선택이 달라질 수 있는 상황에서, 치열하게 문체 실험을 하며 다양한 수사적 전략들을 구사한 덕분이라고 하지 않을 수 없다.

사실, 현대 한국어 문어의 성립에는 번역·번안의 영향도 컸지만, 근대 계몽기의 다양한 언어적 문체적 실험에 힘입은 바 크다는 것을 인정하지 않을 수 없고,[55] 여기에 구장률(2004 : 123)이 '근대계몽기의 서사문학 전개에 무엇보다 중요한 역할'을 했다고 하는 '신문'이라는 '새로운 미디어'의 기능도 언급하지 않을 수 없다.[56] 이러한 노력들은 1940년의 이태준의 《문장강화文章講話》, 1950년의 김기림의 《문장론신강文章論新講》 등으로 이어지게 된다.

6. 수사학 관련 분야

6.1. 고전 및 개화기 수사학 관련

이제 수사학의 관련 분야들을 살펴보자. 정의의 문제를 다룬 부분에서 지적하였듯이, 수사학을 그 외연을 크게 넓혀 포괄적으로 이해하면, 수사학은 지금까

향한 꾸준한 지향성을 읽을 수 있고, 이것은 또한 언문일치言文一致 문장을 선호하는 일반성을 의미한다고 봐도 좋을 것이다. 그리고 그 성과는 우리 근대 문장이 보여주는 세련미와 평이성과 표현구조의 정확성 등에서 여실히 드러나고 있는 것이다."

55 임상석(2001) 참고.

56 구장률(2004 : 123) : "신문의 등장은 과거제도의 폐지 등과 더불어 근대적 글쓰기의 장을 형성한 핵심적인 요소 가운데 하나였다. 이종일은 변법의 구체적인 계책으로 신문을 창간했으며, 〈서사적 논설〉에서 자신이 체득한 문체 관습을 전략적으로 활용했다. 이 과정을 통해 조선 후기의 다양한 산문문체의 고유한 질이 해체되고 수사적 장치로 기능 전환해가는 과정을 살펴볼 수 있었다. 기존의 문체전통이 각각의 관습으로부터 독립하여 균질화되었다는 사실은, 전통적인 글쓰기 방식이 앞으로 벌어질 장르의 운동과정에서 수사적 방편으로 활용 혹은 통합될 가능성이 열리게 되었음을 의미한다. 또한 이전의 글쓰기 영토에서 확립되었던 권력구조를 재편함으로써 '소설'이 특권화될 수 있는 조건이 마련되었다고도 볼 수 있다."

지 관련 분야들로 생각되지 않았던 분야까지도 포괄하거나, 적어도 상당한 연관을 가지게 된다. 우선, 대부분의 현대 국어사전들의 뜻풀이대로, '말이나 글을 다듬고 꾸며서 보다 아름답고 정연하게 하는 일이나 그런 기술'이라는 의미의 '줄어든 수사학'은 당연히 이 일반화된 수사학에 포함된다. 문체론을 포함하여 이와 관련된 연구들은 그 대상도 근세 이전의 한문학 작품들로부터 근현대의 한글 작품들에 이르기까지, 다양하고 그 수도 상당히 많다.[57]

그러나 본격적 의미의 '설득 기술'이나 '말을 잘 하는 기술'에 대해서는 일견 직접적인 자료의 수가 훨씬 적어지고, 대개가 현대의 것들이며, 그중 상당수는 번역된 것들이다.[58] 하지만, 연구의 여지는 상당히 있는 것으로 보인다. 전통적으로 취약한 것으로 생각되어 온 토론 분야도 정치 토론 외에 종교적, 이념적, 정책적 토론 역사에 관한 기록도 고려한다면,[59] 연구 자료가 적잖이 늘어날

---

57 이인모(1970), 정동화(1972), 박항식(1976), 김기종(1983), 최철(1983), 김승찬(1984), 김동환(1991), 최창록(1992), 김상태(1993), 김형자(1995), 신진(1998), 이미순(1997), 심재기(1999), 김욱동(1999), 류근조(1999), .전일환(2000), 이경훈(2000), 정희경(2000), 이미순(2000), 금동철(2001), 최승호(2000, 2002), 황도경(2002), 이정엽(2002), 박현수(2003) 등 참고

58 방정배 · 최윤희(1989), 양희완(1998), 김영국(1993), 이준웅(2001), 송종길(2004), 아당/본옴므(2001), 라이백(2003), 도슨(2003).

59 강태완 외(2001 : 30) : "예를 들어 정책 결정을 하는 엘리트 집단의 정책 결정 토론은 고려왕조실록이나 조선왕조실록에 풍부하게 남아 있다. 그러나 그런 기록을 토론학적 관점에서 분석한 연구는 거의 없다. 정치 토론 외에도 종교적, 이념적, 정책적 토론 역사에 관한 기록은 풍부하다. 예를 들어 고려 시대의 불교 종파들 간의 논쟁은 돈오돈수 이론과 돈오점수 이론으로 나뉘어 지금도 토론이 계속되고 있으며, 척화파와 강화파의 토론 및 십만양병설에 대한 찬 · 반 토론 등은 정책 토론의 표본이라고 볼 수 있다. 율곡 선생과 퇴계 선생의 이기일원론과 이기이원론은 지적 토론의 정수라 할 수 있다. 또한 고려왕조실록과 조선왕조실록은 정책 토론과 가치 토론 연구의 보고라 할 수 있다. 이런 역사적 사료들을 토론학적 관점에서 재고찰함으로써 한국 토론학의 전통을 밝히는 작업이 시급한 실정이다."

가능성도 없지 않다.[60] 여기에는 상소와 공론[61]에 대한 자료들도 포함시킬 수 있는데,[62] 이는 '언론학'의 자료일 뿐 아니라 수사학의 자료들이기도 하다.[63]

수사학의 가장 고전적 분야인 연설에 관해서는 개화기 이전 자료들은 드물고, 개화기 자료들도 안국선(1907) 이외에는 눈에 잘 안 띄지만,[64] 연설의 이론보다 실천 쪽으로 눈을 돌리면 상황이 상당히 달라진다. 예를 들어, 근대계몽기는 '웅변의 범람'으로 인해 '특수의 수사학을 구성'한다는 고미숙(2000 : 206)의 지적은 사뭇 다른 전망을 가능하게 한다.

> 이러한 웅변의 범람은 계몽기 특유의 수사학을 구성한다. 토론, 연설, 소송 등은 이질적인 대중, 즉 자신과 다르게 사유하는 사람들을 향해 자신에게 동의하도록 설득해야 하기 때문이다. 그리고 설득은 언어의 공명하는 힘을 최고로 끌어올려야 한다는 점에서 언어의 잉여성에 대한 다각도의 실험을 수반한다. 그리고 그러한

---

60 강태완 외(2001 : 29) : "중국과 일본에서도 토론이 중요한 사회적 기능을 하였지만 하나의 학문 분야로 정착되지 못하였다. 그러나 중국은 1990년대 들어 중국, 대만, 홍콩 학자들을 중심으로 고대 중국에서 토론의 개념이 어떻게 형성되었으며 토론의 사회적 기능은 무엇이었는지에 대한 연구가 많이 이루어지고 있다. 특히 춘추 전국 시대의 제자백가들의 토론에 대한 연구가 서구에 많이 소개되고 있다. 공자, 노자, 장자의 토론에 대한 방법과 기법들을 서구의 개념으로 재해석하는 작업 역시 활발히 이루어지고 있다." 전영우(1991), 엄훈(2000), 하병학(2000), 이연택(2003), 송종길(2004) 참고.

61 김문식(2003 : 335) : "조선시대의 공론公論이란 '국가 공공의 의논'이란 뜻으로 오늘날 언론 혹은 여론이라는 말에 가깝다. 그러나 공론은 단순히 다수의 견해라기보다는 국가의 흥망이나 유학의 성쇠와 같은 대의명분으로 뒷받침되는 것이어야 했다."

62 김광옥(1990), 최인자(2001), 김문식(2003), 이현출(2002), 김영주(2002), 설석규(2002), 최이돈(1992), 엄훈(2002a, 2002b), 박현모(2002a, 2002b, 2002c), 오인환/이규완(2003) 참고.

63 공용배(2002) 참고.

64 정내화(1985), 박경현(1994), 고정기(2000), 전영우(2002) 참고.

실험의 장이 저널리즘이었다. 《독립신문》, 《매일신문》 등 개화 초기의 순국문 신문들을 비롯하여 《황성신문》, 《제국신문》, 《대한매일신보》 등 이른바 민족 정론지들은 계몽과 애국이라는 이념의 전파를 위해 거리에 떠도는 말들을 흡수함과 동시에 새로운 사상을 담을 표현체계를 만들어내는 수사학의 광맥이었다.

이형대(2003 : 1)도 '우리 문학사에서 근대계몽기는 그 어느 시기보다도 수사학의 위력이 절실하게 요청되었던 시기였다'고 말한다. '근대 전환의 격변시대를 맞아 몽매한 인민을 깨우쳐 '근대적 국민'이라는 새로운 주체로 개조하고, 이들을 통해 국권 회복과 문명국의 건설을 기도했던 계몽의 기획자들에게 있어서 말이란 곧 문화투쟁의 강력한 무기였고 수사학은 설득의 전투에서 필승에 이르는 전술이었다'는 것이다. '실제로 이 시기 주요 출판물 가운데, 《실지응용작문법》, 《문장체법》,[65] 《연설법방》[66] 등 고전수사학의 하위 분야와 연관된 저서들이 상당수 포함되어 있음은 결코 우연이 아니'라는 것이 그의 지적이다. 임형택(1999 : 20)은 최재학이 지은 《실지응용작문법》을 '실용성을 서명으로까지 표방하고 있는바 계몽기적 시대의 요구를 적극적으로 담은 글쓰기 지침서로 규정'지으며, '국한문체의 수사학을 나름대로 개척한 책'으로 평가한다.

---

65 김욱동(2002 : 32-33) : "우리나라에서 수사학에 대한 관심은 20세기 초엽 개화기에 접어들면서 다시 한번 활기를 띤다. 〔…〕 이재선이 일찍이 밝힌 바 있듯이 1909년에 극암 최재학이 《실지응용작문법》을 출간하여 수사법에 개척자로서의 역할을 하였다. 비록 시마무라 호게츠 같은 일본 학자들의 저서에 의존하였으면서도 이 책은 현대적 의미의 수사학을 처음 다루었다는 점에서 높이 평가받는다. 최재학은 비유법을 열네 가지로 나누어 설명한다. 〔…〕 최재학의 뒤를 이어 황산 이종린도 1913년에 《문장체법》을 출간하여 현대적 의미의 수사학 연구에 씨앗을 뿌렸다."

66 박경현(1994 : 101-102) : "일찍이 안국선은 《연설법방》을 저술하여 연설의 필요성과 그 구체적인 방법을 제시하였다. 〔…〕 이 책은 78면에 불과한 작은 책자로 1907년 11월 창신사에서 초판이 발행되었다. 다음 해 8월 현공렴이라는 이의 명의로 3판이 발행된 것으로 보아, 당시 독자들에게 상당히 환영받은 것으로 보인다."

하지만, 엄훈(2000 : 272)이 우리 토론 문화의 전통이 국어 생활 문화에 제대로 접맥되지 못하고 있는 이유 중 하나로, 토론 문화가 꽃핀 당대에도 후대에도 '토론 문화 자체에 대한 연구가 없었다'는 점을 꼽고 있는 것은 유의해야 할 대목이다. 개화기에 '웅변의 시대가 도래'하여 '대중들을 압도하여 눈물 흘리게 하는 일이 일상적'이었어도,[67] 웅변에 대한 구체적 연구들이 결여되어 있다면 웅변 수사학의 존재를 과연 말할 수 있겠는가 하는 것은 사실 중요한 문제이다.

이는 보다 일반적으로 말하면, 수사의 구사와 수사의 탐구의 구분의 문제이다. 앞서 페르노가 제안한 바와 같이, 수사를 포괄적으로는 수사학의 외연에 포함시킨다 해도, 'rhetoric'이나 'rhétorique' 같은 표현이 양자에 쓰이는 서양어에서와 달리, 우리말에서는 '수사'와 '수사학'으로 구분될 수 있는 양자를 가급적 구분할 필요가 있을 것으로 생각된다. 언어 학습 연구 학자들이 말 배우는 어린아이를 '자신이 문법학자인 줄 모르는 문법학자'로 간주하여 그 '문법'을 연구하듯이, 수사가들을 적어도 잠재적인 수사학자들로 간주하여 그 '수사'를 연구할 수는 있겠으나, 그러한 '수사의 구사'를 '수사'에 대한 명시적인 메타차원의 탐구와는 가급적 구분하는 것이 바람직한 것으로 보인다. 말하자면, '묵시적 수사학'과 '명시적 수사학'을 구별할 필요가 있다는 것이다.

---

67 고미숙(2000 : 206) : "논쟁은 물론 이런 거창한 문화담론에 한정되지 않고, 시시콜콜한 생활습속을 둘러싼 것에 이르기까지 실로 광범해서, '정소'라는 말이 최고 유행어가 되었을 정도로 일상적인 소송이 빈번했다. 뿐만 아니라, 당시에는 7세 어린아이에서부터 젊은 부인, 나무꾼 등 신분고하, 남녀노소를 막론하고 길거리 곳곳에서 공적 언술을 표현하는 것이 대유행이었다. 토론과 연설이 학교교육뿐 아니라, 청년문화의 주류가 되었던 것도 같은 맥락이다. 예컨대, 각 학교에서 유명인사들을 혹은 외국인사들을 초청하여 연설회를 개최하는 것이 중요한 교육프로그램이었고, 그때마다 대중들을 압도하여 눈물을 흘리게 하는 일이 일상적으로 일어났다고 한다. […] 바야흐로 웅변의 시대가 도래했던 것이다."

6.2. 현대 수사학 관련

근자에 설득에 관한 논문들이 논리에서 언론, 토론, 광고, 문채, 글쓰기, 상소문에 이르기까지 다양한 영역에서 크게 증가하고 있어 수사학 연구의 풍요로움을 여실히 드러내고 있으며,[68] 설득 개념과 불가분의 관계에 있는 논증 개념 역시 정책, 행정 절차, 신문 사설, 국어 교육, 선어록, 법, 텍스트, 철학, 언어학 등 다양한 영역에서 그 수사학적 필요성을 웅변적으로 보이고 있음은 주제어를 통해 전자저널들을 탐색해 보면 잘 드러난다.[69]

논증, 논술과 밀접한 연관이 있는 글쓰기 문제도 학문하는 방법과도 관련된 많은 성찰들을 낳고 있으며,[70] 국내외에서 많은 관심의 대상이 되고 있는 '협상' 역시 중요한 현대적 수사학 개념의 하나로 대두되어 있다.[71] 이러한 사실들은 근래에 이들 개념들에 관한 저서, 특히 번역서가 다수 출간되고 있는 사실에서도 확인할 수 있다.[72] 근자에 상당히 늘어나고 있는 논쟁 관련 저서나 번역서들

68 오인환(1991), 강태완(1999), 이준웅(2001), 최인자(2001), 정정순(2001), 홍종화(2001), 이태수(2003), 송종길(2004) 참고.

69 강근복(1990), 윤재왕(1992), 김항규(1995), 김항규(1996), 이성만(1996), 정재헌·서정신(1999), 민병곤(2000, 2001, 2004), 정정순(2001), 이준일(2001), 홍종화(2001), 하병학(2002), 박영록(2003).

70 김동환(1994), 전정구(1996), 박동찬(1996), 신광현(1996), 김종갑(1996), 김영민(1997), 조혜정(1997), 김정근(1997), 김영민(2002), 플라워(1998), 조희정(1999), 권성우(2000), 신태수(2000), 정정순(2001), 크로스화이트(2001), 장덕현(2002), 장석주(2002), 천정환(2002), 최재목(2004) 등 참고.

71 이달곤(1994), 박호환(1994), 나은영(1995), 서휘석(1999), 황재영(1999), 곽노성(2000), 봉두완(2000), 박헌준(2001), 박현숙·김병국(2002), 김기홍(2002), 시몬스(2002), 이마키타 준이치(2003), 박선철(2004) 참고.

72 정내화(1985), 김영국(1993), 카네기(1995, 2002), 스펜스(1997), 허탁(1998), 쿠사노 코이치(1998), 양희완(1998), 하병학(2000), 고정기(2000), 윤평중(2001), 아당/본옴므(2001), 크로스화이트(2001), 강태완 외(2001), 전영우(2002), 박준호(2003),

도 마땅히 수사학적 조명을 받아야 할 것으로 생각된다.[73]

'광고'에 대한 배혜문(1994 : 93)의, '소비자를 보다 적극적으로 설득하는 의도적인 상업적 커뮤니케이션으로 대중매체를 이용하여 소비자들에게 자사 제품에 대한 정보를 제공하며, 구매를 자극하고 친숙도를 높이는 한 수단'이라는 정의를 보면, 광고가 수사학과 무관하다는 말은 하기 어려울 것이다. 앞에서도 지적했지만, '커뮤니케이션' 연구[74]는 수사학과 상당 부분 중첩되는 것으로 보인다. 협상 이론과 커뮤니케이션 문제를 아우르고 있는 봉두완(2000)의 고찰은 이들과 수사학과의 관련성을 잘 보여 주고 있다.[75]

흔히 철학이나 논리학의 문제로 간주되는, 미국에서 특히 많은 연구가 이루어지고 있는 '비판적 사고'도 수사학적으로 적극 재검토되어야 할 문제이다.[76] 의사 결정 문제는 심리학적 접근이 다수이나, 수사학적으로도 고려되어야 할 개념이기도 하다.[77] 여기에 교계 바깥으로는 크게 알려지지 않은 것으로 보이

플랑탱(2003), 아모시(2003), 넬슨 외(2003a), 최윤식(2000), 코헨(2001, 2004), 이현우(2002), 도슨(2003), 라이백(2003), 알레산드라 외(2003) 참고.

73 강광식(1999), 김기현(2000), 역사비평 편집위원회(2000), 노경주(2001), 쇼펜하우어(2003), 홍성식(2003), 이애희(2004), 권오문(2004) 참고.

74 조병호(1986), 오인환(1991), 배혜문(1994), 신용순(1995), 서영아(2002) 참고.

75 봉두완(2000 : 13) : "대부분의 서구 커뮤니케이션 이론과 마찬가지로 협상 이론에 함축된 커뮤니케이션도 수사학에 그 유래를 둔 대표적인 서구 커뮤니케이션 개념이다. 수사학에서 커뮤니케이션은 주된 설득 수단으로 사용된다. 따라서, 수사학 관점에서 본 커뮤니케이션은 정보전달이나 상대방에게 영향력을 끼치거나 또는 상대방을 조정하는 이성적 도구이며, 이러한 관점에선 언어적 커뮤니케이션의 중요성이 강조된다. 커뮤니케이션을 도구로 보는 관점에서는 언어로 표현된 메시지의 역할이 중요하며 개개인은 자신의 또는 자신이 속한 집단의 목표를 이루기 위해 커뮤니케이션(메시지)을 사용한다. 그러므로 서구에서는 유창한 언변으로 자신의 생각이나 의견을 이성적, 논리적으로 잘 표현하는 능력이 중요시된다."

76 맥팩(1989), 브라운(2002), 하병학(2002), 홍윤기(2002), 김광수(2002), 김명숙(2002), 노경주(2002), 오판진(2003), 박은진 · 김희정(2004) 참고.

는 '설교', 그리고 성경 해석의 문제도 수사학과의 관련성이 매우 크다.[78] 개인적으로 관심도 있고 앞으로의 연구도 기대되는 분야는 인문학을 비롯한 학문의 수사학적 측면을 연구하는 '학문 수사학'인데, 다양한 분야들의 수사학적 연구의 가능성을 보여 준 넬슨 외(2003a)는 좋은 참고자료가 될 것이다. 이 밖에도 여기에 언급되지 않은 다양한 분야의 많은 수사학 관련 글들이 있다. 나아가, '수사학'이란 말은 쓰지 않으면서도 실제로는 매우 수사학적 연구라 할 수 있는 김재웅 외(2003) 같은 경우들도 수사학적 연구들에 포함시킨다면, 한국 수사학의 현대적 지평은 더욱 넓어질 것이다.

7. 에필로그

수사학의 외연을 페르노(2004)가 제안하는 것보다 보다 넓히고 그 목적도 다양화한 것은 '한국의 수사학 전통'을 비교수사학적으로 말하기 위한, '일반화된 수사학'이라는 하나의 터전을 마련하기 위한 것이었다. 또한 그렇게 함으로써 '신커뮤니케이션학'으로서의 수사학이라는 고전과 현대를 아우르는 '일반화된 수사학'의 전망에 이를 수 있었다. 수사학의 이러한 새로운 이해는, 다양한 수사학들을 비롯하여, 일견 무관하거나 거리가 멀게 보이던 여러 분야의 탐구들을 수사학적으로 아우를 수 있게 해준다. 우리의 '전통수사학'과 동서양의 다양한 수사학들이, '일반화된 수사학'이라는 하나의 커다란 스펙트럼 속에 그 초점이나 비중이 서로 다른 대비되는 부분들로 나타나게 되는 것이다.

77 슈미트 외(2001), 구니오 고모리야(2002), 대너(2003) 참고.

78 김지찬(1997), 현경식(1998a)은 '설득으로서의 수사'를 특히 강조하고 있다. 엄요섭(1972a, 1972b, 1972c), 정성구(1984, 1993), 주성호(1994), 서인선(1996), 현경식(1998b) 참고.

'일반화된 수사학'의 한 탐구의 전망으로서의 '닦음의 수사학'은 한국 수사학 전통에 고유한 것은 아니지만, 한국적인 수사학의 모습을 잘 드러나게 해 주는 하나의 틀로 제시될 수 있을 것이다. 설득을 위한 언어의 '구사' 혹은 '펼침'이 두드러졌던 서양 수사학에 비해, 빌린 글인 한문을 배워서 써야 했던 한문 시대에는 글을 닦는 것이 정신의 닦음과 매우 긴밀한 관계에 있었는가 하면, 애국 · 애족 · 계몽의 필요성을 '문체'의 개발과 실험을 통해 국민들을 설득해야 했던 애국계몽기에는 글틀 자체의 '닦음'에 힘이 모아졌어야 했다. 언해문 시대에 이어 개화기, 그리고 근자의 약 한 세대에 특히 두드러져 보이는 '번역을 통한 언어의 형성이나 연마'의 문제도 실은 '닦음의 수사학'의 문제이다. 많은 분야에서 다양한 수사학 관련 연구들과 번역들이 크게 늘어나고 있으며, 새로운 글쓰기에 대한 논의들도 활발히 이루어지고 있는 오늘날은, 연암의 '법고창신'의 정신으로, 새로운 한국적 수사학 전통의 수립이 적극 모색되어야 할 때이다.

제8장

학문적 글쓰기—임상수사학적 탐구

1. 서언

오늘날의 의미와는 다소 다를지라도, 이름 또한 같지 않았을지라도 '글쓰기'는 우리 수사학 전통의 가장 중요한 주제의 하나이다. 한문 시대와 근대계몽기에 이어 다시금 지식인들의 화두가 되어 있는 '글쓰기'는 우리의 수사학 전통의 주요 문제이고, 개화기의 '문체 실험'과 그와 관련된 탐구들도 우리글로 우리의 글쓰기를 하기 위한 수사(학)적 탐구들로 해석할 수 있다. 글쓰기는 글읽기와 더불어 동서양을 막론하고 거의 모든 학문의 문제이나,[1] 이 장에서는 '인문학의 위기'가 사회적으로 담론화되면서 특히 관심의 대상이 된 '학문적 글쓰기' 문제에 초점을 맞출 것이다.

문제의 '위기'를 인문학 외적으로 고찰을 하는가 인문학 내적으로 고찰하는가에 따라, 이 '위기'의 원인에 대한 진단도 다양해질 수 있고, 그에 따른 처방들도 달라질 수 있다.[2] 이 위기의 진단과 처방에 글쓰기, 좁게는 '학문적 글쓰기'가

1 박동찬(1996) 참고.

주요 과제의 하나로 대두되어 있는데, '학문적 글쓰기'는 문제의 위기의 원인이 되기도 하고, 그 처방의 대상이 되기도 한다. 인문학의 위기 문제와 맞물린 다양한 글쓰기의 주장들을 '임상수사학'의 관점에서 검토해 보는 것은 '학문적 글쓰기'에 대한 반성의 목소리들이 높고, 또 다수의 학자들이 대안 마련에 고심하는 이때, 의미있는 일이 될 것이다.

그러나 이 글은 글쓰기의 사회적 · 역사적 · 문화적 환경 등을 고려한, 문제의 총체적 해결의 대안을 제시하는 데에는 이르지 못하고 있고, 탐구의 방법으로 제시된 '임상수사학' 또한 아직 시안의 단계를 크게 벗어나지 못하고 있다. 이 글에 직접 인용이 무성한 것은, 그러한 상태에서, 학문적 글쓰기와 관련된, 때로는 불협화음적인, 다양한 목소리들을 다성적으로, 중층적으로 전하고자 한 필자의 의도와도 무관하지 않다.

2. 인문학의 위기와 글쓰기

'인문학의 위기'는 대략 80년대 중반부터 지식인들이 쓰기 시작한 표현으로, 90년대에는 많은 연구자들의 주목을 받았으며,[3] 오늘날도 그 논란은 계속되고

---

2 정윤경(2002) : "한국사회에서 '인문학의 위기'가 이야기되기 시작한 것은 서구 사회에서의 인문학의 위기론과 관련된다. 특히 포스트모더니즘의 논의로 대표되는 지성 논리의 변화를 들 수 있다. 그러나 우리 사회에서 본격적으로 인문학의 위기에 대한 논의가 본격화되기 시작한 것은 IMF라는 경제위기를 맞게 되면서부터이다. 특히 정부에서 한국에서 경제적 위기를 맞게 된 원인을 한국사회가 선진국형 지식 즉 신지식을 갖지 못했다고 진단하면서 신지식운동을 펼치는 것과 무관하지 않다"(p. 97) ; "인문학의 위기 역시 인문학이 갖는 특성상 사회에 현실적이고 즉시적인 영향력을 발휘할 수 없다는 내적인 원인과 물질적 가치가 우선되는 사회 풍토 속에서 사회적 요구를 충족시키지 못하는 점, 절대주의가 쇠퇴하고 다원주의가 등장하는 시대에 거대설화로 자리해온 인문학이 설자리를 잃고 있다는 점 등 외적인 원인에서 기인한다"(p. 100).

3 김영민(1998c : 245, 주 4) : "훗날 1990년대야말로 분명 새로운 글쓰기 세대의 문턱

있다. 이동철(1999 : 102)은 '1980년대와 달리 근래 지식인사회에는 거대 담론이 부재하지만 그런 가운데 주목할 만한 현상이 인문학의 위기론'이라며, 인문학의 위기론을 하나의 '거대 담론'으로 간주한다. '비평의 위기, 문학의 위기도 논의되며, 교육과 대학의 위기도 검토되지 않은 바는 아니지만, 위기 담론의 중심자리에 놓여 있고 다른 담론들과 밀접한 관계를 지닌 것이 바로 인문학의 위기 담론'이라는 것이다.

최종욱(1999 : 412-414)은 '인문학의 위기'에 대해 국내에서 간행된 '각 논문들이 제시하는 인문과학의 위기 원인과 처방을 면밀히 분석하여 그 장 · 단점을 비교 검토'하는 담론 비평에서, 많은 오류들이 '서양의 인문학에 대한 이해를 막고 진정한 의미에서 또 하나의 인문학의 위기를 초래'하고 있다는 입장을 보인다. 그는 우리가 인문학을 대개 '사람답게 사는 도道에 관한 학문'으로 규정하는 것과 대조적으로, 근대 서구의 인문학 혹은 인문과학은 '경험과학'의 성격을 갖는다고 지적한다. '그리스적인 의미의 학문과 근대적인 의미의 학문의 성격이 근본적으로 달라졌는데도 불구하고, 20세기 후반에 인문학 내지 인문과학을 아직도 그리스적인 의미의 구도의 학문으로 규정하는 것은 논리적으로뿐만 아니라 역사적으로 모순'이라는 것이다.

나아가 홍성욱(2000 : 219)은 '(서양의) 인문학의 경우 17세기 이래 학문과 도덕적 수양을 별개라고 생각했음을 보면, 인문학이 인성 교육을 담당할 수 있는가에 대해서 논란의 여지가 없지 않다'고 문제 제기를 하는데, 우리의 많은 인문학자들이 인문학을 '사람됨', '사람다움'의 모색이라 말하는 데 주저하지 않는 것을 보면,[4] 이를 오히려 현재의 우리 인문학과 서양 인문학의 주요 차이의

이었다는 평가가 나올 법도 하다."

4 이왕주(1998 : 136) : "정도전이 시서예악을 인간의 글 즉 인문학이라고 할 때 그는 그것을 곧 '사람됨의 공부'로 정의하고 있다. 김영민도 인문학을 사람(Human being)

하나로 보아야 할 것이라는 생각이 든다. 김영건(2001 : 226)은 '인문학의 기본 정신'은 바로 '사람다움을 모색하는 노력'이며, 이는 '우리 자신에 대한 궁극적인 반성을 통해 삶의 의미와 가치를 추구하는 지적 노력'이라고 본다. 그러기에 그는 '인문학이란 사람됨, 사람다움의 길을 희구하는 곳 어디에나 꽃필 수 있는 것이어야 한다'며 인문학의 '보편성'을 옹호하는 것이다(p. 224).

이왕주(1998 : 136-142)는 '공부'는 바로 '이치를 궁리하는 것이고 품성을 수양하는 것이며 의지를 연마하는 것'으로, '이 공부에는 늘 두 차원이 함께 하는데 하나는 학습과 박문博文이고 다른 하나는 수신과 약례約禮'로서, 이 두 차원은 '수레의 두 바퀴처럼 함께 나아가야 할 이론과 실천의 두 축'이라 말한다. '그래서 배우는 것만큼 달라지지 않으면 안 되었'다는 것이다. 그의 생각엔 '이런 맥락에서 소크라테스가 그토록 목놓아 외쳤던 지행합일은 우리 학문의 전통에서 보면 밥은 숟가락으로 먹고 반찬은 젓가락으로 먹으라는 것처럼 당연한 말'이었다. '배운 사람은 당연히 배운 사람다워야 하는 것이기 때문'이다. 그래서 그는 '배움은 사람됨의 공부에서 시작해야 한다는 것'을 원론으로 제시한다. '인문학은 사람됨의 무늬에 대한 공부'이고, '이 공부에서 우리는 배운 만큼 달라지고 아는 만큼 변화할 수 있어야 한다'는 것이다.

천정환(2004 : 381)은 문학의 위기를 논하면서 '논의가 사변화되고 위기냐, 아니냐를 갖고 다투지 않는 한, 위기에 대해 사유한다는 것은 가치 있는 일'이라며 일단 그 타당성을 옹호한다. 김진나 · 박주식(1999 : 159-173)은 인문학의 위기의 문제는 '인문학이 처해 있는 구조적인 조건이며 동시에 시대적인 상황이라고 할 수 있'으나, '인문주의와 인문학'이 '그것이 원래 표방했던 인간다움의 실현이라는 이상론과는 정반대로 이미 식민주의적인 속성을 지'니는 데에

에 대한 학문이 아니라 사람됨(Being human)에 관한 학문이라고 정의하며 그의 맥락을 잇고 있는데 여기서도 핵심은 사람됨 그리고 공부다."

도 기인한다고 본다. 이들은 특히 '인문학의 위기시대에 필요한 새로운 인문학적 사유들은 인문학의 위기에 대한 문제의식과 함께 이 위기가 다름 아닌 인문학의 본질이라는 새로운 인식으로부터 나올 수 있'을 것으로 기대한다.

한편, 최재목(2003 : 217-220)은 '지금 우리 사회가 안고 있는 문제점을 보다 정확히 지적하자면 인문학 내지 철학의 위기가 아니라 그것들의 부재라고 표현해야 옳을 것'이라고 지적한다. 그는 '이러한 인문학 부재에 대한 위기론'의 연원과 대안의 '대표적인 목소리들'을 ① 정신문화의 식민성, ② 앎과 삶의 괴리, ③ 전통 계승의 정신사적 맥의 단절, ④ 새로운 글쓰기 네 가지로 요약하고, 여기에 ⑤ 자본주의, 과학과 기술에 의한 세계 지배를 덧붙인다. '최근의 인문학의 부재니 위기니 하는 논의는 어쩌면 참된 인문학을 모색하기 위한 문제제기로서 이해해야 한다'는 것이 그의 생각이다.[5]

그러나 김영민(2002 : 84-85)은 '새로운 글쓰기든, 비판적 글쓰기든, 그 무엇이든, 인문학 위기론의 대안이 될 수 없'다며 '새로운 글쓰기'의 인문학 위기론의 대안 가능성을 부인한다. '이미 인문학 위기론은 특정한 대안을 붙여 극복할 수 있는 특정한 사안이 아니'라는 것이다. '특별히 과학이 그 보편적 실용성

---

5 양해림(2001 : 35) : "인문학의 위기를 언급하는 이유는 다양한 측면에서 접근할 수 있겠지만, 대략 다음과 같은 사항으로 요약할 수 있다. 첫째, 인문학의 보람이 인간다운 삶의 탐구에 있음에도 불구하고 역사적으로 보았을 때, 오히려 보수적인 이론에 치우쳐 일부 계층의 이익을 도와주는 구실을 해 왔다는 것이며, 둘째로, 전통적으로 인문학자들의 특권의식이 알게 모르게 작용해 왔다는 점이며, 셋째, 삶과 유리된 인문학의 연구풍토가 그러하다는 것이며, 넷째, 이러한 상황에서 대중들과의 폭넓은 공유를 찾지 못했다는 점이며, 다섯째로, 다른 분야와의 폭넓은 학제적 교환 없이 동종교배 현상만으로 고립된 학문으로 치우쳐 왔으며, 여섯째, 인문학을 해서 무엇 하느냐 하는 유용성의 차원에서 실용학문에 밀려 왔다는 점이며, 일곱째, 정부주도하의 미국식 신자유주의적 시장경제 정책, 즉 부익부, 빈익빈 현상을 야기하고 있는 학부제를 비롯한 연구중심대학, BK21 등의 대학정책의 계속적인 혼란 등을 손꼽을 수 있다."

으로 위세를 떨친 이후 인문학은 늘 위기 담론의 속성을 떨쳐버릴 수 없었고, 이제는 내인內因, 외인 구별할 것도 없이 인문학 자체의 함몰을 예고하는 원인은 포괄적'이라는 것이 바로 그의 진단이다.[6]

그의 기본적 생각은 '인문학의 위기도, 한국 근대 정신 문화사에 산적한 여러 문제가 전통을 창의적으로 계승해서 오늘의 표정에 깊이와 힘을 실어주는 소위 법고창신法古創新의 태도가 끊어진 데'에 주로 기인한다는 것이다. 그렇기 때문에 그는 '정신의 절맥을 딛고, 우리 삶의 행로와 그 역사가 일구어 온 이치들을 이 시대에 알맞게 창의적으로 계승하는 것이야말로 우리 학문의 길이며, 또한 그 학문의 속내를 떠맡아야 할 우리 인문학의 길이기도 하다'며, '학교의 안팎을 가로막는 허위를 허물고 삶의 체험에 솔직한 말하기와 글쓰기의 전통을 쌓아나가야 한다'는 처방을 내리는 것이다. 홍성욱(2000)도 '우리 것'에 대한 '맹목적인 집착'을 경계하며 '우리 글쓰기'의 대안 가능성을 부정한다.[7]

그러나 이들이 인정하지 않는 것은 '새로운 글쓰기'의 '인문학의 위기'에 대

6 앞서도 김영민(1998b : 29-32)은 '금세기 우리 학문 전체의 위기, 혹은 좁게는 인문학의 위기'를 '식민성과 공모한 앎과 삶의 소외'라고 진단한 바 있다.

7 홍성욱(2000 : 218) : "일군의 인문학자들은 이런 위기가 한국 인문학이 우리 것을 제대로 연구하거나 가르치지 못하고, 서양의 학문에 각주를 다는 식으로 이루어졌기 때문이라고 강조한다. 나는 이들의 주장이, 외국 학자들의 책이나 논문에서 이것저것 따와서 자기 연구를 대신하거나 자기 글의 권위를 높이려는 일부 상식 이하의 관행에 대한 비판이라면, 이에 충분히 동의한다. 그렇지만, 일부가 제기하는 '우리 글쓰기'나 '새로운 진리'와 같은 개념이 인문학의 위기에 대한 대안이 될 수는 없다고 본다. 낮은 수준의 연구와 교육에 대한 비판은 수준 높은 연구와 교육을 통해 이루어져야지, 그 실체가 모호한 '우리 것'에 대한 맹목적인 집착일 수 없기 때문이다. 특히 전통과 우리 것에 대해 이야기하면서 종종 나타나는 '정서'에의 호소나 선문답 같은 담론은 인문학의 위기를 심화할 뿐이다. 인문학의 훈련은 치밀하게 분석적이고 콘텍스트적인 사유를 할 줄 아는 능력을 개발하는 것이지, 날개를 달고 날아가는 식의 '꿈 같은 상상력'을 키우는 것이 아니다."

한 대안론이지 그 필요성 자체는 아니다. 사실, 인문학의 위기는 학문적 글쓰기에 대한 성찰의 계기가 되었고, 이를 통해 기존의 학문적 글쓰기에 대한 반성의 목소리들이 많이 들리고 있는 것은 부인할 수 없는 사실이다. 그중에서도 '반성적 탐구'가 본분인[8] 인문학에서 비판정신이 위축된 것을 위기의 주요 원인으로 꼽는 목소리를 우리는 특히 귀담아 들어야 할 것이다. 안장리(2005 : 301)는 인문학의 위기가 '인문학적 사유의 위기이며, 인문학적 비판정신의 위축에서 비롯된' 것으로 보기에 그가 이 비판정신을 바탕으로 한 새로운 글쓰기의 필요성을 강조하는 것은 어쩌면 당연하다고 말할 수 있다.[9] 아울러 우리는 글쓰기와 글읽기의 연계성과 타 분야들과의 소통의 문제,[10] 이론적 학문과 그 실천의 괴리, '역사적 맥락이나 현실과의 연계 고리의 차단' 문제, 즉 '탈맥락화'와 '탈역사화'된 글쓰기의 문제도 충분히 고려해야 할 것이다.

장덕현(2002 : 41-42)은 '한국전쟁 이후 우리나라에 근대적 학문이 기틀이 마련된 이래 논리실증주의가 특히 사회과학의 주류 패러다임을 형성해 왔'고, 이러한 '서구의 지식이 한국에 이식되면서 자생적 담론의 성장을 억제함과 동시에 지배적 담론으로 기능'하였으며, '이러한 현상은 학자의 글쓰기에도

---

8 이성원(1994 : 13) : "반성적 탐구로서의 인문학은 존재하는 모든 것을 비판적 검토의 대상으로 삼는다."

9 안장리(2005 : 279) : "인문학은 사람이 살아가는 생활 전반에 대한 현상을 다룬다. 그런데 사람의 생활은 시대에 따라 달라지게 마련이므로 이를 표현하는 글쓰기 역시 달라져야 한다. 그러나 글쓰기의 관습성은 이런 변화를 거부하므로 인문학적 비판정신을 바탕으로 한 새로운 글쓰기의 모색이 요청된다."

10 이동철(1999 : 110-111) : "인문학의 궁극적 주제는 인간이며, 그 인간은 결코 고립된 실체가 아니다. 앞으로 무엇보다 중요한 것은 더욱 적극적인 상호 대화와 토론을 통한 논쟁의 공론화라고 생각된다. 아울러 쓰기의 문제에 앞서는 읽기의 문제, 사회과학 및 자연과학과 어떻게 의사를 소통할 것인가의 쟁점, 서구와 우리 인문학의 역사 등이 검토되어야 할 것이다."

지배적 영향력을 행사하여 대상과 이격된 개념적, 전지적 목소리가 이른바 학문성을 보장하는 것으로 인식되어 왔다'고 그간의 '식민적' 혹은 의존적 담론 현상을 요약한다. 최신일(1996)은 지금이 서구의 근대 이성과 합리성을 넘어서는 새로운 패러다임이 요구되는, 변화를 필요로 하는 패러다임 전이적인 시점이라는 주장을 편다.[11]

글쓰기의 옛 패러다임은 '권력' 문제와 무관하지 않다. 이는 역사적으로도 '민주적' 시대에 수사학이 꽃을 피웠고 그렇지 못한 때에 수사학이 시들해졌다는 사실이 잘 보여 주는 바이다. 조관홍(1999)은 이러한 사실의 한국적 측면을 환기시키며, '결국 인문학의 위기는 묻고 배워 체계를 세우려는 사람들의 자기 성찰과 수양의 부족에서 기인했다고 말할 수밖에 없'는데, 이는 '객관적이고 보편적인 학문이란 이름으로 자신의 부족한 자기수양과 인간애를 감추려 했기 때문'이라고, '달리 말하면 지식으로 지혜를 위장하려 했기 때문'이라고 지적한다.[12] 같은 맥락에서, 최재목(2003 : 167)은 '현대 한국사회에서 철학의

11 최신일(1996 : 334-335) : "그렇다면 오늘날 왜 글쓰기가 중요한 논제로 떠오르는가? 오늘날의 다원화된 사회 속에서는 지금까지 서구 형이상학이 추구해 왔던 하나의 인식 방법을 통한 진리 추구로서는 세계를 이해, 해석하고 설명할 수 없게 되었다. 세계를 바라보는 새로운 철학적 패러다임이 요구되는 시점에서 우리는 우리의 현상을 어떻게 바라보고, 서로 다른 현실과 어떻게 공존할 수 있는가 하는 문제가 제기됨에 따라 글쓰기의 문제가 새롭게 부각되었다고 볼 수 있다. 다시 말하면 글쓰기란 무엇인가라는 문제의 출발점을 우리는 근대 이성에 대한 비판, 합리성에 대한 반성이라고 할 수 있다. 우리에게 절대적으로 주어진 것, 모든 사람이 보편적으로 수긍할 수밖에 없는 어떤 것—정신, 합리성, 이성—이 통제하는 획일화된 사회에 우리는 붙들려 있었다. 그러나 지금의 다원화된 사회에서는 전체를 주관하는 하나의 로고스만을 강요할 수 없는 시대를 맞이하게 되었다. 이렇게 다원화되고 복잡한 삶 속에서 진리를 위한 유일한 방법만을 제시하는 전통적 형이상학 또는 인식론적 근원 철학foundationalism을 재검토하고, 종래의 인식론을 극복하려는 운동이 다양하게 전개되고 있다."

12 조관홍(1999 : 11) : "묻고 배우는 과정이 어렵고 힘든 과정이라 할지라도 그 결실이

위기가 논의되고 있'지만, '그것도 따지고 보면 철학과科의 위기'이고, '철학 전공자의 위기'이며,' 철학 교수의 위기'이지 '철학의 위기' 혹은 '철학함'의 위기는 아니라는 점을 염두에 둘 필요가 있다며, '자신의 몸으로 알고 깨닫는 학문', '온몸으로 하는 철학', 즉 '체인지학體認之學의 현대적 가능성'을 타진한다.

이도흠(1999a : 169-178)은 '세계적 보편성을 띠고 있'는 인문학의 위기는 '새로운 패러다임'의 부재 때문이라고 잘라 말한다. '서구 인문학을 무비판적으로 수용하는 지적 풍토 또한 인문학을 위기로 몰아넣고 있'으며, '학문의 다양성을 인정하지 않고 토론과 대화를 하기보다 학맥과 패거리를 중시하는 풍토 또한 인문학을 옥죄고 있다'는 것이다. 그는 '어느 현실에도 적용하여 최고의 성과를 거둘 수 있는 그런 이론이나 방법론'은 없으니, '열린 사고와 대화의 자세'로 '이제 한국의 지식인들은 우선 어떤 이론이 한국의 어떤 상황에서 빛을 던져줄 수 있는가, 어떤 이론이 어떤 한국 현실에 유용한가에 대하여 먼저 잘 판단하여야 한다'며, '새로운 패러다임의 모색'을 위해 '화쟁과 삼재, 실학과 동학 등'을 '새로운 패러다임이 될 수 있는 훌륭한 자원'으로 제시한다.

우리의 전통을 통한 이러한 모색도 물론 필요하며 의미있는 작업이지만, 외국에서의 다양한 새로운 모색들도 지속적인 관심을 가지고 꾸준히 살필 필요가 있는데, 그중 하나가 '반反토대주의'와 '다원성'에 초점이 맞추어진, '학문

펼쳐지는 것은 물 흐르듯 자연스러워야 한다. 그리고 자연스러운 흐름의 목적지는 풍요로움과 자유여야 한다. 그런데 실상은 어떠한가. 인문의 수많은 체계들은 결과적으로 일상인의 삶을 풍요롭게 하기보다는 특정한 가치를 강요하고 길들여지기를 요구한 것이다. 그런 측면에서 서양학문을 수입한 것이든 자생적인 전통적 학문이든 모두 학문을 지도원리나 지배원리로 생각한 것이다. 다시 말하면 학문을 남에게 영향을 미친다는 의미의 권력 도구로 삼아 온 것이다. 자신의 삶은 회한과 고통에 가득 차 있으면서 객관성과 보편성의 이름으로 너희들은 그러해선 안 된다라는 주장이 설득력을 갖지 못한다는 것은 너무도 당연한 이치이다."

적 의사소통에 대한 심층적 탐구'이며 '학문적 지식의 산출과 유포에서의 수사학의 위치'에 관심을 갖는 '탐구의 수사학'이다. 이왕주(2000 : 309)는 학문들이 분과학들로 '갈래갈래 찢어'져 총체성의 단서들을 잃고 각자 동굴처럼 고립된 공간에 유폐되어 있는 연유로 학문의 위기를 '방법의 위기'가 아니라 '소통의 위기'로 진단하는데, 이러한 '소통의 위기'에 대해 '탐구의 수사학'은 가능한 하나의 처방이 될 수 있다. 이 '탐구의 수사학'을 '새로운 의사소통학으로서의 수사학'으로 발전시킬 수 있다면 패러다임 전환적인 계기를 마련할 수도 있을 것이다.

'확신의 대상이었던 것이 문제 제기적으로 되어 논의에 부쳐지'기에 '수사학은 언제나 이데올로기들이 붕괴될 때 다시 태어'난다는 메이에르(1993 : 7)의 말이 사실이라면, 수사학 담론은 바로 '위기의 담론'이라 말할 수 있다. 학문적 글쓰기가 인문학 위기의 원인이든 대안이든, 아니면 둘 다이든 아니든, 양자에 대한 논의가 적극적으로 이루어진다는 것 자체가 인문학적으로, 그리고 수사학적으로 매우 의미가 있는 것이다. 인문학이 인간의 삶, 삶의 무늬에 대한 성찰이라면, 이러한 성찰은 그 반성적 성찰이 미흡하거나 부족할수록 필연적으로—학자들 사이이건, 학자들과 일반인 사이이건—소통의 문제를 야기할 수밖에 없는데, 글쓰기와 관련된 메타 차원의 소통의 수사학적 탐색은 바로 그렇기 때문에 더욱 필요한 것이다.

3. 글쓰기와 임상수사학

I. A. 리처드는 그의 30년대의 《수사학의 철학》(2001 : 3-24)에서, 아리스토텔레스 이래로 수사학의 핵심 개념으로 인정되어 온 '설득'은 '담론의 목적 중 하나'일 뿐이라고 말한다. 그는 '부활'한 '신수사학'은 '설득의 수사학'을 넘어,

커뮤니케이션에서의 오해와 그 처방에 대한 것이 되어야 한다고 보았다. 설득을 목적으로 삼았던 '옛 수사학'은 '논쟁'의 산물이었고 '말의 전쟁 이론'이었으며 '전투적 충동에 의해 항상 지배되었다'는 것이다. 우리는, 앞서 제안한 대로, 오해를 비롯한 이러한 커뮤니케이션에서의 각종 갈등이나 부조화 현상들을 면밀히 '진단'하고 그에 대한 적절한 '처방'과 '치료'를 꾀하는 분야를 '임상수사학'이라 이름할 수 있을 것이다.

응용심리학의 한 분야이며, "개인이나 집단에게 발생한 행동장애와 적응문제를 심리학적 지식과 기술을 토대로 하여 관찰 · 측정 · 분석 · 치료하는 데 목적이 있다"는 '임상심리학'에서는 이 '임상'이 이미 오래전에 정착된 표현이다. 수사학에서도 '임상'을 단지 비유적인 표현이 아니라 그 본의에 상당히 근접한 의미로 사용할 수 있을 것으로 생각된다. 예를 들어, 의사가 환자를 진찰하여 병의 상태를 판단하는 것을 '진단'이라 하듯이, 수사학자가 오해를 비롯하여, 갈등 · 비난 · 비방 등 커뮤니케이션상의 각종 부조화 현상들을 발견하고 그 원인을 탐색하는 것도 충분히 '진단'이라 말할 수 있다. 또한 의사가 병을 진단하여 그에 대한 처방을 내리듯이, 수사학자는 소통상의 문제에 대해 처방을 내려 문제 해결을 도모할 수 있을 것이다.

김영진(2004 : 13)은 '임상철학'을 '철학적 병을 진단하고 진단에 따라 적절한 치료와 처방을 하는 철학의 새로운 분야'로 정의한다.[13] 김영진(1993 : 35-36)은 '잘못된 인식구조, 가치관, 비논리적 사고방식을 가지고 행동함으로써 이웃과 사회에 엄청난 악영향을 끼치는 사람'은 '철학을 전공한 사람에 의해 더 잘 치료될 수 있다'며, 이러한 목적의 '임상철학'의 필요성을 강조한다. '심리학이

13 김영진(2004 : 21-37)은 이러한 '철학적 작업'이 없었던 것은 아니지만 '임상철학이라는 이름을 갖지 못했을 뿐'이라며, '철학적 병'이란 말 대신 '철학적 장애'라고 해도 무방하나, 편의상 '장애' 대신 '병'이란 말을 쓰기로 한 것이라고 설명한다.

옛날과 달리 이론 중심의 심리학에서 임상심리학으로 발달한 것처럼, 이제 철학도 지금까지 해 오던 방식대로 순수 이론이나 전체적인 개관에만 매달려 있을 것이 아니라 현실적이고 구체적이며 또한 개별적인 철학적 문제를 발견(진단)하고, 처방하고, 그리고 해결해야' 한다는 것이다.[14]

김용환(2001 : 272)도 이에 공감하여, 철학자는 문제 제기자의 역할을 수행할 뿐 아니라, '문제에 대한 진단과 처방을 할 줄 아는 의사와 같은 역할을 해야 한다'고 지적한다. 그런 의미에서 '철학자는 시대의 아픔에 가장 민감한 정신과 의사'로서 '임상 실험을 신중하게 수행하는 전문의가 되어야 한다'는 것이 그의 주장이다. 이왕주(1995 : 19-20)는 '임상철학'은 '철학의 잊혀진 다른 이름에 지나지 않'으며, '자신의 본질이 가장 투명한 모습으로 전개되던 시절, 철학은 예외 없이 임상철학이었'고, '플라톤의 철학은 임상성의 가장 뛰어난 예이고 공자의 철학 또한 그 빛나는 모범'이었다고 '임상철학'의 역사적 측면을 펼쳐 보인다.

'말 잘 하는 기술'에 대한 '학學'으로 인식되었던 수사학은 '신커뮤니케이션학'으로서의 수사학으로 새롭게 인식될 필요가 있다. 말을 할 때에도 누가, 언제, 누구에게, 어떤 상황에서, 왜, 무엇 때문에, 무엇을 위해 말을 하는가 등 소통의 다양한 여건들을 두루 살피지 않을 수 없는 것처럼, 글을 쓸 때에도

14 김영진(2004 : 49) : "이미 강조했듯이 철학을 한다고 해서 항상 진리나 최고의 가치만 따지고 추구하라는 법은 없다. 때로는 사람들에게 지혜와 위안을 주는 것이 철학의 중요한 목적이나 기능이 될 수 있다. 같은 논리로 우리와 가까운 사람들과 사회 그리고 세계에 고통과 불안 등을 주는 철학적 병을 찾아 이를 올바로 진단하고 진단에 따라 적합하고 합리적인 치료 방법을 찾아내어 치료하는 것은 철학의 또 다른 중요한 목적이요 역할이 될 수 있다. 적절한 치료법을 찾는 방법은 철학 안에서도 가능하겠지만 때로는 사회학 · 심리학 · 정신의학 등 인접 학문에서도 찾을 수 있다. 그래서 임상철학은 학제 간의 연구가 꼭 필요하다. 여하간 필자는 소크라테스 · 공자 · 노자 · 밀 등과 같은 철학자들이 임상철학에 많은 공헌을 했다고 확신한다."

이들은 두루 살펴야 할 여건들이며, 이는 학문적 글쓰기라고 해서 다르지 않다. 작금의 글쓰기에 대한 논의, 특히 학문적 글쓰기에 대한 논의들에서 그 '역사성', '맥락성'이 강조되고 있는 것도 소홀히 여겨 온 중요한 여건들을 지적하고 있는 것이다. 이러한 소통상의 여건이나 조건들을 탐구해야 하는 임상수사학자 역시 커뮤니케이션의 '임상 전문의'가 되어야 할 필요가 있다. 또한 한국이라는 맥락 안에서 임상철학의 방법론으로 철학을 해야 하듯이, 한국이라는 맥락 속에서 임상수사학의 방법론으로 수사학을 할 수 있어야 할 것이다.

인문학의 탐구는 담론이라는 구체적 실천을 통해 이루어지기 마련인데, 이 담론은 물론 커뮤니케이션의 한 형태이다. 인문학 같은 크고 복잡한 대상에서는 다양한 문제들이 제기될 수밖에 없고, 그에 따라, 다양한 진단과 처방들이 나오기 마련인데, 이 진단과 처방들 사이에도 오해와 갈등, 불협화음이 적지 않아 보인다. 인문학의 위기와 그 처방으로 제시된 다양한 학문적 글쓰기에 대해서도 학자들 사이에 커뮤니케이션이 원활히 이루어지지 않는 경우가 적잖이 있어, 이 역시 진단과 처방이 필요하다. 의학에서 질병을 병리학적으로 접근하여 진단하고 처방하는 것과 동일한 이치로, 학문적 글쓰기의 임상수사학적 탐구는 학문적 커뮤니케이션의 문제들을 '잘못'이나 '틀린 것', '나쁜 것'으로 예단하기 이전에, 건전한, 바람직한 커뮤니케이션이 되기 위해 취해야 할 방법들을 모르기 때문에 생기는 하나의 '병리적' 현상으로 보고, 그에 따른 조치를 강구하자는 것이다.

4. 학문적 글쓰기는 논문인가?

이상철(2000 : 164)은 수사학을 '현대 커뮤니케이션 학문의 중요한 토대'라고 말하나, 보티에(1994 : 307)는, 보다 적극적으로, 고대수사학을 최초의 '커뮤니케이션학'으로, 그리고 그 특징을 '커뮤니케이션에 대한 전반적 성찰'로 규정한다. 시각은 다소 달라도, 하병학(2004 : 218)도 '수사학이 의사소통학으로 발전할 때만이 우리사회의 의사소통의 문제점을 해결할 수 있다'며, 그러한 지향의 필요성에 공감한다. 이러한 수사학적 소통학은 '그 방법론적 원칙을 실증주의에 두고 있고, 이에 기초하여 기계론적인 커뮤니케이션 모형을 세우고 있'는 기존의 커뮤니케이션학과 달리,[15] 학문적 탐구의 다양성과 다변성을 인정하고, 소통의 실천적 측면에 초점을 맞추고 있으며, 소통의 직 · 간접성과 더불어 다양한 요소, 변수, 맥락을 고려한다는 점에서 매우 포괄적이다. 학문적 글쓰기의 대한 다양한 논의들도 이러한 소통의 수사학의 시각에서 살필 필요가 있는데, 지금까지의 학문적 글쓰기에 대한 논의들을 임상수사학적으로 살피는 것도 그러한 모색의 하나이다.

우선, 논문은 간단히 말하면 '학문적 혹은 학술적 주제를 담은 논증적 담론'이며, 서구의 합리성에 기반한 제도화된 글쓰기이다. 그런데 학문적 글쓰기가 김영민 교수를 비롯한 많은 연구자들이 입을 모아 비판하는 이른바 '논문 중심주의'로 된 데에는[16] 넓게는 '묻고 배워 체계를 세운다'는 의미의 학문(조관홍,

---

15 김용호(1986) : "기존의 커뮤니케이션학은 그 방법론적 원칙을 실증주의에 두고 있고, 이에 기초하여 기계론적인 커뮤니케이션 모형을 세우고 있다"(p. 107) ; "우리가 커뮤니케이션 모델로 커뮤니케이션 현상을 시각화 · 단순화하려고 하면 할수록 커뮤니케이션의 본래 면목은 우리로부터 멀어진다. 의미론자 A. Korzybski는 '지도는 영토가 아니다'라는 슬로건을 내세웠다. 커뮤니케이션 지도는 커뮤니케이션이 아니다"(p. 125).

16 장석주(2002 : 53-54) : "논문 중심주의에 대한 비판이 학계의 일각에서 조심스럽게, 혹은 격렬하게 제기되고 있는 실정이다. 일찍이 김현 · 조동일 · 김용옥 등이 타율적 강박으로 주어진 틀을 깨고 나아간 그 길을 김영민 · 권성우 · 강준만 · 이왕주 · 김진석 등이 따라가며, 논문이 학술적 권위와 가치를 독과점하고 있는 현상에 대해 이의를 제기하고 있는 형편이다. 김영민 씨는 '논문이라는 글쓰기의 형식이야말로 줏대

1999 : 7)이 '자연과학적 방법론'에 압도되어 그러한 방법론이 적용될 수 있는 것으로 한정하는 경향이 강했고, 그러다 보니 인문학은 '그 포괄성과 그 본래적 구상에서 강하게 작용했던 규범적 맥락과 실천적 지향을 상실'하게 되었으며, 인문학의 위기의 근원도 이에서 찾아야 한다는 지적도 나오게 된 것이다.[17] 조관홍(1999 : 12)은 이를 '방법을 숭상한 나머지 본질을 외면하게 된 것'이라고 비판한다. 그래서 그는 인문학이 '향기가 나지 않는 학문, 개체에 대한 따뜻한 배려와 사랑이 결여된 학문, 감동을 주지 못하는 학문으로 인식되기 시작한 것'이고, '이러한 현상이 바로 인문학의 위기를 자초한 것이라 말할 수 있다'고 진단한다.

김영민(1998a)은 논문은 '유럽의 근대 학문성이 선택한 형식적 성취'이며 '이름있는 상표'인데, 그것이 우리에게는 '강박'으로 군림하고 있다고 말한다. '발생학적으로 서구의 합리주의에 바탕을 둔 학문적 전통에서 비롯된 글쓰기'인 논문만을 '유일무이한 학문적 가치를 실현시키는 글쓰기로 떠받드는 것은 서구 추수주의와 서구의 학문적 방법과 체계에 대한 예속상태에 함몰될 위험성이 없지 않'다는 것이다(장석주, 2002 : 57). 그렇지만 이는 '논문 형식의 글쓰기만이 학술적 가치와 의의를 온전히 실현할 수 있는 글쓰기'라는 데에 대한 의문의 제기이지 논문 형식의 폐기 주장은 아니다. 장석주(2002 : 59)도 논문에 '부여된 지나친 권위와 가치의 독과점화, 논문의 특권적 지위를 우려하'는 것이고, 김영민(2001 : 273)도 자신의 '비판의 타깃은 논문 중심주의이지 논문이 아니'라고 분명히 밝힌다. 그는 '글쓰기 시장 자체를 부정하는 것이 아니라,

---

없이 학문을 이 땅의 지식인들을 묶어두는 가장 원형적인 차꼬'라고 단정한다. 김영민의 과격해 보이는 주장은 논문중심주의 글쓰기가 자생성과 주체성을 담보하고 있지 못하다는 점에서 타당하다."

17 조관홍(1999), pp. 12-13에서 재인용.

글쓰기의 공정거래법을 주장할 뿐'이며, '그 내용이 무엇이든 독과점은 삶의 복잡성에 적실히 응대해야 할 인문학의 글쓰기에 알맞지 않다'며 자신의 입장을 변호한다.

한편, 신광현(1996 : 180-181)은 '합리성에 기반을 두는 논문'은 '경험적이고 실증적인 지식만 정당한 것으로 인정하고 허용하기 마련'이라며, '최근의 사회과학이 눈에 띄게 통계자료에 의존하'는 것을 하나의 '좋은 예'로 지적한다. 그는 '근대적 의미의 합리성이나 객관성, 과학성, 논리성 등에 대한 비판적 검토와 새로운 정의 없이 논문의 양식을 따를 경우, 인문학과 사회과학에서도 자연과학적 지식의 모델에 접근하는 지식만 생산되고, 그 모델에서 벗어나는 인식 가능성은 구조적으로 차단될 것'이라며 우려를 표시한다.[18] 그는 '논문의 문체'가 '사고의 내용이 무엇이거나 다루는 대상이 어떤 것이거나, 논문의 문체는 모든 것을 무차별하게 논문화하면서 공격적으로, 폭력적으로, 파괴적으로 논술의 단일 차원에 들어맞도록 환원해' 버리기 때문에, '논문의 문체로서는 인문적 사고의 자기반성적 깊이와 변증법성은 물론, 대상세계의 상호연관성, 복합성, 다차원성, 중첩성, 역사성을 표현하기 어렵다'고 그 한계와 이유들을 지적한다(p. 190).[19]

---

18 신광현(1996 : 181) : "예컨대 논문 구성이 추구하는 합리성은 대상세계의 우연적인 면을, 일관성은 다원적인 면을, 통일성은 복합적이고 중첩결정적인 면을, 논리성은 합법칙적이지 않은 면을 구조적으로 억압하고 관심 영역 밖으로 배제하기 쉽다. 또한 서론-본론-결론의 구성은 결론을 향한 단선적인 전개를 강요함으로써, 대상세계의 다선적이고 다면적인 면을 충분히 존중하기 어렵게 만들기 쉽다."

19 최귀묵(2001 : 209-210) : "논문은 근대적 합리성을 근본이념으로 하고 있다고 할 수 있다. 논문은 논리적 연결이나 명쾌한 문체를 중시하는데, 그 결과 대상세계의 복합성, 중첩 결정성, 다차원성 등을 훼손 혹은 억압하기 쉽다. 또한 논문은 투명성을 확보한다는 명목 아래 비유나 수사적 표현을 배제함으로써 사고의 변증법적 전개와 대상세계의 다원성을 표현해내기 힘들다. 논문이 원전에 얽매여서 창의적 사고를 하지

신광현(1996 : 200)은 그래서 이러한 측면들을 '이해하고 표현할 수 있는 논문양식을 창조하는 일이 필요'함을 역설하면서도, '이렇듯 새롭게 창조되는 논문양식은 일괄적으로 정의하고 기술할 수 있는 성질의 것은 아니'라고 말하며 조급함에 대한 경계를 한다. 그는 '중요한 일은 보편적으로 이상적인 논문양식을 규범적으로 설정하기 위해 노력하는 것보다는, 논문을 쓸 때마다 주어진 논문양식에 대한 자의식을 가지고 항상 새로운 양식을 창조하려고 노력하는 것'이라고 말하며, '논문양식에 대한 반성적 사고가 학문적 실천의 일부가 되어야 한다는 사실'의 중요성을 강조하는데, 이는 글쓰기에 대한 '소통의 수사학'적 반성에 다름 아니다. 김영민(2002 : 89)도 이른바 '논문 중심주의'는 '그 형식의 내규가 그 형식의 바깥을 객관적으로 표상할 수 있다는 표상주의의 신화이며, 마치 거울상의 자아 같은 이 신화가 깨지기 위해서는 무엇보다도 그 형식의 안팎이 소통되어야' 한다며 형식과 내용의 연관성을 십분 강조한다.

이승환(1999a : 33-40)은 글쓰기'의 문제는 단순히 '스타일'이나 '문체'의 문제가 아니라, '글'에 담고자 하는 '내용'과 '글'을 쓰는 '목적', 그리고 '글'을 전개하는 '사고방식'의 문제이기도 하다고 지적한다. '내용과 유리된 형식은 있을 수 없으며, 모든 형식은 이미 그 안에 담길 내용을 예시하는 것'과 마찬가지로, 글쓰기에 대한 지적은 단지 글의 '형식'에 대한 지적이 아니라 동시에 '내용'에 대한 지적이며, 나아가 '사고방식'에 대한 지적이기도 하다는 것이다. 다시 말해, 언어와 유리된 사고는 있을 수 없으며, '사고'는 '말하기'와 '글쓰기'라는 언어 사용의 과정 속에서 구체화된다는 것이다.

그는 '서양의 전통 철학자들'에게 글쓰기는 '의미'를 전달해 주는 '매개'나 '수단'에 불과하고, 진정 중요한 것은 '의미'인데, '이러한 견해는 의미/말, 사고/

못하는 것도 문제라는 지적도 있다."

언어, 내용/형식, 의도/표현의 이분법을 바탕에 깔고 있'으나, '사고와 언어를 이분법적으로 나누고, 사고에 전적으로 우위를 부여해 온 형이상학적 위계질서는 더 이상 정당화될 수 없다'고 선언한다. '언어는 사고의 집'이며, 사고는 언어 행위와 분리되어 진행될 수 없기 때문이라는 것이다. 그는 '글을 쓰는 행위는 그 자체로 사고의 전개 과정'이고, '글은 사고의 외피가 아닌 사고 그 자체'이며, '철학한다는 것은 곧 글쓰기'라고 힘주어 말한다. 바로 그렇기 때문에 '철학적 사고를 투명한 것으로 간주하고, 백색의 글쓰기를 요구하는 일은, 사고를 낳는 조건과 그 조건이 낳는 사고 사이의 연관성에 대한 성찰이 결여된 데서 비롯되는 오류'라는 것이다.[20]

김영민(1998c : 245-249)도 '형식은 결국 내용의 포장지에 불과하고, 따라서 형식에 관계없이 내용의 의미와 가치가 보장된(되어야 한)다는 생각은 당연히 낡고 낡은 것'이라며, 글쓰기에 대한 성찰이 '우리 학문의 자생력과 주체성을 살리는 길'로 이어질 것을 기대한다. 그러나 그러기 위해서는 '당연히, 우선 글쓰기의 고민과 그 역사가 축적되어야' 할 것이고, 그러려면 당연히 '학인 각자

---

20 이승환(1999a : 47-48) : "이성 중심주의의 신화에 물들지 않은 동양 철학의 경우 '논문' 형식 이외에도 다양한 형태의 글쓰기가 존재해 왔다. 《노자》에서는 시나 잠언 형식의 글쓰기가 구사되고, 《장자》에서는 우언寓言이나 치언巵言의 글쓰기가, 《논어》에서는 대화체의 글쓰기가 사용되고 있다. 그리고 유학자들 대부분의 문집이 그러하지만, 《주자 문집》의 경우 맨 처음에 시詩, 사詞, 부賦가 나오고 이어서 각종 상소문(奉事, 箚子)이 실려 있고, 뒤에는 온갖 서간문과 비문, 묘지명이 차례대로 배열되어 있다. 이러한 문집의 배열에서 오늘날의 학문적 글쓰기에 해당하는 〈원형이정설元亨利貞說〉이나 〈역감설易感說〉과 같은 논문류는 '잡저雜著'라는 항목으로 분류되어 문집의 중간쯤에 배열된다. 이렇듯 전통 철학자의 문집 속에서 '시'나 '사'가 제일 중요한 것으로 여겨지고, 논문류는 오히려 그다지 중요하지 않은 '잡저'로 분류된 점은 오늘날과 판이하게 다른 특징이다. 이처럼 전통 철학자의 문집에서는 체험적 진리가 농축적으로 담겨 있는 시문을 가장 중요하게 여겼으며, 은유나 비유를 사용하는 데 인색하지 않았다."

가 자신의 글쓰기 스타일과 역사를 계발하려는 노력'을 경주해야만 할 것이다. 이승환(1999a : 49)도 이러한 노력과 궤를 같이하는, 글쓰기에서의 '탈식민화', '박제화된 글쓰기'를 벗어난, 주체적 글쓰기의 필요성을 주장한다. 정재서(1999 : 79)는 근자의 '글쓰기에 대한 논의 및 실천은 결국 한 가지 사안으로 귀결됨을 쉽사리 간파할 수 있는데, 그것은 다름 아닌 학문 정체성 및 자생력의 문제'라고 요약한다. 새로운 글쓰기 양식에 대한 창조적 탐구는 새로운 소통학으로서의 수사학의 지속적인 중요 과제가 되어야 할 터인데, 그러기 위해서도 역사와 맥락을 중요시했던 전통적 글쓰기의 '법고창신'이 학문적 글쓰기의 시급한 과제라고 말하지 않을 수 없다.

5. 글쓰기 제안들의 수사학적 분석

현재 '논문 중심주의'와 '원전 중심주의'에 함몰되어 있는 '식민지 지식인'의 글쓰기를 극복하자는 '주체적 글쓰기'나 '독립적 지식인'의 성역과 금기에 대한 '비판적 글쓰기', 사람과 문화의 결을 살리자는 '인문적 글쓰기', '디지털 글쓰기'에 이르기까지 여러 글쓰기의 대안이 제시되어 있다. 이 글쓰기는 '비판 인문학', '표현 인문학', '자생적 인문학' 등 인문학의 이해 혹은 개념에 따라 다소간 달라지기도 한다. 또한 책읽기에 익숙하지 않은 신세대를 고려해 '재미'라는 요소를 글쓰기에 도입하는 것이 인문학이 살아남는 길이라는 주장이 있는가 하면, '암호문 같은 난해한 글쓰기'에 대응하는 '쉬운 글쓰기', '관습에 도전하는 글쓰기'나 현실을 끌어안는 '실천적 글쓰기', 나아가 '화엄적 글쓰기'의 필요성 주장까지도 발견되는데, 나름대로의 임상수사학적 진단이요 처방들로 볼 수 있는 것들이다. 여기서는 논쟁상의 갈등보다는 '화쟁'에 초점을 맞추어 논의를 전개할 것이다.

그러면 글쓰기의 주요 수사적 구성 요소 몇 가지를 살펴보자. 우선, 방법론과 관련지어 앞에서도 잠시 언급한 문제 제기와 관련된 '무엇'의 문제가 있다. 우리의 인문학이 주요 주제가 '사람됨', '사람다움'에 대한 모색이라면, 서양 인문학의 논리실증주의적 방법론으로 다룰 수 없는 문제들도 제기될 수밖에 없다. 우리에게 실질적으로 중요한 문제들인데 방법론이 문제라면 문제들 자체를 포기하거나 방기할 것이 아니라 해결 가능한 방법들을 모색하는 것이 올바른 순서일 것이다. 그러한 때, 학문적 글쓰기가 다양해지는 것은 보다 자연스럽게 이해된다. 크로스화이트가 그의 《이성의 수사학》(2001 : 255-273)에서 말하는 논증의 '존재 이유'는 갈등의 해결이다. '선택이 정당화를 필요로 하는 곳'에 '논증이 필요'한 것인데, 일단 논증을 하게 되면 '그 목표는 어떤 것에 대하여 누군가와 어떤 종류의 합의를 이끌어내는 것'이라고 한다. 이러한 관점에서의 학문적 글쓰기는 연구자들 사이의 갈등과(이나) 불일치를 해결하여 합의 도출을 목표로 하는 것이라 말할 수 있고, 이는 곧 수사적 설득과 합의의 과정에 다름 아니다.

새로운 글쓰기는 '새로운 문제 제기'와 밀접한 관련이 있다. 2003년 하반기에 잇달아 출간된 《연애의 시대》, 《오빠의 탄생》, 《근대의 책읽기》 등과 이들에 대한 다양한 본격적인 서평들을 언급하며, 천정환(2004 : 377-379)은 이들은 1990년대 이후, 즉 '이념의 시대' 혹은 '거대 담론'이 사라진 이후 시대의 공백을 메우기 위해 다양하게 시도된 한국문학 연구의 새 경향을 종합한 것들로서, '오랫동안 우리를 괴롭혀 온 인문학의 위기라는 악령으로부터 탈출 가능성을 보여 주기도 한다는 점에서 참으로 소중한 성과들'로 간주될 만한 면을 갖고 있다며 매우 긍정적으로 평가한다. 이러한 '새로운 흐름도 어느 날 갑자기 변방에서 틈입한 것이 아니'라, '국문학계의 한가운데서 새로움에 대한 누적된 요청을 바탕으로 생산된 것이기에 유력한 흐름으로 될 수 있었다'는 그의 지적은 '새로운 글쓰기'에 대해 시사하는 바가 적지 않다.

이와 관련하여 한 가지 언급하고 싶은 것은 최재목(2004 : 280-283)이 말하는 '편집술'이다. 그는 '우리들에게는 쌓여 있는 구슬들을 어떻게 꿰는가 하는 방법론의 빈곤이 있어 왔다'고 전제한 뒤, '도처에 쌓여 있는 구슬은 어떻게 꿰는가에 따라 전혀 새롭게 보일 수 있'는데, '구슬 서말'은 '정보'에, '꿰어야 보배다'는 '방법' 즉 '편집술'에 해당한다고 설명한다. 이제 '고정된 주제'에만 머물 수는 없고 '방법'의 시대를 열어가야 하는데, '주어진 정보는 편집술에 의해 새로운 주제로 재생될 수가 있다'는 것이다. '인문학의 창의성은 편집술에서 나온다'는 그는 '조선 시대의 대표적 유학자인 퇴계 이황(1501-1570)의 많은 저작 중에 가장 탁월한 작품으로 평가받는 〈성학십도〉'도 '그의 순수한 저작이 아니라 그때까지 있어 온 타인의 저작을 창의적 발상에 의해 열 가지로 훌륭하게 편집해 놓은 것'이라며, '편집'의 중요성을 다시금 강조한다.

다음은 저자 혹은 주체의 문제이다. 신광현(1996 : 185)은 '논문이 폐쇄되고 밀폐된 학문적 공간에 갇힌 추상적 주체가 아닌 다원적이고 일상적이고 가변적인 현실적 주체에 의해 씌어진다는 사실'을 환기시키는데, 조혜정(1994)을 비롯한 요즈음의 많은 저자들은 '저자의 목소리를 드러내놓고 부상시키는 글쓰기를 시도'하고 있다.[21] 이렇게 글 쓰는 이의 주체성을 드러내어 글쓰기의 주체가 되는 것은 로고스뿐 아니라 에토스와 파토스의 측면도 포함되는 적극적인 소통의 시도이고 모색이며, 우리의 '삶'과 '현실' 그리고 '역사'와도 연관되지 않을 수 없다.

또한 그러한 주체가 '지금-여기 현실에서 반향된 잡종적 글쓰기, 다양성 · 복잡성 · 현장성을 고스란히 담아내'려면 '잡된 글쓰기'나 '잡종적 글쓰기'가,[22]

---

21 조주현(1994), pp. 200-201 참고.

혹은 '비평적 에세이'가 훨씬 더 설득력이 있을 수도 있다. 민형원(2001 : 155)은 '일관된 비동일성의 의식으로서의 에세이는 단순히 동일성의 원리의 가상성과 폭력성에 대해 항의하는 것만으로 그치지 않고, 나아가 철학적 체계의 빈곤함에 대해서도 내용적으로만 항의하는 것이 아니라, 자신의 글쓰기를 통해서도 항의하려 한다'며 에세이의 성격을 규정한 후, '에세이는 근본적으로 반체계적이고 비동일적일 수밖에 없는 현대 철학에 있어서 더없이 걸맞은 글쓰기 형식'이라며 이 형식의 활용을 적극적으로 권장한다.[23]

글쓰기 소통에서 저자와 불가분의 관계에 있는 것은 독자, 혹은 '청중'이다. 이른바 '탈식민적 글쓰기'는 주체와 청중에 대한 인식이 모두 모호한 글쓰기에 대한 비판인가 하면, '쉬운 글쓰기'는 학문적 글쓰기가 전문인뿐 아니라 '일반 청중'도 고려하자는 제안으로 해석할 수 있다. 김영민(1998c : 56-57)이 지적하듯이, '읽혀야 한다'는 것이 '당위'이며, '이 당위가 선언이나 권고가 아니라 생존의 관건'이라면,[24] 이것이 '철학을 포함한 인문학의 사활이 달린 문제'라면, 이 청중의 고려는 학문적 글쓰기의 핵심적 사안의 하나가 아닐 수 없다.

크로스화이트(2001 : 218)는 청중을 '특정 청중'과 '보편 청중'으로 구분하는데, '단순히 효과적인 논증은 특정 청중에게만 성공을 거두는 논증'인 데 반해, '타당한 논증은 보편 청중의 동의를 얻는 논증을 의미한다'고 한다. 그에

---

22 장석주(2002 : 57) : "잡문은 잡된 글쓰기의 결과물이다. 그것은 '학문과 예술, 논문과 창작, 인식과 표현, 논리와 감성의 접경지대에 놓인 독특한 글쓰기의 양식'이다. 더 나아가 잡된 글쓰기란 무형식의 글쓰기이며, 타율적 강박의 형식에서 자유로워진 글쓰기이고, 나-됨을 겹으로 감싸고 있는 현실에 대한 주체적 통찰에서 발현된다는 점에서 탈식민성의 글쓰기이다."

23 장석주(2002), p. 49 참고.

24 김영민(1998c : 57) : "부적符籍이 아닌 한, 읽히지 않는 글이란 이미 글이 아니다. 특히 인문학의 글은 읽히지 않는 바로 그 자리에서부터 무너지기 시작한다. 결국 독자 한 사람 한 사람의 '이해'라는 교감의 장場 이외에 달리 인문학의 터는 없기 때문이다."

따르면, '오류 논증은 보편 청중을 설득하는 것처럼 보이면서도 실은 그렇지 않은 논증', 즉 '특정 청중만을 설득하는 논증'이다. '오류 추론의 가장 일반적인 특징은 특정한 청중이 그 자신을 보편 청중으로 착각'하는 것이라는데(p. 220), 과연 학문적 글쓰기에서 우리가 이런 오류로부터 얼마나 자유로운지 곰곰 생각해 볼 일이다.

크로스화이트(2001 : 274)는 '수사학적 접근에서 보편성은 언제나 정도의 문제이며, 또한 언제나 비확정적 보편 청중에 의하여 판단된다'고 본다. 또한 보편성은 '다양한 노선을 따라 전개'되며, '보다 보편적인 관점을 이끌어내는 다양하고도 때로는 양립할 수 없는 방법들이 있다'고 주의를 환기시킨다. '논증 과정에서 어떤 타당성 주장이 유효한 정도는 다양'하여, 하나의 '연속체 위에 놓이게 된다'는 것이다. 특히 '타당성 주장에 관한 보편 청중의 엄격한 요구로부터 비교적 자유로운 수사학적 환경에서 생각이 자라날 수 없게 된다면 새로운 생각이 꽃필 수 있을 것인지' 의문스럽다는 그의 지적은 음미해 볼 만하다(p. 274). '어떤 의미에서 근본적인 발견은 기존의 확립된 의견에 동의하지 않는 낯선 청중을 상상하는 것을 요구한다'(p. 333)는 크로스화이트는 '모순'까지도 하나의 '발견의 동력'으로 인식할 것을 권유한다.[25]

조병활(1999 : 5)은 글쓰기는 '본래 대화와 소통의 행위'라며, '문학과 철학,

---

25 크로스화이트(2001 : 336-337) : "우리가 모순에 이르는 추론을 할 때 우리는 문제가 되는 진정한 요점, 즉 진정한 문제를 가진 것일 뿐만 아니라 발견의 동력, 즉 살아 있는 갈등을 가진 셈이다. 논증을 해치기 때문에 글에서 모순을 없애라고 학생들에게 말하는 것은, 새끼를 밴 가축이 일상적인 일을 하지 못한다는 이유로 그것들을 없애라고 말하는 것과 같다. 모순은 소중히 간직되고 양성되고 계발되어야 한다. 이들은 새로운 것을 낳을 수 있다. 이들은 탐구의 목적에 봉사할 수 있다. 결국 이러한 모순들이 갖는 모순성은 새로운 이해의 틀 안에서 용해될 수 있는데, 이것은 이 모순들을 그동안 잘 돌보면서 조급하게 해결해 버리거나 제거하지 않았을 때 가능하다."

역사 기술이 이 점에서 다르지 않고, 인문학과 사회과학 역시 여기서 차이가 없다'고 말한다. '경직된 글쓰기가 바로 대화와 논쟁 부재를 불러온다'는 것이다. 그는 때문에 '그저 자기네끼리만 통하는 난삽한 학문 어투의 글로 논문이나 발표하면 그것으로 학문적 소임을 다했다고 생각하는 경우'를 '비전적 글쓰기'라 정의하며, 말이 좋아 '비전적'이지, '솔직히 이야기하면 자기들끼리만 아는 용어로 글이나 논문을 쓰는 것을 말한다'며 학문적 글쓰기의 소통의 장을 보다 넓힐 것을 권한다. 이와 아울러 구체적 상황과 맥락 속에서의 실천적 글쓰기를 강조하는 주장들도 학문적 글쓰기에서의 주체와 청중의 구체성과 관련된 주장들이다.

주체가 자신의 입장, 위치를 어떻게, 어떠한 것으로 생각하느냐에 따라 글쓰기도 달라질 수밖에 없다. 학문적 글쓰기의 전문성 강조는 자칫하면 '폐쇄성', '경직성'으로 이어질 위험이 크다. '삶 읽기', '삶의 글쓰기'를 강조하는 이들은 이러한 위험을 경계한 것이다. '화광동진和光同塵의 어우러짐을 지향'하는 '늪의 글쓰기'[26]를 통해, '인문학, 철학이 계몽이라는 오만한 허구의식에서 벗어나 오만 잡것과의 섞임과 화해, 자비의 길을 새롭게 열'어갈 것을 제안하는 최재목

26 최재목(2003) : "포괄적으로 '늪의 글쓰기'라 규정된 나의 글쓰기는 모든 잡雜된 것들과 화해하고 공존하고자 한다. 이 '늪의 글쓰기'는 내 삶의 연마鍊磨・단련鍛鍊의 과정이기에 '수행적修行的'이고, 또한 내 삶에서 막히고 얽힌 부분을 하나하나 정리하여 해방시키고 걸림 없이 풀어낸다는 의미에서 '치유적治癒的'이다. 그래서 스스로의 삶을 있는 그대로 '털어놓는', 우울・절망을 '푸는' 것이며, 복잡하고 오만 가지 잡된 것들과 얽혀 있는 삶의 과정을 있는 그대로 정직하게 하나하나 표현해나가는 글쓰기이다. 이러한 수행적 글쓰기이자 치유적 글쓰기는 '늪의 글쓰기'의 단면을 보여 주는 것이다"(p. 13) ; "이렇게 '나와 모든 생명이 함께 하는 글쓰기', 즉 내가 세상의 모든 생명과 함께하는 마음을 갖는, '나'와 '글'이라는 어떤 실체實體에 집착하는 것이 아닌 나를 철저하게 '관계적關係的인 것'으로 바라보는 연기적緣起的 관점의 '연기적 글쓰기'는 내가 주장하는 '늪의 글쓰기'의 본질적인 면이다"(p. 16).

(2003 : 17-18)은 '삶의 글쓰기'의 필요성을 크게 강조하는 연구자 중 한 사람이다.[27]

학문적 글쓰기는 이렇게 '삶 읽기' 등과도 밀접한 관련을 맺기도 하나, 학문적 글읽기와도 불가분의 관계에 있다. 어떻게 읽느냐의 문제는 어떻게 쓰느냐의 문제와 맞닿아 있다는 것이다.[28] 조동일(1996 : 327-328)은 글은 '글' 자체뿐만 아니라, 그것을 쓰고 읽는 행위인 '글쓰기'와 '글읽기'를 포괄하는 개념인데, '글쓰기'와 '글읽기'가 용어에서 이렇게 연관되어 있는 유리한 점을 '작문'과 '독서'에서는 찾을 수 없다며 용어상의 유리함을 상기시킨다. 그에 의하면, '글에 관한 논의는 글쓰기와 글읽기 양면에서 전개해야 하는 것이 필수적인 과제'이다. 그는 또한 '원효에서 최한기까지의 우리 사상사는 글이 무엇이며 어떻게 써야 할 것인가 논란을 거듭해 온 역사라고 할 수 있는데, 오늘날에는 글쓰기라는 포괄적인 개념을 정립하지 못해 그 유산의 규모나 의의를 제대로 파악하지 못하고 있다'며 유감을 표시한다.

글읽기의 문제는 홍성욱(2000 : 222)이 말하는 '창조적인 텍스트 읽기', '인문학적 사유'의 문제와도 연계된다. 그는 인문학의 대상이 '텍스트가 드러내는 간접 경험의 세상'이라고 할 때, '중요한 것은 텍스트를 독창적이고 창조적으로 읽는 것이고, 같은 텍스트를 읽은 다른 사람들이 지금까지 보지 못했던 그 무엇을 발견하는 것'이라는데,[29] 보다 구체적으로 말하면, '새로운 문제의식을 가지

---

27 이승환(1999a : 36-37)은 '전통 철학의 연구를 담당했던 지식인들'이 '전업 철학가가 아니라, 일차적으로 실무 행정을 담당하는 관료였거나, 상소문을 올려 정치 풍토를 바로잡으려는 사회 비판가였으며, 아니면 학생을 가르치며 몸으로 모범을 보인 교사들이었'기에, '이들 전통 철학자들에게 자신이 몸담고 있는 현실과 역사는 사고의 기틀을 제공해 주는 주요한 토대였으며, 역사와 현실에서 유리된 순수 사변은 공허한 현담玄談으로 여겨질 수밖에 없었다'고 지적하며, 우리의 인문학 전통과 우리의 삶과의 밀접한 연관성을 특히 강조한다.

28 박상익(2006 : 227-228) : "인문학이란 가장 근원적으로 보자면 결국 글읽기와 글쓰기이다. 읽기(input)없이는 쓰기(output)가 나올 수 없다."

고, 항상 질문을 던져가면서, 콘텍스트를 고려해 보고, 네〔내〕가 읽는 텍스트를 다른 텍스트와 비교하고 결합시켜 보면서 읽고 생각하다 보면, 새로운 것을 발견할 수 있다'는 것이다. 이는 인문학 탐구에서 다양한 독서와 그에 따른 폭넓은 사유의 필요성을 시사하는 것으로서, '화쟁'적인 '편집술'이 하나의 좋은 방법이 될 수 있을 것이다.

홍성욱(2000 : 230)은 '인문학적 사유'를 '텍스트를 읽고, 질문을 던지고, 그 질문에 대한 설명을 찾기 위해 또 다른 텍스트를 읽고, 다양한 가능성에 대해 생각해 보고, 다양한 설명의 차이의 근원에 대해 생각해 보고, 한 단계 높은 차원에서 이를 결합시켜 보고, 이런 이해를 바탕으로 한 단계 더 높은 질문을 던지는 나선형의 과정의 끊임없는 연속'으로 설명한다. '질문의 깊이와 이에 대한 설명의 설득력'도 '인문학도의 능력과 경험이 얼마나 풍부한가에 따라서 달라질 수 있'다는 것이니, 문제들에 대한 끊임없는 나선형적인 모색이 학문적 글쓰기에 선행된 혹은 동반된 작업으로 필요하다는 것을 충분히 공감할 수 있을 것이다. 그는 '인문학적 사유는 상징과 언어로 이루어진 세상에서 우리가 부닥치는 수많은 수수께끼를 푸는 매우 강력한 방법을 제공'하리라고 확신한다.

학문적 글쓰기에서 이왕주(1996)가 주장하듯 '모든 표현법'이 동원될 수 있을지 잘 모르겠으나,[30] 적어도 다양한 통합적 글쓰기의 노력이 필요한 것은

---

29 여기에는 메이에르의 '제문론적 수사학'을 연상케 하는 바가 없지 않다.

30 이왕주(1996 : 107) : "잘 알려진 것처럼 위대한 철학자들은 결코 정형화된 철학적 문체로 저술하지 않았다. 플라톤은 대화로, 퇴계와 바울은 편지로, 아우구스티누스와 안셀무스는 기도문으로, 스피노자는 수학적 증명법으로, 니체는 시문체로 썼다. 비트겐슈타인을 보라. 기발한 표현법의 개발을 위해 그가 쏟아부은 열정이 어떤 것이었던가를. 그것은 언어의 철학적 본질을 해명하는 데에 바친 정열에 결코 뒤지는 게 아니었다. 감성적인 일상어가 끼어들었다고 지도학생의 논문을 빨간 사인펜으로 죽죽 그어대는 선생이여, 당신이 논문쓰기에서 정전화시킨 저 케케묵은 상투어들로 대체 누구를 설득시킨다는 말인가. 독과점처럼 묶인 표현의 제한조항들을 모두 활짝

분명해 보인다. 안장리(2005 : 281)는 '철학글쓰기와 문학글쓰기의 통합에 대해 고민한 인물이 최한기라면, 역사글쓰기와 문학글쓰기의 통합에 대해 고민한 인물이 정인보'인데, '정인보는 중세 문인의 통합적 글쓰기와 근대의 개별적 글쓰기를 아울러 수행하면서 그 변동을 몸으로 겪었던 간시기적 문인'이었다며 비교 예를 보인다. 이러한 노력들은 계속 이어져야 할 터인데, 그러한 노력에 문학적 글쓰기와 '학문적 글쓰기'의 경계 넘어서기, '작품'과 '논문'의 통합적 글쓰기도 빼놓을 수 없다. 장덕현(2002 : 45)은 '조동일이 지적하는 것처럼 사상의 혁신과 표현의 혁신이 이루어지면 논문이 작품이고 작품이 논문'인데, '우리 사회에서 지식의 생산, 유통, 확산을 담당하는 학술지들은 분노가 담긴 글들, 가슴을 아프게 하는 글들'을 '논문'이 아니라 '잡글'이며 소설 '작품'이라는 이유로 '차단해 버린다'고 개탄한다. 학문의 눈높이를 현장에 두었을 때 '잡글'은 결코 학문성이 낮은 글이 아니라는 것이 그의 항변이다. '오히려 현장과 강단의 벽을 허무는 해방된 담론'이라는 것이다.

최귀묵(2001 : 15)은 '글쓰기 연구는 인문학문의 본질과 역할에 관한 문제와도 긴밀하게 연관되어 있'는데, '글쓰기 연구를 진척시키고 오늘날 필요한 글쓰기를 마련하는 데 도움을 얻기 위해서는 글쓰기의 원리와 방법을 두고 고심해서 얻은 선인들의 성과를 거울로 삼아야 한다'며, 김시습과 원효의 경우를 예로 들어 설명한다. 특히 '원효의 글쓰기는 화쟁和諍을 이룩하고자 하는 그의 철학적 목표와 밀접한 관련이 있'으며, '화쟁의 원리와 방법이 그대로 글쓰기의 원리와 방법'이라고 그는 말한다(pp. 199-200). 오강남(1987 : 140-142)도 원효의 화쟁론은 '현대적 용어로 옮기면 다원주의적 입장pluralism 혹은 시각주의적 입장perspectivism이라 할 수 있다'고 전제하고, '두 가지 상반되는 것같이

풀어버려야 한다. 서정적인 문체든, 소설적인 표현기법이든, 심지어 영상언어적 접근이든 무엇이든 동원할 수 있는 모든 표현법을 동원할 수 있게 허용해야 한다."

보이는 견해들을 화회하려는 원효의 화쟁사상은 사회학 자체 내에서의 문제와 연관하여 검토될 수도 있을 것'이라며 유사한 견해를 표명한 바 있다. 이도흠(1999b : 108)의 지적처럼, '화쟁의 가장 기본적인 뜻'이 '모든 대립과 갈등을 회통會通시킴을 의미한다'면, '화쟁'은 현대적 학문적 글쓰기의 하나의 지향점이 되어야 할 것으로 보인다.[31]

이상에서 보는 바와 같이, 학문적 글쓰기에 대한 다양한 비판과 제언, 주장들은 문제 제기적 측면을 비롯한 수사적 구성 요소들의 다양함에서 우선적으로 비롯된 것이고, 학문적 글쓰기라는 '소통'에서 관심을 갖는 측면 혹은 부각시키고자 하는 양상에 따라서도 다르게 나타난 것이라고 말할 수 있다. 일견 불협화음처럼 보이는 이 다양성은 페르노(2004 : 33)가 '다른 사람을 향한 운동, 설득하고자 하는 고심, 대화의 정신'으로 규정하는 '수사학'을 충분히 고려할 때 '독특한 경험들의 다양성과 특정한 연구 분야의 다양성과 공유하는 계획의 일관성을 결합'시키려는 시도가 학문적 글쓰기에서도 진정으로 가능하게 될 것이다. 이는 '화쟁'의 학문적 글쓰기라고도 말할 수 있다.

---

31 김상현(1995 : 348-349) : "원효가 염두에 두었던 화쟁의 대상을 불교 교학의 범위에 한정하지 않고, 세상의 모든 시비를 화쟁하는 것이라고 보는 견해도 있다. 즉 박성배의 경우인데, 그에 의하면, '원효의 화쟁이 노리는 바는 불교 집안의 시비뿐만 아니라 유교와 도교와의 관계까지를 포함한 모든 시비를 화쟁하는 것이었다'고 한다. 〔…〕 그러나 최유진은 박성배의 이와 같은 견해에 반대하면서 원효가 직접 이론적으로 불교 이외의 여러 이론까지를 화쟁한 것은 아니고, 화쟁의 대상은 불교 내부에서의 여러 다양한 이론적 다툼이었다고 주장했다. 〔…〕 원효의 화쟁 관계 자료가 불교학에 관한 것이라고 하더라도 그 화쟁의 논리 체계나 그 방법론은 세상사 모두에 적용시킬 수 있는 것이고, 현대에도 그 의미는 변함이 없다고 하겠다."

6. 글쓰기와 언어 문제

새로운 학문적 글쓰기에 대한 수사학적 모색이 부단히 이루어지기 위해서는 언어의 속성 혹은 성격 자체에 대한 인식이 새로워져야 할 필요가 있다. 말하자면, 언어의 수사성, 언어의 불투명성, 코르지프스키의 '일반의미론'에서 말하는 '지도'와 '현지'의 괴리에 대한 뚜렷한 인식이 있어야 한다는 것이다. 장경렬(1994 : 20)은 '의미와 기호 사이의 간극이 전혀 존재하지 않는 투명한 언어가 존재할 때 비로소 진리나 지식의 세계가 그 언어를 통해 우리에게 드러날 수 있'지만, 그렇지 않은 것이 사실임을 일깨운다. 그는, 예를 들어, '철학의 근원으로 일컬어지는 소크라테스가 과연 진리의 언어를 소유했던 것일까' 묻는다.

> 그는 수사학자들이었던 소피스트들을 논박할 때 이른바 문답법이란 전략을 사용하고 있는데, 그가 문답법을 통해 구사했던 언어가 과연 진리의 언어일까? 그의 문답은 다름 아닌 수사적 언어로 가득 차 있으며, 그 수사적 언어는 소피스트들을 설득하기 위한 것이었다. 소크라테스의 설득이 무언가 미덕을 지니고 있다면, 그의 설득이 유혹에 의한 것인 아닌 증거에 의한 것이었다는 데 있을 것이다. 그럼에도 불구하고 그의 문답법은 여전히 진리의 '전이'를 위한 것이 아니라, 소피스트들을 '설득'하기 위한 것이라는 사실은 바뀌지 않는다. 요컨대, 누군가가 진리를 정말로 소유하고 있더라도 그 진리를 믿게 할 수는 있을지언정 '전이'할 수는 없다. 믿음을 벗어나서 진리를 전달할 도리가 없기 때문이다(pp. 21-22).[32]

맹주만(2004 : 122-123)은 '언어와 개념은 우리로 하여금 세상을 들여다보

32 장경렬(2003 : 146) : "이제까지의 논란이 '국지적'인 것이었다면, 언어의 수사적 차원을 인정하는 가운데 야기된 인문학의 위기는 '총체적'인 것이라고 할 수 있다. 인간의 '삶'과 관련하여 무언가 보편적 진리나 객관적 지식을 전할 수 있을 가능성 자체를 의심하게 된 마당에, 무엇을 위한 인문학인가라는 반문이 어찌 나오지 않을 수 있겠는가."

고 이해할 수 있게 해 주는 창'이고, '언어적 소통에 문제가 있는 한 상호 공유할 수 있는 가치란 존재할 수 없'으며, '학문적 성과를 대중들에게 전달할 때 오해를 최소화해야 할 일차적인 책임은 전달하는 자에게 있다'고 말한다. 특히 그는 '언어적 행위와 제약으로부터 자유로운 학문이란 거의 없'으며, '그런 점에서 모든 학문은 기본적으로 수사학적'이라 규정한다. 그는 '철학도 자신의 언어가 대중들에게 어떻게 전달되고 이해될 수 있는지에 대해서는 전적으로 스스로 책임을 져야 한다'며 예외를 인정하지 않는데, 오해나 소통상의 장애는 우리가 흔히 생각하는 것보다 훨씬 더 광범위하면서도 빈번한 현상이다. 다만 우리가 그것을 충분히 인식하지 못하고 있을 뿐이다. 바로 그렇기 때문에 언어의 속성에 대해 보다 잘 알아야 하며, 오해의 예방이나 원활한 의사소통을 위한 방법들을 살필 필요도 있는 것이다.

'글을 잘 쓴다'는 여러 가지를 뜻할 수 있다. 학문적 글쓰기에서 가장 중요한 것의 하나는 바로 어떻게 우리의 언어, 우리의 담론이 비언어적 현실에 보다 잘 들어맞게, 그것을 보다 잘 드러내게 할 수 있는가 하는 것인데, 우리의 언어는, '일반의미론'이 보여 주듯이, 그것이 나타내는 비언어적 '현실'의 지도가 아니고, 그것을 완벽하게 지도화할 수도 없다. 일상적 담론에서뿐 아니라 학문적 담론에서도, 우리는 언어의 이러한 한계성을 잘 인식하고 있어야 하는데, 일상의 토론에서나 학문적 토론에서나, 자신을 '진리의 유일한 담지자'로 보지 않고, '진리' 혹은 '진리임직한 것'을 추구해 가면서 상대방을 그 추구 과정에서의 동반자, 협력자로 간주하여 상승적인 시너지 효과를 내는 경우는 없지는 않아도 상당히 보기가 힘든 것이 우리의 현실이다.

이러한 현실의 타개를 위해 다양한 방법이 강구되어야 할 터인데, '로저스 수사학'이나 '일반의미론'은 그 좋은 후보들이 될 수 있다. 브렌트(1998)는 '로저스 수사학'의 '일반 전략'을 '1. 문제의 소개와 상대의 입장이 이해되었다는 것의 증명, 2. 상대의 입장이 유효할 수 있는 맥락의 언급, 3. 유효 맥락을 포함한 저자의 입장의 표명, 4. 저자의 입장의 수용에 따라 상대의 입장이 어떻게 좋아질 것인가에 대한 언급'의 4단계로 나누어 설명하는데, 이 전략에서 핵심적으로 작용하는 '감정이입적 이해'는 '상호적 커뮤니케이션'뿐 아니라 '학문적 글쓰기'에서도 십분 활용되어야 할 것이다. 학문적 커뮤니케이션에 갈등이나 충돌이 있는 대개의 경우는 이러한 '감정이입적 이해'가 충분치 못한 경우들일 것이다.[33]

일반의미론에서 말하는 'E-Prime'(English-Prime, English minus the use of the verb 'to be')은 소통에서 많은 문제들을 야기하는 'be' 동사의 사용 자체를 피하자는 것이다. 예를 들어, '빛은 입자이다'와 '빛은 파동이다'는 서로 모순되지만, '이다'의 사용을 피해, '빛은 도구 1로 측정하면 입자로 나타난다'와 '빛은 도구 2로 측정하면 파동으로 나타난다' 사이에는 전혀 모순이 없다.[34] 하지만 어떠한 형태의 'be' 동사도 사용하지 않는다는 것은 사실 매우 어려운 일이다. 한국어에서도 부분적으로 'be' 동사와 유사한 '이다'의 사용을 완전히

---

33 윌버(2004 : 32) : "나는 다른 이론가들을 이해하려 할 경우 그들이 무엇을 말하려 하는지 강한 공감적 동조 상태에서 출발하는 것이 대단히 중요하다고 생각한다. 나는 내가 논쟁에서 성공적으로 주장할 수 있다고 느낄 때까지 언제나 다른 사람의 입장을 고수하려고 노력한다. 오로지 그런 연후에만, 나는 한 발 물러서서 집중적으로 그 문제를 세밀하게 살펴본다. 그리고 어떤 방식으로도, 내가 취할 수 있는 어떤 지혜에 의해서도 그들의 입장이 실패할 경우 나는 과거의 공감적 입장에서 물러나 그 이론을 비판하려고 시도한다."

34 '그건 파시스트적 생각이다', '태아도 인간이다', '풀은 푸르다', '베토벤이 모차르트보다 낫다'와 대비되는, '그건 나에게 파시스트 생각처럼 보인다', '나의 형이상학적 견해에서 태아는 인간으로 분류된다', '나는 풀을 푸르게 본다'(혹은 '풀은 대부분의 인간에게 푸르게 감지된다'), '나의 음악교육과 무지가 혼합된 상태에서는 나에게 베토벤이 모차르트보다 낫게 보인다'는 K-Prime을 실천한 것이다.

피하는 것은 매우 어렵다. 코디시(2003)도 'E-Prime'의 적극적 사용은 권하지 않아도, '동일성의 is들'(He is a nurse)과 '서술의 is들'(She is bothersome)은 가급적 피할 것을 권한다.[35] 그가 선호하는 것은 바로 'EMA', 즉 'English Minus Absolutisms'이고, 그것의 실천이다.[36]

한편, 베이터(1980)는, 아리스토텔레스는 고전수사학의 목표로서 상대에 대한 설득적 제어를 추천하지만, 로저스는 상호적 커뮤니케이션을 조언한다고 지적한다. 상호적 커뮤니케이션은 개인이나 그룹을 공격하기보다는 문제 해결을 지향하여, 문제가 서로에게 어떻게 보이는지 서로가 알 수 있는 상황으로 인도한다는 것이다. 그러니까 로저스의 목표는 자신의 주장의 설득이나 관철이 아니라, 청중, 독자와의 상호 이해, 협력을 위해 힘씀으로써 변화를 용이하게 한다는 것이다. 이러한 상호적 변화의 모색이 학문적 글쓰기나 토론에서도 적극 활용될 수 있다면 '학문적 논쟁'도 불필요한 에너지 낭비를 줄여 훨씬 더 '생산적'으로 될 가능성이 높아질 것이다.[37] 이는 로저스 수사학이 화쟁

35 그러한 경우의 '바꾸어 말하기' 혹은 '바꾸어 쓰기'를 'rewording'이라고 하는데, 'It is blue'를 'It looks blue to me'로 바꾸어 쓰는 경우는 그 한 경우이다. 그러니까 E-Prime은 하나의 바꾸어 쓰기 방법이다.

36 이는 바꾸어 말하면 우리의 표현에서 '완벽함perfection'이나 '확실성certainty'이나 '진리truth' 같은 낱말들을 빼자는 것이다. 그래서 우리가 'always', 'never', 'forever', 'eternity', 'pure', 'final', 'ultimate' 등을 쓸 때에 그러한 표현이 반드시 필요한 것인지, 다르게 표현할 수는 없는지 다시 생각해 보자는 것이다. 예를 들어, 'et cetera', 'some', 'to me', 'as I see it', 'from my point of view', 'seem(s)', 'to some degree' 등의 표현을 적극 사용하자는 것이다. 이러한 실천은 비언어적 세계에 대한 모든 언명들은 불확실하다는, 코르지프스키의 '불확실성'의 일반적 원리에 입각한 것인데, 적어도 소통상의 오해를 줄이는 데에는 적지 않은 기여를 할 수 있을 것으로 보인다. 이를 한국어에 적용하여 우리도 '상호적 커뮤니케이션'의 향상을 위해, KMA 즉, 'Korean Minus Absolutisms'의 실천을 적극 고려해 볼 필요가 있다.

37 윌버(2004 : 32) : "나는 내가 썼던 글에서조차, 나는 내 자신이 한때 채택하지 않았던

수사학으로 이어질 수 있고, 또한 그러할 필요가 있음을 잘 보여 주는 것이다.

끝으로 한 가지 언급하고 싶은 것은 '번역 글쓰기' 문제이다. 표정훈(2000)은 '최근 자주 거론되는 이른바 인문학의 위기란 어떤 의미에서, 고전 연구와 번역을 통해 새로운 인간 이해의 지평을 넓히는 것, 요컨대 법고창신法古創新에 실패한 인문학의 위기라고도 할 수 있다'고 지적한다. 최희봉(2000 : 288)도 우리 '철학의 토양'을 기름지게 하기 위해 '필수적인 것이 동서양의 고전을 우리글로 옮기는 일'이고, '동서양의 고전적 사상들이 우리글로 쉽게 읽힐 수 있을 때, 그때에야 비로소 우리 사회는 우리 고유의 사상을 생산해낼 준비가 된' 것이며, '오늘날 많은 사람들이 우려하는 인문학의 위기를 극복하는 일도 여기서부터 시작되어야' 한다며 이에 '화답'하는데, 이는 비단 '철학의 토양'만의 문제가 아닐 것이다. 인문학(혹은 인문학적) 번역의 한 경우라 할 수 있는 고전 번역은, 인문학의 위기가 적지 않은 연구자들에게 하나의 '화두'가 되어 있는 요즈음, 번역 인문학적 차원에서 새로운 종합적인 검토와 성찰이 절실히 필요하다.

박상익(2006 : 104)은 '인문학의 위기'에 대해, '위기'는 '한창 잘 나가다가 추락할 때 주로 쓰는 말'인데, '지적 인프라 구축이란 점에서 우리 인문학은 해방 이후 한 번도 잘 나가본 적이 없었'다고 지적한다. 특히 '척박한 번역문화'로 인해 오역 · 졸역 · 비문이 난무하는 번역의 경우에는 사태가 '더욱 심각하다'고 그는 개탄한다. 말하자면, 번역 글쓰기 문화 자체가 매우 척박하다는 것이다. 번역 작업을 '이 땅에서 공부한다는 것의 의미를 고민하는, 가지 않은

관점에 대해서는 논쟁적인 투로 쓴 적이 거의 없었다. 마치 최근에 담배를 끊은 사람처럼, 나는 내 과오로 인해 때로는 견딜 수 없이 화가 나기도 한다. 따라서 많은 비판가들이 내가 단지 이들 아이디어에 맹목적인 편견을 갖고 있다거나 최소한의 자비도 결여하고 있는 것처럼 생각했겠지만, 실은 이들 비판은 내 자신이 저질렀던 오류를 공유하고자 하는 절박한 욕구에서 나온 것이다."

길을 기꺼이 걷고자 하는 인문학자들'에게 필요한 노력의 일환으로(p. 10), '모국어 사랑을 실천하는 방법'의 하나(p. 76)로 이해하는 그는 '번역을 통한 지적 자원 확충 문제'가 '21세기 국가 경쟁력 차원'에서 제고되어야 한다고 제언하는데(p. 104), 이는 '제대로 된' 인문학적 '번역 글쓰기'에 대한 제언에 다름 아니다.

번역 인문학은 이러한 번역 글쓰기가 적극 모색해야 할 중요한 방향인데, 이 번역 인문학에 우선적으로 필요한 것은 기존의 고전 번역을 포함한 인문학(적) 번역들의 충실한 '번역 비평'이다. 기존의 번역 비평이 '오류 분석'의 차원을 크게 넘어서지 못하고 있는 우리의 현실에서 번역 비평의 다각적이며 심도 있는 탐구와 실천은 매우 시급한 과제이다. 황현산(1993 : 161)은 오늘날 '우리말다운 번역', '자연스러운 번역'이 하나의 미신이 되어 있다고 지적한 바 있는데, 이 문제도 번역 인문학과 번역 비평의 측면에서 심도 있게 검토되어야 할 것이다. 우리 글쓰기의 출발점이 '언해'라는 번역 글쓰기였던 것은 잘 알려진 사실이다. 이제 다시금 기존 인문학 번역들에 대한 활발한 번역 비평을 통해 번역 인문학의 토대를 쌓으며, 제기된 문제들 따른 다양한 번역 글쓰기들의 모색이 필요할 때이다.[38] 이러한 번역 글쓰기들은 우리 학문의 자생력과 주체성을 살리는 글쓰기의 '길'들이 될 수 있을 것이다.

---

38 김원종(2003 : 8-9) : "번역은 소통적 글쓰기 행위로서 학문의 영역을 넘나드는 학제적 방식을 유지하면서 문체는 격조 있는 풍격이어야 한다. 그래야만 지적 욕구가 강한 전문 독자와 일반 대중들에게 설득력 있게 답하면서 자연스럽게 모든 독자층과 소통의 자리 매김이 가능하게 된다. 우리는 중국 본토 학계의 기존 번역본을 참고는 하되 원전 해독에 바탕을 둔 우리식 번역본을 만들기 위한 치열한 반성적 노력을 해야 한다. 물론 이러한 번역의 방식과 태도는 전문가와 독자가 함께 자리할 수 있는 지적 공간 혹은 접경이 바로 번역 텍스트라는 굳건한 신념과, '우리'라는 주어가 빠진 중국 고전 번역은 어떤 의미도 갖지 못한다는 냉철한 성찰이 전제되어야 한다."

7. 에필로그

인문학의 위기 문제로 인해 학문적 글쓰기 문제가 더욱 부각된 것은 사실이나, 상당수의 연구자들은 후자가 전자의 직접적 원인이라거나 해결책이라는 데에 동의하지 않는다. 글쓰기는 한문 시대는 물론 개화기 등을 통해서도 우리의 수사학 전통의 주요 문제였고, 현재도 주요 문제로 부각되어 있으며, 혹자는 새로운 사상과 부딪칠 때마다 글쓰기 문제가 대두된다고도 말한다. 아무튼 우리의 학문적 정체성 및 자생력의 문제가 학문적 글쓰기의 문제와 맞물려 논란이 더 첨예해진 것이 사실이다. 다수의 학자들이 '논문 중심주의'를 비판하고, 논문의 '역사성과 맥락성'을 강조하며, 다양한 글쓰기들을 제시하는데, 학문적 글쓰기에 대해 나름대로 진단과 처방을 해 온 학자들은 '자신도 모르는' '임상수사학자들'이라고 말할 수 있다. 이제 우리는 이 임상수사학을 보다 명시적으로, 보다 광범위하게 수행할 필요가 있다.

이지호(2000 : 388)는 '끊임없이 이루어져 왔고 또 앞으로도 끊임없이 이루어질' 글쓰기를 '언어적 사유의 딜레마를 극복하기 위한 노력'으로 이해한다. '만일 언어적 사유가 대상의 의미를 완전하게 구성한다면 동일한 이 세계에 대한 동일한 글쓰기가 계속 반복될 이유는 없'지 않겠느냐고 그는 반문한다. '노자나 원효에서 보았듯이, 언어적 사유의 딜레마를 극복하기 위해서는 언어적 사유를 버리는 것이 아니라 그에 대응하는 또 다른 언어적 사유의 딜레마를 창출하여야' 한다는 그의 주장은 새로운 학문적 글쓰기를 위한 부단한 수사학적 탐구에 대한 독려로 이해할 수 있을 것이다. 박수밀(2005 : 419)은 '시대의 차이를 인정하고 변화된 현실에 맞는 글을 써야 한다는 주장은 비단 연암뿐 아니라 그 당시 새로운 문체를 구사했던 문인들의 공통된 주장이었다'고 18세기 당시의 글쓰기 상황을 회고하는데, 문제제기적인 폭넓은 글읽기와 깊은 사고를 통한 화쟁적 편집술 등 다양한 방향을 모색해야 할 오늘의 학문적 글쓰기에 대해서도 시사하는 바 크다.

참고문헌

강광식(1999) : 《현대한국이념논쟁사연구》, 한국학중앙연구원.

강근복(1990) : 〈정책논증의 구조〉, 《충남대학교 사회과학연구소 논문집》, 창간호, pp. 155-167.

강내희(1987) : 〈영문학의 연구와 버텨읽기〉, 《외국문학》, 1987년 봄호, pp. 130-160.

강태완(1999) : 〈광고에 나타난 시각적 설득의 수사학에 관한 연구〉, 한국방송학회 봄철정기학술대회, pp. 77-93.

강태완 외(2001) : 《토론의 방법》, 커뮤니케이션북스.

강혜선(1999) : 《朴趾源 散文의 古文 변용 양상》, 태학사.

고미숙(1998) : 〈한국 '근대 계몽기' 시가의 이념과 형식〉, 《대동문화연구》, 제33집, pp. 179-198.

_____(1999) : 〈근대계몽기, 그 생성과 변이의 공간에 대한 몇 가지 단상〉, 《민족문학사연구》, 제14집, pp. 105-131.

_____(2000) : 〈계몽의 담론, 계몽의 수사학〉, 《문화과학》, 제23호, pp. 203-216.

_____(2002) : 〈조선후기 비평담론의 두 가지 흐름—연암과 다산의 차이에 대하여〉, 《대동문화연구》, 제41집, pp. 1-25.

_____(2004) : 《열하일기, 웃음과 역설의 유쾌한 시공간》, 개정판, 그린비.

고정기(2000) : 《식사 연설 웅변》, 민예사.

공용배(2002) : 〈토론문화의 언론사상사적 기반에 관한 연구〉, 《한국언론정보학보》, 통권 19호, pp. 37-63.

곽노성(2000) : 〈한국 협상 교육의 현재—현황 평가와 미래 발전방향〉, 《협상연구》, 제6권 제1호, pp. 143-154.
구니오 고모리야(2002) : 《의사결정의 법칙》, 나상억 옮김, 21세기북스.
구인모(1998) : 〈국문운동과 언문일치〉, 《國語國文學 論文集》, 제18집, 동국대학교, pp. 67-80.
구장률(2004) : 〈제국신문의 '서사적 논설' 연구—사유 기반과 수사적 특성을 중심으로〉, 《현대문학의 연구》, 제22집, pp. 89-129.
권보드래(2003) : 〈한국, 중국, 일본의 근대적 문학개념 및 문학어 형성(1)—소설《불여귀》의 창작 및 번역, 번안 양상을 중심으로〉, 《대동문화연구》, 제42집, pp. 373-404.
권성우(2000) : 〈비평의 새로운 역할—새로운 글쓰기를 위하여〉, 《한민족문화연구》, 제6집, pp. 198-210.
권영민(2001) : 〈디지털 시대의 인문학의 방향〉, 《국어국문학》, 제129권, pp. 5-13.
권오문(2004) : 《말말말—대한민국사를 바꾼 핵심 논쟁 50》, 삼진기획.
금동철(2001) : 《한국 현대시의 수사학》, 국학자료원.
김광수(2002) : 〈비판적 사고론〉, 《철학연구》, 제58집, pp. 5-42.
김광옥(1990) : 〈朝鮮後期 民衆公論에 관한 硏究〉, 《新聞學報》, 제25호, pp. 265-277.
김광해(1996) : 〈국어 발전의 양상〉, 《선청어문》, 제24집, pp. 123-146.
김기림(1988) : 〈文章論新講〉, 《문장론》, 《김기림 전집 4》, 심설당, pp. 2-157.
김기종(1983) : 《조선어수사학》, 료녕인민출판사.
김기현(2000) : 《조선조를 뒤흔든 논쟁 상 · 하》, 길.
김기홍(2002) : 《한국인은 왜 항상 협상에서 지는가》, 굿인포메이션.
_____(2004) : 《서희, 협상을 말하다》, 새로운제안.
김동식(1991) : 〈로티의 반정초주의〉, 《철학과현실》, 제11권, pp. 135-156.
_____(1992) : 〈로티의 언어관과 그 문제점〉, 《철학과현실》, 제14권, pp. 267-291.
김동환(1991) : 〈'天下太平春'의 판소리 문체 연구〉, 《국어교육》, 제73집, pp. 335-346.
_____(1994) : 〈1930년대 말기 산문정신과 글쓰기의 유형〉, 《국어교육연구》, 제1집, pp. 17-39.
김명숙(2002) : 〈공교육에서의 비판적 사고 교육의 방향과 쟁점〉, 《철학연구》, 제58집, pp. 107-155.

김문식(2003) : 〈《조선시대 유생상소와 공론정치》(설석규) 서평〉, 《대구사학》, 제71집, pp. 335-340.

김미형(1997) : 〈언해문(諺解文)의 문체 특징 연구〉, 《어문학연구》, 제6집, 상명대학교어문학연구소, pp. 35-55.

_____(2002) : 〈논설문 문체의 변천 연구〉, 《한말연구》, 제11호, pp. 23-71.

김상태(1993) : 《문체의 이론과 해석》, 집문당.

김상현(1995) : 〈원효 화쟁사상의 연구사적 검토〉, 《불교연구》, 제11 · 12집, pp. 333-358.

김성곤(2003) : 《문화연구와 인문학의 미래》, 서울대학교출판부.

김성도(2003) : 《하이퍼미디어 시대의 인문학—김성도, 세계 지성과의 대화》, 생각의 나무.

김승렬(1991) : 〈近代轉換期의 國語 文體〉, 홍일식 외, 《近代轉換期의 言語와 文學》, 고려대학교 민족문화연구소, pp. 39-66.

김승찬(1984) : 〈鄕歌의 內容과 그 修辭法〉, 《국어국문학지》, 제22집, pp. 75-85.

김영건(2001) : 〈표현 인문학의 빛과 어둠〉, 《신학과 철학》, 제3호, pp. 211-228.

김영국(1993) : 《설득의 원리 · 원칙》, 신세대.

김영민(1997) : 《탈식민성과 우리 인문학의 글쓰기》, 민음사.

_____(1998a) : 《손가락으로, 손가락에서—글쓰기(와) 철학》, 민음사.

_____(1998b) : 《진리 · 일리 · 무리—인식에서 성숙으로》, 철학과현실사.

_____(1998c) : 《문화, 문화, 문화》, 동녘.

_____(2001) : 《자색이 붉은색을 빼앗다》, 동녘.

_____(2002) : 〈글쓰기의 징후, 혹은 징조의 글쓰기〉, 《사회비평》, 제34권, pp. 77-91.

_____(2004) : 〈근대 계몽기 신문의 문체와 한글 소설의 정착 과정〉, 《현대문학의 연구》, 제22집, pp. 47-88.

김영주(2002) : 〈조선왕조 초기 公論과 공론형성과정 연구〉, 《언론과학연구》, 제2권 제3호, pp. 70-110.

김영진(1993) : 〈임상철학을 위하여〉, 《철학과 현실》, 제16권, pp. 26-37.

_____(2004) : 《철학적 병에 대한 진단과 처방—임상철학》, 철학과현실사.

김용호(1986) : 〈커뮤니케이션학에 있어서 언어의 불확정성에 관한 일 연구—현대물리학과 실증주의 언어관의 비교〉, 《언론문화연구》, 제4집, pp. 106-131.
김용환(2001) : 〈임상철학을 위한 시론—《한국인을 위한 윤리와 논리》(김영진, 2001, 철학과현실사) 서평〉, 《철학과 현실》, 제50권, pp. 271-278.
김우정(2002) : 〈최립 산문의 문체론적 고찰〉, 《한문학논집》, 제20집, pp. 119-152.
김욱동(1999) : 《은유와 환유》, 민음사.
_____(2002) : 《수사학이란 무엇인가》, 민음사.
김원종(2003) : 〈중국고전번역의 방법론에 관한 시론〉, 《2003년도 중국인문학회 춘계학발표회 발표논문집》, 2003년 5월, pp. 1-13.
김원중(1994) : 〈'文心雕龍' 修辭論의 槪念과 成立背景〉, 《중국문학연구》, 제12집, pp. 45-70.
김재웅 외(2003) : 《삶의 정치, 소통의 정치》, 대화출판사.
김정근(1997) : 〈문헌정보학 연구에서 '실천적' 글쓰기란 무엇인가?〉, 《열린지성》, 제3호, pp. 83-99.
김종갑(1996) : 〈로티의 혁명적 글쓰기—문학의 지렛대로 철학을 들어올리기〉, 《철학과 현실》, 제31권, pp. 94-112.
김종택(1985) : 〈한글은 문자 구실을 어떻게 해왔나〉, 《건국어문학》, 제9집, pp. 859-868.
김주연 외(2000) : 《표현 인문학》, 생각의나무.
김지찬(1997) : 〈설교자는 수사학자가 되어야 한다(I)—설교에 있어서 수사적 사고의 중요성〉, 《신학지남》, 제251호, pp. 252-303.
김진나 · 박주식(1999) : 〈인문학의 위기시대에 필요한 새로운 '사유틀' 모색〉, 《비평과 이론》, 제4권 제1호, pp. 145-182.
김철범(2003) : 〈이조 후기 산문론에서 '見識'의 문제〉, 《한문학보》, 제9집, pp. 247-269.
김춘미(2000) : 〈유학과 번역—한글문체의 성립과 관련하여〉, 《비교문학》, 제25집, pp. 87-105.
김태준(2000) : 〈동아시아적 글쓰기의 전통론 시고—'열하일기'의 글쓰기론을 중심으로〉, 《관악어문논집》, 제36집, pp. 221-246.
김항규(1995) : 〈정책결정과정에서의 정치적 합리성 확보방안에 관한 연구〉, 《한국행정학보》, 제29권 제2호, pp. 681-698.

_____(1996) : 〈행정절차법상 청문에 대한 실천적 논증이론의 적용 요건〉, 《한국행정학보》, 제30권 제4호, pp. 19-35.

김헌(2004) : 〈Rhêtorikê는 수사학(修辭學)인가?〉, 《철학과 현실》, 제61권, pp. 153-168.

김현주(2005) : 〈논쟁의 정치와 '민족개조론'의 글쓰기〉, 《역사와 현실》, 제57권, pp. 111-140.

김혈조(1982) : 〈燕巖體의 成立과 正祖의 文體反正〉, 《한국한문학연구》, 제6집, pp. 45-95.

김형자(1995) : 《한국근대소설의 문체론적 연구》, 삼지원.

나은영(1995) : 〈문화간 의사소통의 관점에서 본 국제협상〉, 《한국심리학회지—사회문제》, 제2집 제1호, pp. 199-226.

넬슨, J. S.(2003) : 〈일곱 가지 탐구의 수사학—하나의 도전〉, J. S. 넬슨 외(2003a), 《인문과학의 수사학—학문과 공공부문에 있어서의 언어와 논증》, 고려대학교출판부, pp. 546-584.

넬슨, J. S. · A. 메길 · D 맥클로스키(2003a) : 《인문과학의 수사학—학문과 공공부문에 있어서의 언어와 논증》, 박우수 · 양태종 외 옮김, 고려대학교출판부(원저작 1987).

넬슨, J. S. · A. 메길 · D 맥클로스키(2003b) : 〈탐구의 수사학〉, J. S. 넬슨 외(2003a), 《인문과학의 수사학—학문과 공공부문에 있어서의 언어와 논증》, 고려대학교출판부, pp. 1-24.

노경주(2001) : 《논쟁문제 교육의 이론과 실제》, 원미사.

_____(2002) : 〈비판적 사고 : 패러다임과 개념〉, 《사회과교육》, 제41권 제1호, pp. 55-73.

노진한(1996) : 〈박지원의 글을 통해 본 사유와 표현의 관계〉, 《선청어문》, 제24집, pp. 1-17.

대너, 다니엘(2003) : 《갈등 해결의 기술》, 하지현 옮김, 지식공작소.

도슨, 로저(2003) : 《설득의 법칙》, 박정숙 옮김, 비즈니스북스.

라보, E.(2002) : 〈협상으로서의 번역〉, 《번역교육과 교육에서의 번역》, J. Delisle · H. Lee-Janke 감수, 김종규 · 김정연 옮김, 고려대학교출판부, pp. 97-119.

라이백, D.(2003) : 《설득의 리더쉽》, 김종명 외 옮김, 시대의창.

라포포트, A.(1995) : 《일반의미론의 이해—과학과 인간의 목표》, 안동환 옮김, 한국문화사(원저작 1950).
류근조(1999) : 《한국 현대시의 은유 구조》, 보고사.
르드레르, M.(2001) : 《번역의 오늘—해석 이론》, 전성기 옮김, 고려대학교출판부.
르불, O.(1999) : 《수사학》, 박인철 옮김, 한길크세주.
리처드, I. A.(2001) : 《수사학의 철학》, 박우수 옮김, 고려대학교출판부(원저작 1936).
마넬리, 미에치슬라브(2006) : 《페렐만의 신수사학—새로운 세기의 철학과 방법론》, 손장권 · 김상희 옮김, 고려대학교출판부.
맥팩, J. E.(1989) : 《批判的 思考와 敎育》, 박영환 · 김공하 옮김, 박영사.
맹주만(2004) : 〈철학의 위기와 탈대중화〉, 《인문학연구》, 제37권, 중앙대학교 인문과학연구소, pp. 115-126.
문경환(2001) : 〈대통합 언어이론을 향하여〉, 《인문언어》, 제1권 제1호, 2004년 4월 국제언어인문학회, pp. 33-63.
민병곤(2000) : 〈신문 사설의 논증 구조 분석〉, 《국어국문학》, 제127집, pp. 133-153.
_____(2001) : 〈논증 이론의 현황과 국어 교육의 과제〉, 《국어교육학연구》, 제12집, pp. 237-285.
_____(2004) : 〈논증적 텍스트의 생산 과정에서 논증 도식의 운용 양상에 대한 분석 및 교육적 시사〉, 《국어교육학연구》, 제18집, pp. 184-222.
민형식(1994) : 〈개화기 국어 문체에 대한 종합적 연구(1)〉, 《국어교육》, 제83집, pp. 113-152.
민형원(2001) : 〈현대철학의 글쓰기로서의 형식으로서의 에세이〉, 《美學》, 제30집, pp. 137-168.
박경현(1994) : 〈개화기 화법 교육의 편린—안국선의 '연설법방'을 중심으로〉, 《畿甸語文學》, 제8 · 9집, pp. 101-116.
박동찬(1996) : 〈글쓰기의 문제〉, 《인문논총》, 제4집, 서울여대인문과학연구소, pp. 123-149.
박만섭(2001) : 〈수사학적 경제학 방법론—비판적 고찰〉, 《과학철학》,6, pp. 119-154.
박명희(1996) : 〈농암의 작문론에 대하여〉, 《한국언어문학》, 제37집, pp. 341-358.
박상익(2006) : 《번역은 반역인가》, 푸른역사.
박선철(2004) : 《한국형 협상의 법칙—협상에서 원하는 것을 얻는 노하우》, 원앤원

북스.
박성창(2000) : 《수사학》, 문학과지성사.
박수밀(2005) : 〈18세기 새로운 글쓰기의 대응 양상과 의미〉, 《한국언어문화》, 제27집, pp. 401-425.
박영록(2003) : 〈선어록의 논증구조와 해석의 문제〉, 《중국문학연구》, vol.26, pp. 315-335.
박우수(1992) : 《수사학과 말의 힘》, 대홍.
_____(1995) : 《수사적 인간》, 민.
_____(2003) : 〈역자 서문〉, J. S. 넬슨 외(2003a), 《인문과학의 수사학—학문과 공공부문에 있어서의 언어와 논증》, 박우수 · 양태종 외 옮김, 고려대학교출판부, pp. i-vii.
_____(2004) : 〈대화론과 수사학—방법론적 시론〉, 2004년 2월 한국수사학회 월례발표회, pp. 1-12.
_____(2005) : 〈고대 그리스 · 로마의 글쓰기 교육〉, 한국수사학회 · 고려대 레토릭 연구소 2005년 4월 월례발표회 논문집, pp. 14-29.
박은진(2003) : 〈수사학의 부활, 철학적 사유를 위하여!〉, 《철학과현실》, 제57권, pp. 240-247.
박은진 · 김희정(2004) : 《비판적 사고를 위한 논리》, 아카넷.
박준호(2003) : 《논리와 논증의 이해》, 한국문화사.
박항식(1976) : 《修辭學》, 현대문학사.
박헌준(2001) : 〈협상연구의 발전과 과제〉, 《정책연구》, 제7권 제1호, pp. 1-36.
박현모(2002a) : 〈10년간의 위기—정묘-병자호란기의 공론정치 비판〉, 《국제정치논총》, 제42집 제4호, pp. 27-46.
_____(2002b) : 〈정묘호란기의 국내외정치—국가위기시의 공론정치〉, 《국제정치논총》, 제42집 제4호, pp. 217-235.
_____(2002c) : 〈정조시대의 公論연구—臺諫의 활동과 유생들의 집단상소를 중심으로〉, 《한국정치연구》, 제11집 제2호, pp. 93-117.
박현수(2003) : 《모더니즘과 포스트모더니즘의 수사학—이상문학연구》, 소명출판.
박현숙 · 김병국(2002) : 〈협상가의 자질과 협상성과와의 관계분석〉, 《무역학회지》, 제27권 제4호, pp. 131-153.

박호환(1994) : 〈협상에서 이기기 위한 전략〉, 《산업관계연구》, 제4집, pp. 441-463.
박희병(2003) : 《운화와 근대—최한기 사상에 대한 음미》, 돌베개.
방정배 · 최윤희(1989) : 《여론과 정치설득》, 나남.
배혜문(1994) : 〈比較廣告의 커뮤니케이션효과에 관한 硏究〉, 《全州大 論叢》, 제5집, pp. 93-111.
봉두완(2000) : 〈우리의 현실에 비추어 본 서구 협상이론의 비판적 고찰〉, 《인문사회과학논문집》, 제29집, 광운대인문사회과학연구소, pp. 9-24.
브라운, M. N.(2002) : 《바른 질문하기—비판적 사고의 가이드》, 김영채 옮김, 중앙적성출판사.
서영아(2002) : 〈여성어 카피의 커뮤니케이션 효과에 관한 연구—화장품 인쇄광고를 중심으로〉, 《저널 언론정보》, 동명정보대학교, pp. 135-146.
서인선(1996) : 〈수사비평이란 무엇인가?—신약 성서와 고전수사학〉, 《신약논단》, 제2호, pp. 191-214.
서휘석(1999) : 〈환경갈등을 해결하기 위한 협상으로서의 과학〉, 《한국동북아논총》, 제12집, pp. 323-339.
설석규(2002) : 《朝鮮時代 儒生上疏와 公論政治》, 선인.
송종길(2004) : 〈2002년 대통령후보 텔레비전 토론에서 나타난 수사학적 토론전략 연구—후보자의 설득적 공격과 방어전략 분석을 중심으로〉, 《한국언론학보》, 제48집 제2호, pp. 108-137.
송혁기(2003) : 〈18세기 초 散文理論의 전개양상 一考—이의현 · 신유한 · 조구명을 대비를 중심으로〉, 《한국한문학연구》, 제31집, pp. 203-236.
쇼펜하우어, A.(2003) : 《논쟁에서 이기는 38가지 방법》, 김재혁 옮김, 고려대학교출판부.
슈미트, 워렌 외(2001) : 《갈등을 창조적으로 푸는 협상의 기술》, 이상욱 옮김, 21세기북스.
스펜스, 게리(1997) : 《논쟁으로 이기는 법, 논쟁 없이 이기는 법》, 이순주 옮김, 세종서적.
시몬스, A.(2002) : 《대화와 협상의 마이더스, 스토리텔링》, 김수현 옮김, 한언.
신광현(1996) : 〈대학의 담론으로서의 논문—형식의 합리성에 대한 비판〉, 《사회비평》, 제14권, pp. 177-200.
신복호(2003) : 〈서명응의 文章論〉, 《민족문화연구》, 제38집, pp. 1-37.

신용순(1995) : 〈커뮤니케이션 전략에 관한 연구—LG 맛그린을 중심으로〉, 《논문집》, 제12집, 대전산업대학교, pp. 21-33.
신진 편저(1998) : 《문체와 문체 연구》, 동아대학교출판부.
신태수(2000) : 〈인문학문의 글쓰기 경향과 그 반성〉, 《한민족어문학》, 제36집, pp. 231-251.
심재기(1999) : 《국어 문체 변천사》, 집문당.
쓰지 유미(2001) : 《번역사 산책》, 이희재 옮김, 궁리.
아당, J. M. · M. 본옴므(2001) : 《광고 논증—찬사와 설득의 수사학》, 장인봉 옮김, 고려대학교출판부.
아모시, 루스(2003) : 《담화 속의 논증—정치 담화, 사상 문학, 허구》, 장인봉 옮김, 동문선.
안국선(1907) : 《연설법방》, 창신사.
안세현(2004) : 〈연암 글쓰기의 일면—〈발승암기(髮僧庵記)〉의 구성과 주제〉, 2005년 2월 한국수사학회 월례발표회, pp. 18-31.
안장리(2005) : 〈인문학적 사유를 바탕으로 한 장르변형 글쓰기—정인보의 《唐陵軍遺事徵》〉, 《동방학지》, 제130집, pp. 279-304.
알레산드라, 토니 외(2003) : 《설득을 위한 대화의 기술》, 최경희 외 옮김, 한국경제신문.
양문규(2003) : 〈근대 전환기 한국소설의 전통과 서구 수용—언어 양상을 중심으로〉, 《한국문학논총》, 제34집, pp. 65-88.
양태종(2002) : 《수사학 이야기》, 제3판, 동아대학교출판부.
양해림(2001) : 〈인문학의 패러다임과 인문학 위기의 극복책을 위하여—딜타이와 신칸트학파, 베버, 하버마스를 중심으로〉, 《해석학연구》, 제9권, pp. 34-66.
양희완 편저(1998) : 《대중을 설득할 수 있어야 성공할 수 있다—세계를 움직인 한니발부터 조지 부시까지》, 봉명.
엄요섭(1972a) : 〈한국교회 설교의 시대적 형태론(상)〉, 《기독교사상》, 1972년 4월호, pp. 124-133.
_____(1972b) : 〈한국교회 설교의 시대적 형태론(중)〉, 《기독교사상》, 1972년 5월호, pp. 120-126.
_____(1972c) : 〈한국교회 설교의 시대적 형태론(하)〉, 《기독교사상》, 1972년 6월호, pp. 126-131.

엄훈(2000) : 〈朝鮮 成宗代 토론 문화 연구—유향소 복립 논쟁을 중심으로〉, 《국어교육》, 제103집, pp. 269-313.
_____(2002a) : 〈조선시대 공론 영역 논변에 대한 장르론적 접근〉, 《국어교육학연구》, 제14집, pp. 289-319.
_____(2002b) : 〈조선 전기 공론 영역 논변의 사례 분석〉, 《텍스트언어학》, 제12집, pp. 69-92.
역사비평 편집위원회(2000) : 《논쟁으로 본 한국사회 100년》, 《역사비평》 통권 50권 기념 별책, 역사비평사.
염은열(1996) : 〈상소문의 글쓰기 전략 연구—'간타위소(諫打圍疎)'를 중심으로〉, 《국어교육연구》, 제3집, pp. 77-98.
영창서관 편집부(1921) : 《實地應用 作文大方》, 永昌書館.
오강남(1987) : 〈원효사상과 현대사회학〉, 《불교연구》, 제3집, pp. 139-152.
오선민(2002) : 〈근대 계몽기 국어의 발견과 국민국가의 상상〉, 《내일을 여는 작가》, 제28호, pp. 71-88.
오인환(1991) : 〈한비자와 설득커뮤니케이션—동양고전의 커뮤니케이션학적 조명을 위한 시도〉, 《언론 사회 문화》, 창간호, 연세대학교 신문방송학과 언론연구논총, pp. 15-35.
오인환 · 이규완(2003) : 〈상소의 설득구조에 관한 연구—시무상소문을 중심으로〉, 《한국언론학보》, 제47권 제3호, pp. 5-37.
오판진(2003) : 〈비판적 사고교육을 위한 토론극 모형 연구〉, 《국어교육》, 제111집, pp. 117-150.
윌버, 켄(2004) : 《아이 투 아이—감각의 눈 · 이성의 눈 · 관조의 눈》, 대원출판.
윤재왕(1992) : 〈법적 논증이론과 절차적 정의〉, 《법과 사회》, 제5집, pp. 213-232.
윤평중(2001) : 《논쟁과 담론—담론이론의 사회철학과 급진민주주의에 대한 한 철학적 기획》, 생각의나무.
이경훈(2000) : 《이상, 철천의 수사학》, 소명출판.
이기상(2003) : 《다석과 함께 여는 우리말 철학》, 지식산업사.
이달곤(1994) : 〈국제협상력 강화를 위한 정책방안〉, 《한국협상연구》, 제3집 제1호, pp. 170-188.
이도흠(1999a) : 〈한국 인문학의 위기, 지식인에게도 책임 있다〉, 《인물과 사상》,

1999년 7월호, pp. 168-179.
_____(1999b):《화쟁기호학, 이론과 실제—화쟁사상을 통한 형식주의와 마르크시즘의 종합》, 한양대학교출판부.
이동철(1999):〈위기와 모색—세기말 인문학의 위상과 전망〉,《사회비평》, 제22권, pp. 102-112.
이마키타 준이치(2003):《협상력을 기른다》, 이왕호 옮김, 지식공작소.
이미순(1997):《한국 현대시와 언어의 수사성》, 국학자료원.
_____(2000):《한국 현대문학비평과 수사학》, 월인.
이상엽(2001):〈인문학 위기 극복을 위한 하나의 제안—문화인문학〉,《철학과 현실》, 제50권, pp. 198-212.
이상철(2000):〈아리스토텔레스 레토릭과 커뮤니케이션학〉,《한국커뮤니케이션학》, 제8집, pp. 164-184.
이상혁(2000):〈애국계몽기의 국어 의식—당대 연구자들의 국어관을 중심으로〉,《어문논집》, 제41집, 민족어문학회, pp. 105-139.
이성만(1996):〈텍스트에서 논증 행위의 구조〉,《독어교육》, 제11집, pp. 199-229.
이성원(1994):〈인문학의 특성, 인문학의 위기〉,《현대비평과 이론》, 제8호, pp. 10-17.
이세동(1999):〈밀암 이재의 문장관과 그 실천〉,《동방한문학》, 제16집, pp. 165-197.
이승환(1999a):〈동양 철학, 글쓰기 그리고 맥락〉,《동아시아 연구—글쓰기에서 담론까지》, 살림, pp. 33-54.
_____(1999b):〈한국 전통철학과 현대철학의 연속성과 단절〉, 1999년 6월 5일 한국철학회 춘계학술대회 발표문, p. 15.
이애희(2004):《조선후기 인성 물성 논쟁의 연구》, 고려대학교민족문화연구원.
이연택(2003):《이연택 교수의 토론의 기술》, 21세기북스.
이왕주(1995):〈메타포 '삼풍'과 임상철학의 복권〉,《철학과 현실》, 제26권, pp. 14-22.
_____(1996):〈호랑이 굴로 들어가기〉,《철학과 현실》, 제28권, pp. 101-109.
_____(1998):〈인문학의 몰락을 바라보며〉,《철학과 현실》, 제37권, pp. 132-142.
_____(2000):〈사람의 무늬와 학문의 소통〉,《새한영어영문학》, 제42권 제2호, pp. 309-317.

이을환(1989) : 《國語의 一般意味論的 硏究》, 숙명여자대학교출판부.
이이화(2005) : 〈문화 · 학문을 드높인 토론 · 의사합의 전통〉, 《경향신문》, 2005년 4월 11일(5면).
이인모(1970) : 《이론과 실천, 문체론》, 선명문화사.
이정엽(2002) : 〈이상 소설 문체의 수사학과 서사구조 연구〉, 《한국학보》, 제28집 제3호, pp. 194-214.
이종주(1990) : 〈北學派 散文 文體意識의 性格〉, 《진단학보》, 제70집, pp. 181-201.
이종호(2004) : 《조선의 문인이 걸어온 길》, 한길사.
이준웅(2001) : 〈설득의 윤리적 문제—고르기아스와 소크라테스〉, 《한국언론학보》, 제45집 제2호, pp. 349-386.
이준일(2001) : 〈법의 필요성에 대한 논증—대화이론에 기초하여〉, 《법철학연구》, 제4권 제2호, pp. 195-226.
이지호(2000) : 〈글쓰기에서의 언어의 문제〉, 《선청어문》, 제28집, pp. 373-388.
이태수(2003) : 〈인문학의 두 계기—진리탐구와 수사적 설득〉, 장회익 외, 《삶, 반성, 인문학—인문학의 인식론적 구조》, 태학사, pp. 91-120.
이태준(1988) : 《문장강화》, 임형택 해제, 창작과비평사.
이현우(2002) : 《사람의 마음을 움직이는 설득 심리》, 더난출판.
이현출(2002) : 〈사림정치기의 공론정치〉, 《한국정치학회보》, 제36집 제3호, pp. 115-135.
이현희(1992) : 〈국어학의 자료와 방법론〉, 국어국문학회 편, 《국어국문학 40년》, 집문당, pp. 375-391.
이형대(2003) : 〈근대계몽기 시가와 수사학의 한 단면— 《대한미일신보》 소재 계몽 시가의 풍자를 중심으로〉, 민족어문학회 정기발표회, pp. 1-8.
임상석(2001) : 〈근대계몽기 신채호의 글쓰기방식—한문의 그늘 밑에 모색된 새로운 논리와 사상〉, 고려대학교대학원 석사학위논문.
임태섭(1999) : 〈한국인의 커뮤니케이션 가치관—전통과 변화〉, 《한국커뮤니케이션학》, 제7집, pp. 52-66.
임형택(1999) : 〈근대계몽기 국한문체(國漢文體)의 발전과 한문의 위상〉, 《민족문학사연구》, 제14집, pp. 8-43.
장경렬(1994) : 〈인문학의 위기와 비판 정신—새로운 비판 정신의 확립을 위하여〉,

《현대 비평과 이론》, 8호, pp. 18-31.
_____(2003) : 〈언어의 수사성과 이념성—언어의 관점에서 본 인문학의 문제〉, 장회익 외, 《삶, 반성, 인문학—인문학의 인식론적 구조》, 태학사, pp. 121-153.
장덕현(2002) : 〈마음을 아프게 하는 글쓰기〉, 《사회비평》, 제34권, pp. 31-46.
장석주(2002) : 〈논문이냐, 주체적 글쓰기냐〉, 《사회비평》, 제34권, pp. 47-60.
장재성(1997) : 〈김기종이 지은 《조선어 수사학》 평설〉, 《한글》, 제237호, pp. 79-127.
장회익 외(2003) : 《삶, 반성, 인문학—인문학의 인식론적 구조》, 태학사.
장효현(1992) : 〈18세기 文體反正에서의 小說 論議〉, 《한국한문학연구》, 제15집, pp. 351-372.
전성기(1996) : 《메타언어, 언어학, 메타언어학》, 고려대학교출판부.
_____(1998) : 《佛韓번역 대조분석》, 어문학사(초판 1996).
_____(2000) : 〈번역의 제문론적 수사학적 고찰〉, 《불어불문학연구》, 제44집, pp. 719-740.
_____(2001) : 〈일반의미론과 번역〉, 《불어불문학연구》, 제48집, pp. 685-706.
_____(2002) : 〈La traduction et la formation de la langue : Le cas du coréen〉, 《불어불문학연구》, 제49집, pp. 287-313.
_____(2002) : 《의미 번역 문법》, 고려대학교출판부.
_____(2003) : 〈언어학 담론의 수사학〉, 《불어불문학연구》, 제54집, pp. 793-811.
_____(2004a) : 〈수사학의 발견과 발견의 수사학〉, 《어문논집》, 제49집, 민족어문학회, pp. 7-28.
_____(2004b) : 〈번역학과 수사학〉, 전성기 외, 《텍스트 분석방법으로서의 수사학》, 유로무역, pp. 51-67.
_____(2004c) : 〈탐구의 수사학과 수사학적 탐구〉, 《텍스트언어학》, 제17집, pp. 255-280.
_____(2005) : 〈한국의 수사학 전통〉, 《수사학》, 제2집, pp. 145-195.
전영우(1991) : 《한국근대토론의 사적 연구》, 일지사.
전영우(2002) : 《짜임새 있는 연설》, 민지사.
전일환(2000) : 〈송강 정철 국문시가의 수사기교〉, 《韓國言語文學》, 제45집, pp. 247-276.

_____(2003) : 〈고산 윤선도 국문시가의 수사미학〉, 《고시가연구》, vol.11, pp. 177-200.
전정구(1996) : 〈이상의 글쓰기와 수사학적 성격〉, 《韓國言語文學》, 제37집, pp. 657-674.
정내화(1985) : 《새로운 연설과 수사법》, 명문당.
정동화(1972) : 〈高麗詩歌의 修辭技巧 硏究 試考〉, 《국어교육》, vol.18, pp. 1-14.
정민(1997) : 〈박지원의 소단적치인, 글쓰기와 병법〉, 《문헌과 해석》, 통권 1호, pp. 150-161.
_____(1999a) : 〈고전문장이론에서 '法'의 문제에 대하여〉, 《고전문학연구》, 제15집, pp. 281-315.
_____(1999b) : 〈요즘 문장가들의 세 가지 폐단—與人論文書/홍길주〉, 《문헌과 해석》, 통권 9호, pp. 157-164.
_____(2000) : 〈고전문장이론상의 篇章字句法으로 본 〈온달전〉의 텍스트 분석〉, 《텍스트언어학》, 제9집, pp. 15-38.
_____(2001a) : 〈古文論의 세 층위와 活物的 文章 인식〉, 《시학과 언어학》, 제1집, pp. 37-61.
_____(2001b) : 〈'黃金臺記'를 통해 본 연암 산문의 글쓰기 방식〉, 《古典文學硏究》, 제20집, pp. 329-353.
_____(2002) : 〈항해 홍길주의 독서론과 문장론〉, 《대동문화연구》, 제41집, pp. 87-123.
정선태(1999) : 《개화기 신문 논설의 서사 수용 양상》, 소명.
정성구(1984) : 〈한국교회 설교사(VII) 한국교회와 설교운동—길선주, 김익두, 이성봉을 중심하여〉, 《신학지남》, 1984년 6월 봄 · 여름호, pp. 140-177.
_____(1993) : 〈한국교회사를 통해 본 설교의 맥〉, 《기독교사상》, 1993년 9월호, pp. 48-56.
정우봉(1997) : 〈散文論의 형성과 전개—삼국시대-무신집권기〉, 《민족문화연구》, 제30집, pp. 283-322.
_____(1999) : 〈散文 理論의 基本 範疇와 展開 樣相—고려 후기에서 조선 전기〉, 《민족문화연구》, 제32집, pp. 221-276.
정윤경(2002) : 〈자유교육관의 변화, 인문학의 위기에 관한 일고〉, 《한국교육학연구》, 제8권 제2호, pp. 85-103.
정재서(1999) : 〈동양학, 글쓰기의 기원과 행로〉, 《동아시아 연구—글쓰기에서 담론까지》, 살림, pp. 78-95.
정재헌 · 서정신(1999) : 〈직관의 방법과 논증의 방법〉, 《철학연구》, 제47집, pp. 95-128.
정정순(2001) : 〈설득을 위한 글쓰기의 전략—이규태의 글쓰기를 한 사례로〉, 《국어교육학연구》, 제12집, pp. 363-382.
정한기(1987) : 〈우리 現代文章의 形成過程 攷〉, 《한국언어문학》, 제25집, pp. 85-105.
정환국(2003) : 〈19세기 文論史에서의 최한기의 文章論〉, 《대동문화연구》, 제43집, pp. 313-335.
정희경(2000) : 《은유, 그 형식과 의미작용—마르그리트 뒤라스 소설을 중심으로》, 서울대학교출판부.
조관홍(1999) : 〈인문학의 위기—철학을 중심으로〉, 《동아교육논총》, 제25집, pp. 5-19.
조동일(1993) : 《우리 학문의 길》, 지식산업사.
_____(1996) : 〈최한기의 글쓰기 이론〉, 《진단학보》, 제81집, pp. 327-350.
_____(1997) : 《인문학문의 사명》, 서울대학교출판부.
조병호(1986) : 〈커뮤니케이션 소스(Source)의 特性이 說得 커뮤니케이션에 미치는 影響에 關한 考察〉, 《(광주개방대학)논문집》, pp. 721-738.
조병활(1999) : 〈논쟁부재와 긴장된 글쓰기〉, 《불교평론》, 창간호, pp. 1-8. <http://ww w.budreview.com/html/1/1-specail-2-chobyunghwal.htm>
조성택(2003) : 〈불교의 이론과 실천 수행—초기 불교의 무아설을 중심으로〉, 《오늘의 동양사상》, 제8호, pp. 163-189.
조세호(2002) : 〈서거정의 문장론 연구〉, 《한국한문학연구》, 제29집, pp. 213-255.
조주현(1994) : 〈서평—《탈식민지 시대 지식인의 글읽기와 삶읽기, 1-3》〉, 《한국사회학》, 제28집 제3호, pp. 199-204.
조한욱(2000) : 《문화로 보면 역사가 달라진다》, 책세상.
조혜정(1994) : 《탈식민지 시대 지식인의 글 읽기와 삶 읽기 2—각자 선 자리에서》, 또하나의문화.
_____(1997) : 〈문화적 자생력 기르기—글쓰기에 대하여〉, 《열린지성》, 제3호, pp.

38-62.
조희정(1999) : 〈창의적 글쓰기와 전범 텍스트 학습의 상관성〉, 《국어교육》, 제100집, pp. 507-535.
주성호(1994) : 〈한국교회 성장에 끼친 설교의 영향〉, 《교수논총》, 제5집, 한세대학교, pp. 197-225.
천정환(2002) : 〈'학문적'으로 살며 글쓰기—문턱에서 바라본〉, 《사회비평》, 제34권, pp. 61-76.
천정환(2004) : 〈새로운 문학연구와 글쓰기를 위한 시론〉, 《민족문학사연구》, 제26집, pp. 376-410.
최귀묵(2001) : 《김시습의 사상과 글쓰기》, 소명출판.
최승호(2000) : 〈박용래론—근원의식과 제유의 수사학〉, 《우리말글》, 통권 20호, pp. 405-429.
_____(2002) : 《서정시의 이데올로기와 수사학》, 국학자료원.
최시한(1996) : 〈한국 현대소설의 형성과 시점〉, 《한국언어문학》, 제37집, pp. 675-689.
최신일(1996) : 〈해석학, 해체 그리고 글쓰기〉, 《철학연구》, 제58집, pp. 333-350.
최윤식(2000) : 《광고, 설득의 과학 설득의 기술》, 삼진기획.
최이돈(1992) : 〈16세기 公論政治의 형성과정〉, 《국사관 논총》, 제34집, pp. 1-29.
최인자(2001) : 〈상소문의 설득 문화와 유교적 질서〉, 《국어교육의 문화론적 지평》, 소명출판.
최재목(2003) : 《크로스오버 인문학—젊은 철학자의 '늪의 글쓰기'》, 장승.
_____(2004) : 〈인문학, 편집술, 事的 글쓰기 혹은 緣起的 글쓰기〉, 《인문연구》, 제45 · 46집, 영남대인문과학연구소, pp. 277-294.
최정호(1984) : 〈한국 사람의 전통적인 언어관 연구〉, 《한글》,제184호, pp. 113-147.
최종욱(1999) : 〈인문과학의 위기—인문과학의 위기에 대한 담론분석을 위한 시론〉, 《어문학논총》, 제18집, 국민대학교 어문학연구소, pp. 405-427.
최창록(1992) : 《소설과 시의 문체미학》, 대구대학교출판부.
최철(1983) : 〈鄕歌의 修辭技法에 대하여〉, 《동방학지》, 제39집, pp. 1-29.
최희봉(2000) : 〈고전번역의 필요성, 그리고 그 어려움—《인간본성에 관한 논고》(데이비드 흄 지음, 이준호 옮김, 서광사, 1998) 서평〉, 《철학과 현실》, 제44권, pp.

288-294.
카네기, D.(1995) : 《카네기 연설법》, 최염순 옮김, 카네기연구소.
_____(2002) : 《화술 1, 2, 3의 법칙》, 이상각 옮김, 들녘미디어.
코헨, 허브(2001) : 《협상의 법칙》, 강문희 옮김, 청년정신.
_____(2004) : 《협상의 법칙 II》, 안진환 옮김, 청년정신.
쿠사노 코이치(1998) : 《논리적 설득의 기법》, 김영국 옮김, 신세대.
크로스화이트, J(2001) : 《이성의 수사학—글쓰기와 논증의 매력》, 오형엽 옮김, 고려대학교출판부(원저작 1996).
톨레, E.(2001) : 《지금 이 순간을 살아라》, 노혜숙 · 유영일 옮김, 양문.
페르노, L.(2004) : 〈수사학의 시대〉, 《수사학》, 창간호, pp. 23-35.
플라워, 린다(1998) : 《글쓰기의 문제해결전략》, 원진숙 외 옮김, 동문선.
플랑탱, C.(2003) : 《논증 연구—논증 발언 연구의 언어학적 입문》, 장인봉 옮김, 고려대학교출판부.
플랫, H. F.(2002) : 《수사학과 텍스트 분석》, 양태종 옮김, 동인.
하병학(2000) : 《토론과 설득을 위한 우리들의 논리》, 철학과현실사.
_____(2002) : 〈학제적 학문탐구를 위한 비판적 사고와 논증론(논변론)〉, 《철학연구》, 제58집, pp. 61-73.
하병학(2004) : 〈'학제적 의사소통학'으로서의 수사학 재정립을 위한 고전수사학과 현대 수사학〉, 《수사학》, 창간호, pp. 201-221.
하야카와, S. I.(1974) : 《意味論》, 민중서관(원제 : *Language in Thought and Action*).
하종호(2003) : 〈텍스트 읽고 쓰기—인문학 위기 타개를 위한 고육지책?〉, 《철학과 현실》, 제57권, pp. 248-254.
한학성(2000) : 〈우리나라 영어학의 문제점 및 그 개선 방안에 관한 고찰〉, 《인문학연구》, 제4집, 경희대학교 인문학연구소, pp. 321-341.
허탁(1998) : 《논증의 도랑, 서사의 물꼬》, 세종출판사.
현경식(1998a) : 〈수사학을 이용한 설교〉, 《인문과학연구》, 제4집, pp. 127-133.
_____(1998b) : 〈수사학적 비평이란 무엇인가?〉, 《신학사상》, 제102집, pp. 147-166.
홍성식(2003) : 《한국 문학논쟁의 쟁점과 인식》, 월인.
홍성욱(1997) : 〈잡종, 그 창조적 존재학〉, 《창작과 비평》, pp. 371-385.
_____(2000) : 〈인문학적 사유의 창조성과 '실용성'—인문학의 위기 극복을 위한 한

가지 제안〉, 《동향과 전망》, 통권44호, pp. 212-231.
홍우흠(1982) : 〈李奎報의 文體革新에 대한 探討〉, 《민족문화논총》, 제2 · 3집, pp. 1-33.
홍윤기(2002) : 〈비판적 사고와 인성—불가결한 인성 요인으로서 비판적 지성과 도덕성을 위한 변호〉, 《철학연구》, 제58집, pp. 75-105.
홍윤표(1992) : 〈이현희(1992)에 대한 "논평"〉, 국어국문학회 편, 《국어국문학 40년》, 집문당, pp. 375-391.
홍종화(2001) : 〈불어학 : 언어와 논증—설득의 수사학에서 가치의 논리학으로〉, 《불어불문학연구》, 제47집 제1호, pp. 625-645.
화이트, J. B.(2003) : 〈수사학과 법—문화적이고 공동체적인 삶의 기술들〉, J. S. 넬슨 외(2003a), 《인문과학의 수사학—학문과 공공부문에 있어서의 언어와 논증》, 박우수 · 양태종 외 옮김, 고려대학교출판부, pp. 405-431.
황도경(2002) : 《문체로 읽는 소설》, 소명출판.
황재영(1999) : 〈바람직한 협상문화 정착을 위한 시론—한국인의 협상문화 특성을 중심으로〉, 《한국인간관계학보》, 제4권 제1호, pp. 163-177.
황현산(1993) : 〈불란서 이론의 번역 자유와 신비화〉, 《현대비평과 이론》, 제3권 1호, 통권 5호, pp. 158-175.
〈青年文庫 제11편(修辭學前後編)〉, 《新文界》, 1916년 제4권 제9호, pp. 75-92.

Abel, O.(2000) : *L'éthique interrogative : Herméneutique et problématologie de notre condition langagière*, PUF.
Bator, P.(1980) : "Aristotelian and Rogerian Rhetoric", *College Composition and Communication*, vol. 31, no. 4, pp. 427-432.
Bautier, R.(1994) : *De la rhétorique à la communication*, Presses Universitaires de Grenoble.
Berman, A.(1984) : *L'épreuve de l'étranger*, Editions Gallimard.
_____(1999) : *La traduction et la lettre ou l'auberge du lointain*, Seuil.
Bernard-Donals and R. R. Glijzer(1998) : "Introduction", *Rhetoric in an Antifoundational World : Language, Culture, and Pedagogy*, edited by Bernard-Donals and R. R. Glijzer, Yale University Press. pp. 1-30.
Brent, D.(1991) : "Young, Becker and Pike's 'Rogerian' Rhetoric : A Twenty-Year

Reassessment", *College English*, vol. 53, no. 4, pp. 452-466.

_____(1996) : "Rogerian Rhetoric : An Alternative to Traditional Rhetoric", *Argument Revisited, Argument Redefined : Negotiating Meaning in the Composition Classroom* , edited by Barabara Emmel, Paula Resch, and Beborah Tenny, Sage, pp. 73-96.

_____(1998) : "Rogerian Rhetoric : Summary of Theory", *Theorizing Composition : A Critical Sourcebook of Theory and Scholarship in Contemporary Composition Studies*, edited by Mary Kennedy, Greenwood, pp. 263-265.

Breton, P. et G. Gauthier(2000) : *Histoire des théories de l'argumentation*, Editions La Découverte.

Breton, P.(1996) : *L'argumentation dans la communication*, Editions La Découverte.

Brown, S. C.(1992) : "I. A. Richards' New Rhetoric : Multiplicity, Instrument, and Metaphor", *Rhetoric Review*, vol. 10, no. 2, pp. 218-231.

Carrilho, M.-M.(1996) : "Conséquences de la problématologie", *Argumentation et questionnement*, sous la direction de C. Hoogaert, PUF, pp. 67-78.

Cerminara, G.(1973) : *Insights for the Age of Aquarius : A Handbook for Religious Sanity*, The Theosophical Publishing House.

Chevalier, J.-C.(1994) : "Le discours linguistique : Etude comparée de textes", *Rhétoriques de la science*, sous la direction de V. de Coorebyter, PUF, pp. 211-230.

Chevalier, J. -C. et M. -F. Delport(1995) : *L'horlogerie de Saint Jérôme*, L'Harmattan.

Chisholm, F. P.(1991) : *Introductory Lectures on General Semantics*, published by Institute of General Semantics, Englewood, New Jersey : Institute of General Semantics.

Cohen, C.(1998) : "Rhétorique du discours scientifique", *La Rhétorique : Enjeux de ses résurgences*, sous la direction de J. Gayon, J. -C. Gens, et J. Poirier, Editions Ousia, pp. 131-141.

Coorebyter, V. de, éd.(1994) : *Rhétoriques de la science*, PUF.

Cordonnier, J. -L.(1995) : *Traduction et culture*, Didier.

Culioli, A.(1968) : "La formalisation en linguistique", *Cahiers pour l'Analyse*, no. 9, pp. 106-113.

Czubaroff, J.(1999) : "The Deliberative Character of Strategic Scientific Debates", *Rhetoric in the Human Sciences*, edited by H. W. Simons, Sage, pp. 28-47.

Delisle, J.(1980) : *L'analyse du discours comme méthode de traduction*, Editions de l'Université d'Ottawa.

Dowes, M.(1991) : "Taking Responsibility for the Meanings We Give." <http://216.97.36.99/Basics/ MD_resp.shtml>

Dussart, A.(1994) : "L'empathie, esquisse d'une théorie de la réception en traduction", *Meta*, XXXIV, 2, pp. 107-115.

Folkart, B.(1989) : "La matérialité du texte : La traduction comme récupération de l'intra-discursif", *Meta*, XXXV, 1, pp. 143-156.

_____(1990) : "Fonction heuristique de la traduction." *Meta*, XXXV, 1, pp. 37-44.

_____(1991) : *Le conflit des énonciations : Traductions et discours rapporté*, Editions Balzac.

Fuchs, C.(1982) : *La paraphrase*, PUF.

Foss, S. K., K. A. Foss, and R. Trapp(1991) : *Contemporary Perspectives on Rhetoric*, second edition, Waveland Press, Inc.

Gambier, Y.(1986) : "Théorie/pratique : Une fausse alternative. Pour un concept dynamique de la traduction", *Meta*, XXXI, 2, pp. 165-172.

Gaonkar, D. P.(1990) : "Rhetoric and Its Double : Reflections on the Rhetorical Trun in the Human Science", *The Rhetorical Turn : Invention and Persuasion in the Conduct of Inquiry*, edited by Herbert W. Simons, The University of Chicago Press, pp. 341-366.

Gile, D.(1995) : "La lecture critique en traductologie", *Meta*, XL, 1, pp. 5-14.

_____(2002) : "Decision-making in Professional Translation and Interpreting", International conference on Translation Studies : Current Status of Translation Education, May 23, 2002, Seoul, Korea, Sookmyung Women's University, pp. 17-33.

Golden, J. L. and D. L. Jamison(1990) : "Meyer's theory of problematology", *Revue internationale de philosophie*, vol. 44, no. 174, « *Questionnement* », pp. 329-351.

Gouanvic J. -M.(2001) : "Ethos, éthique et traduction : Vers une communauté de destin dans les cultures", *TTR*, vol. 14, no. 2, pp. 31-47.

Gross, A. G.(1996) : *The Rhetoric of Science*, Harvard University Press.

Harris, R. A., ed.(1997) : *Landmark Essays on Rhetoric of Science : Case Studies*, Lawrence Erlbaum Associates, Inc..

______(1997a) : "Introduction", R. A. Harris, ed.(1997), pp. xi-xlv.

Hernadi, P., ed.(1989) : *The Rhetoric of Interpretation and the Interpretation of Rhetoric*, Duke University Press.

Hurtado Albir, A.(1990) : *La notion de fidélité*, Didier Erudition.

Jakobson, R.(1963) : *Essais de linguistique générale*, Minuit.

Johnson, W.(1961) : "The Language of Responsibility." <http://www.uiowa.edu/~cyberlaw/wj/wjlor. html>

______(1992) : "Do you know how to listen?" *Bridging Worlds Through General Semantics*, selections from *Et cetera*, edited by Mary Morain, The International Society for General Semantics, pp. 152-165(First Printing 1984).

Johnston, P. D.(2000) : "What is General Semantics?" <http://www.generalsemantics.org/Services/Articles/whatisgs.htm>

Judet de la Combe, P. et H. Wismann(2004) : *L'Avenir des langues : Repenser les Humanités*, Les Editions du Cerf.

Keith, W. M. and R. A. Cherwitz(1989) : "Objectivity, Disagreement, and the Rhetoric of Inquiry", *Rhetoric in the Human Sciences*, edited by H. W. Simons, Sage Publications, pp. 195-210.

Kleiber, G.(1999) : *Problèmes de sémantique : La polysémie en questions*, Presses Universitaires de Septentrion.

Kodish, S. P. and B. I. Kodish(2001) : *Drive Youself Sane : Using The Uncommon Sense of General Semantics*, Extensional Publishing.

Kodish, B. I.(2003) : *Dare to Inquire : Sanity and Survival for the 21st Century and Beyond*, Extensional Publishing.

Korzybski, A.(1933) : *The Science and Sanity : An Introduction to Non-Aristolian*

Systems and General Semantics, New York : International Non-Aristotelian Library Publishing Company.

Kuhn, T.(1972) : *Structure of Scientific Revolutions*, University of Chicago Press.

La Cecla, F.(2002) : *Le malentendu*, préface de Marc Augé, Editions Balland.

Ladmiral, J. -R.(1979) : *Traduire : Théorèmes pour la traduction*, Payot.

_____(1990). "La traduction proligère? : Sur le statut des textes qu'on traduit", *Meta*, XXXV, 1, pp. 102-118.

_____(1995) : "Traduire, c'est-à-dire··· Phénoménologies d'un concept pluriel", *Meta*, XL, 3, pp. 409-420.

Lee, I. J.(1992) : "Evaluation : With and without words", *Bridging Worlds through General Semantics*, selections from *Et cetera*, edited by Mary Morain, The International Society for General Semantics, pp. 78-81(First Printing 1984).

_____(1994) : *Language Habits in Human Affairs : An Introduction to General Semantics*, second edition, edited by S. I. Berman, Internations Society for General Semantics, in cooperation with Institute of General Semantics(1st Edition, 1941).

Lempreur, A.(1990) : "Présentation générale : Y a-t-il une école de Bruxelles?" *L'homme et la rhétorique*, Méridiens Klinsksieck, pp. 7-14.

Lyne, John(1985) : "Rhetoric of Inquiry", *Quarterly Journal of Speech*, vol. 71, pp. 65-73.

Macchi, Y.(1991) : "Halte aux manipulations sémiques! De la métaphore chimique en sémantique", *Modèles linguistiques*, vol. 25, XIII, 1, pp. 101-116.

Margot, J. -C.(1979) : *Traduire sans trahir : La théorie de la traduction et son application aux textes bibliques*, L'Age d'homme.

Mejri, S.(2005) : "Traduire, c'est gérer un déficit", *Meta*, L, 1, pp. 120-128.

Meschonnic, H.(1999) : *Poétique du traduire*, Verdier.

Meyer, M.(1979a) : *Découverte et justification en science*, Klincksieck.

_____(1979b) : "Dialectique, rhétorique, herméneutique et questionnement : Les fondements du langage", *Revue internationale de philosophie*, nos. 127-128, « *La nouvelle rhétorique. Essais en hommages à Chaïm Perelman* », pp. 145-177.

______(1981) : "La conception problématologique du langage", *Langue française*, no. 52, pp. 80-99.
______(1982) : *Logique, langage et argumentation*, Hachette.
______(1986a) : *De la problématologie*, Bruxelles : Mardaga.
______(1986b) : "Avant-propos : Y a-t-il une modernité rhétorique?" *De la métaphysique à la rhétorique*, essais à la mémoire de Chaïm Perelman avec un inédit sur la logique rassemblés par Michel Meyer, Editions de l'Université de Bruxelles, pp. 7-13.
______(1988) : "Rhétorique et langage", *Langue française,* no. 79, pp. 96-111.
______(1989). "Aristote ou la rhétorique des passions", postface à *Rhétorique des passions, Aristote*, Rivages poche/Petite Bibliothéque, pp. 103-151.
______(1990a) : "Problématologie : Pour une rhétorique de la raison", *L'homme et la rhétorique : Ecole de Bruxelles*, sous la direction d'A. Lempereur, Méridiens Klincksieck, pp. 153-165.
______(1990b) : "Anthropologie: les figures de l'humain", *L'homme et la rhétorique : Ecole de Bruxelles*, sous la direction d'A. Lempereur, Méridiens Klincksieck, pp. 187-206.
______(1992) : *Langage et littérature*, PUF.
______(1993) : *Question de rhétorique : Langage, raison, séduction*, Librairie Générale.
______(1994) : *Rhetoric, language and Reason*, Pennsylvenia State University Press.
______(1995) : "Problématologie et argumentation ou la philosophie à la rencontre du langage", *Hermès 15*, « *Argumentation et rhétorique(I)* », pp. 145-154.
______(1996) : "Les fondement de l'argumentation", *Argumentation et questionnement*, sous la direction de C. Hoogaert, pp. 13-36.
______, dir.(1999) : *Histoire de la rhétorique: des Grecs à nos jours*, Librairie Générale Française.
Miller, C. R.(1990) : "The Rhetoric of Decision Science, or Herbert A. Simon Says", *The Rhetorical Turn: Invention and Per-sua-sion in the Con-duct of Inquiry*, editied by Herbert W. Simons, The University of Chicago Press, pp. 162-184.
Moran, M. G. and M. Ballif, eds.(2000) : *Twentieth-Century Rhetorics and*

Rhetoricians : Critical Studies and Sources, Greenwood Press.

Nelson, John S. and Allan Megill(1986) : "Rhetoric of Inquiry : Projects and Prospects", *Quarterly Journal of Speech*, vol. 72, pp. 20-37.

Nouss, A.(1995) : "La traduction comme ovni", *Meta*, XL, 3, pp. 335-342.

Oseki-Dépré, I.(1999) : *Théories et pratiques de la traduction littéraire*, Armand Colin.

Oustinoff, M.(2003) : *La traduction*, PUF.

Parret, H.(1988) : "Vers une théorie énonciative de la paraphrase : La ressemblance et l'acte de proximisation", *Modèles linguistiques*, vol.19, pp. 33-50.

Parret, H.(1990) : "Le problématologique devant la faculté de juger", *Revue internationale de philosophie*, 3/1990, no. 174, pp. 352-369.

Perelman, C., et Olbrechts-Tyteca(1958) : *Traité de l'argumentation : La nouvelle rhétorique*, Editions de l'Université de Bruxelles.

Perelman, C.(1977) : *L'empire rhétorique : Rhétorique et argumentation*, J. Vrin.

_____(1990) : "The New Rhetoric : A Theory of Practical Reasoning", *The Rhetorical Tradition : Readings from Classical Times to the Present*, edited by P. Bizzell & B. Herzberg, Bedford Books, pp. 1077-1103.

Prelli, L. J.(1997) : "The Rhetorical Construction of Scientific Ethos", *Landmark Essays on Rhetoric of Science : Case Studies*, edited by R. A. Harris, pp. 87-104.

Pym, A.(1993) : *Epistemological Probelms in Translation and Its Teaching*, Editions Caminade.

_____(1995) : "Translation as a Transaction Cost", *Meta*, vol. 40, no 4, pp. 594-605.

Read, C. S.(1992) : "General Semantics", *Bridging Worlds Through General Semantics*, selections from *Et cetera*, edited by Mary Morain, The International Society for General Semantics, pp. 63-77(First Printing 1984).

Récanati, F.(1984) : "Pour la philosophie analytique", *Critique*, no. 444, pp. 362-383.

Roberts, R. H. and J. M. M. Good, eds.(1993) : *Recovery of Rhetoric : Persuasive Discourse and Disciplinarity in the Human Sciences*, University Press of Virginia.

Robinson, D.(1997) : *What Is Translation? : Centrifugal Theories, Critical Inverventions*, The Kent State University Press.

Rüegg, W.(1993) : "Rhetoric and Anti-Rhetoric in the Nineteenth-and Twentieth-Century Human Sciences in Germany", Roberts/Good(1993), pp. 87-100.

Sabatelli, P.(1991) : "Critical Thinking as Extensional Orientation : A General Semantics Perspective", *Thinking creatically : A Systematic, Interdisciplinary Approach to Creative-Critical Thinking*, edited by K. G. Johnson, Institute of General Semantics, pp. 18-31.

Salama-Carr, M.(1990) : "Linguistique du texte et didactique de la traduction", *Etudes traductologiques : En Hommage à Danica Seleskovitch*, Lettres Modernes, pp. 165-172.

Salazar, P.-J.(1993) : "The Unspeakable Origin : Rhetoric and the Social Sciences : A Re-Assessment of the French Tradition", in Roberts/Good(1993), pp. 101-116.

Sauchet, M.(1996) : *La sémantique générale aujourd'hui*, Le Courrier du Livre.

Schäffner, C., ed.(1999) : *Translation and Norms*, Multilingual Matters Ldt.

Schmetz, R.(2000) : *L'argumentation selon Perelman : Pour une raison au coeur de la rhétorique*, Presses Universitaires de Namur.

Seleskovitch, D. et M. Lederer(1984) : *Interpréter pour traduire*, Didier Erudition.

Simons, H. W.(1985) : "Chronicle and Critique of a Conference", *Quarterly Journal of Speech*, vol, 71, pp. 52-64.

_____(1989) : "Introduction", *Rhetoric in the Human Sciences*, edited by Herbert W. Simons, Sage Publications, pp. 1-9.

_____(1990a) : "Preface", *The Rhetorical Turn : Invention and Persuasion in the Conduct of Inquiry*, edited by Herbert W. Simons, The University of Chicago Press, pp. vii-xii.

_____(1990b) : "The Rhetoric of Inquiry as an Intellectual Movement", *The Rhetorical Turn : Invention and Persuasion in the Conduct of Inquiry*, edited by Herbert W. Simons, The University of Chicago Press, pp. 1-31.

_____(2003) : "The Globalization of Rhetoric and the Argument from Disciplinary Consequence", *Poroi*, vol. 2, no. 2, pp. 1-16.

Teich, N.(1987) : "Rogerian Problem-Solving and the Rhetoric of Argumentation", *JAC*, 7, pp. 1-13. <http://jac.gsu.edu/jac/7/Articles/6.htm>

Thinès, G.(1994) : "Une rhétorique optimale du discours scientifique", *Rhétoriques de la science*, sour la direction de V. de Coorebyter, PUF, pp. 1-31.

Thorne, S. F.(2003) : "Rogerian Rhetoric as Negociation : Does Its Dependence on Game Theory Pose Ethical Problems?" <http://www.reconstructi on.ws/031/thorne.htm>

Toulmin, S.(1958) : *The Uses of Argument*, Cambridge University Press.

Vannier, G.(2001) : *Argumentation et droit : Introduction à la Nouvelle Rhétorique de Perelman*, PUF.

Vegliante, J. C.(1996) : *D'écrire la traduction*, Presses de la Sorbonne Nouvelle.

Venuti, L.(1995) : *The Translator's Invisibility : A history of Translatio*, Routledge.

_____(1998) : *The Scandals of Translation : Towands an Ethics of Difference*, Routledge.

Vidal, B.(1995) : "Communication, traduction et transparence : De l'altérité du traducteur", *Meta*, XL, 3, pp. 373-378.

Vinay, J. P. et J. Darbelnet(1977) : *Stylistique comparée du fran çais et de l'anglais*, Didier.

Watson, W.(2001) : "Invention", *Encyclopedia of Rhetoric*, edited by T. O. Sloane, Oxford University Press, pp. 389-404.

Young, R. E., A. L. Becker and K. L. Pike(1970) : *Rhetoric : Dicovery and Change*, Harcourt.

인문사회과학총서 · 65

인문학의 수사학적 탐구

초판 발행 2007년 2월 27일
초판 2쇄 2007년 8월 1일
지은이 전성기
펴낸곳 **고려대학교출판부**
www.kupress.com
kupress@korea.ac.kr
136-701 서울특별시 성북구 안암동
02-3290-4230, 4232
Fax 923-6311
찍은곳 (주)이환D&B

ISBN 978-89-7641-593-6 94800
ISBN 978-89-7641-359-8 (세트)

값 10,000원

* 잘못 만들어진 책은 바꿔드립니다.